中国中小企业
2016蓝皮书

——大众创业，万众创新催生经济发展新动能

The Blue Book of SMEs in China

Mass Entrepreneurship and Innovation: New Impetus to Development

主　编　李子彬　刘迎秋

副主编　李鲁阳　吕风勇　毛　健　董　涛

中国发展出版社
CHINA DEVELOPMENT PRESS

图书在版编目（CIP）数据

中国中小企业2016蓝皮书——大众创业，万众创新催生经济发展新动能/李子彬，刘迎秋主编．—北京：中国发展出版社，2016.11
ISBN 978-7-5177-0607-6

Ⅰ.①中… Ⅱ.①李… ②刘… Ⅲ.①中小企业—概况—中国—2016 Ⅳ.①F279.243

中国版本图书馆CIP数据核字（2016）第269329号

书　　名：中国中小企业2016蓝皮书——大众创业，万众创新催生经济发展新动能
主　　编：李子彬　刘迎秋
出版发行：中国发展出版社
（北京市西城区百万庄大街16号8层　100037）
标准书号：ISBN 978-7-5177-0607-6
经 销 者：各地新华书店
印 刷 者：北京市密东印刷有限公司
开　　本：889mm×1194mm　1/16
印　　张：14.75　彩页：1印张
字　　数：338千字
版　　次：2016年11月第1版
印　　次：2016年11月第1次印刷
定　　价：80.00元

联系电话：（010）68990630　68990692
购书热线：（010）68990682　68990686
网络订购：http：//zgfzcbs.tmall.com//
网购电话：（010）88333349　68990639
本社网址：http：//www.develpress.com.cn
电子邮件：bianjibu16@vip.sohu.com

蓝皮书编委会

编委会名单

序　言

适应引领经济新常态，创新转型迈向中高端

当前国际形势错综复杂，走势分化，经济恢复乏力，贸易保护主义加重。国内经济结构性问题和周期性问题同时存在，经济下行压力加大，调整结构，转型发展处在攻坚阶段。党中央、国务院提出“创新、协调、绿色、开放、共享”五大发展理念，提出在适度扩大总需求的同时，着力加强供给侧结构性改革的总的指导方针，适应引领经济发展新常态。

一、中国经济发展进入新常态是结构性和周期性共同作用的结果

（一）国际总需求收缩的局面短期难以改变

当前，国际经济深度调整，世界经济复苏远不及预期，全球贸易、投资增长低迷，发达国家和新兴经济体走势分化。2015 年是近六年来增速最低的一年：美国经济增长 2.4%，欧元区经济增速仅为 1.5%；日本经济增长 0.5%；新兴经济体的经济增速整体放缓，除了印度和中国经济增长表现较好外，韩国、墨西哥经济增速维持在 2.5% 左右，俄罗斯和巴西经济大幅萎缩，负增长 3.7% 左右。国际经济态势低迷，使得中国对外贸易进出口增速，从 2010 ~ 2012 年年均 25% 以上的高速增长，骤降到 2013 年的 7.6%、2014 年的 3.4%，2015 年的负 7%。

（二）国内三大领域的总需求也在收缩

首先是城市化的规模发展速度放慢。2000 ~ 2013 年，中国的城市建成区面积由 2.24 万平方公里增长到 4.79 万平方公里，这 13 年的增量超过以前 51 年的增量总和。城市人口由 1.7 个亿增长到 7.3 个亿。城市化率由 17.9% 提升到 53.7%。城市的数量由 193 个增长到 658 个，建制镇由 2173 个增长到 2 万多个。城市规模扩张和

城市人口的增加，造成对钢材、水泥、建材等工业品的需求以及消费品的需求急剧增加，今后几年不可能再有那么快的增长。

第二是汽车进入家庭的速度放缓。2000年轿车销售量是60万辆；2014年轿车销售量是1237万辆，增长了20.6倍。2012年以后销量增速开始下降，2015年轿车销量同比增长3%左右。汽车的产业链很长，销量增速下降引起工业增长速度的放缓。

第三是房地产泡沫影响经济增速。讲中国的房地产一定要说两句话才完整：一是大量商品房的积压，房价快速增长，老百姓难以承受；二是城市里仍然有大量的低收入者没房住。两种现象并存才是当前中国房地产的本相。只有认识到这两个现象并存，才能够提出化解中国房地产泡沫的有效措施。近几年房地产开发投资由年均20%的增速降至2014年的10.5%、2015年的1%，由此对建材、钢铁、水泥、家电等关联行业的消费需求产生较大影响。

上述这三个方面的需求在收缩，使得工业增长快速下降，由2001~2010年的年均增长11.3%，下降到去年增长6.1%。工业增长下降了近一半，围绕工业的生产性服务业也在萎缩，GDP怎么可能不下降？这个局面短时间不会改变。

（三）国内三个方面的需求下降，造成钢铁、煤炭、水泥、玻璃等行业的产能严重过剩

三十年粗放式快速发展，造成环境污染、矿产等资源瓶颈制约更加突出。贫富差距、地区间差距、城乡差距越来越大。发展不平衡性、不协调性、不可持续性在增长。必然要求去掉过剩产能、去库存、降成本、去杠杆，降低污染、降低消耗，提高经济增长的质量和效益。因此，需要适当降低增长速度，大力推进产业升级和结构调整，转变发展方式。

二、适度扩大总需求，着力推进供给侧结构性改革

（一）去过剩产能，补齐短板

1. 着力化解过剩产能和处置僵尸企业，减少无效和低端供给。一是加大政策支持力度，制定钢铁、煤炭、水泥、玻璃等重点行业分业施策的专项方案，引导过剩产能主动退出。要妥善解决职工安置、生活保障、债权债务解决方案等突出难题。二是积极妥善处置僵尸企业。这是地方政府和僵尸企业本身绕不过去的坎，要加强引导和支持，分策解决。

2. 补短板，大力加强创新能力，提升产品质量和品牌建设。一是着力增强制造创新能力，重点打造以“国家制造业创新中心”为核心载体的国家制造业创新体系，提高关键共性技术供给的有效性。二是加快提升产品质量和品牌，加快与国际

标准并轨。组织攻关一批长期困扰产品质量提升的关键共性技术，培育一批具有国际影响力的品牌。围绕“增品种、提品质、创品牌”开展消费品的专项攻关行动。三是夯实工业基础，建设一批“产业技术基础平台”、“核心基础零部件”、“关键基础材料”和“先进工艺”的工程化和产业化，从根本上解决工业制造业的“四基”能力薄弱问题。

（二）扩大有效和中高端供给

一方面，大力提高关键共性技术供给的有效性，集中成体系地解决一批智能芯片、高端成套设备制造、核心基础零部件、关键基础材料的工程化和产业化，夯实我国现代工业、现代化国防的基础。

另一方面，要缩小我们生产出来的产品与消费者之间很大的差距，生产出消费者真正需要的东西。例如，中国每年出国旅游的人数超过一亿人次，在境外采购高档化妆品、箱包、服装、手表、首饰等消费品，每年花费超过一万亿美元。若这些钱留在国内用，中国的GDP会增加一个百分点。

（三）适度扩大总需求

1. 坚持扩大国内消费。一是要健全消费增长的动力机制。消费是经济增长的原动力，是基础，是最终动力。因此必须合理调整国民收入初次分配的比例关系。发达国家劳动者报酬占GDP比重一般在60%~65%，而我国劳动者报酬占GDP比重，从1990年的52.4%，连年下降，近十年一直在46%~49%，造成我国低收入人群数量比较大。再加上我国社会保障体系不够健全，老百姓有钱防老，有钱防病，不敢消费。因此从长远看，必须改革分配制度，提高中低收入者的收入水平，并且不断完善社会保障体系。内需难以扩大、经济增长的内生动力不足，这是这些年一直存在的问题，而又一直没有提到工作日程上来。必须下决心改善国民收入的分配结构，让城乡居民的钱包鼓起来，才能有效扩大内需，提升国民经济增长的内生动力。二是要立足国情，挖掘消费潜力。比如推进新型城镇化，解决好“三个1亿人”的问题；加强精准扶贫，到2020年全面建成小康社会；提高针对中等收入人群的消费品质量和社会化服务水平，发展大健康产业。三是着力开发居民消费新需求，通过消费结构升级带动供给侧结构性改革。比如，培育新能源汽车、智能家居等高端、绿色、健康的社会消费观念和消费需求，倒逼企业增加品种、提高质量、创造品牌。

2. 发挥有效投资对经济增长的关键作用。短时间内，我国的外贸出口将呈现较低增长，社会消费品零售总额的增长也大约保持在10.5%左右。推动经济增长的“三驾马车”中，只有社会投资仍然有较大的增长潜力。需要继续扩大有效投资，不是一投资就出风险、一投资就有不良资产，关键是你投什么，钱从哪里来。这两个问题解决好了，投资不仅能够拉动现在的经济，而且长远来看能改善中国的经济结构。当前民营企业投资增速下降近一半，原因是多方面的，比如，在市场准入的若干领域仍然存在“玻璃门”现象，生产要素配置特别是金融资源配置的不公平，政府服务效率不够高，融资难、融资贵长期存在，对民营经济所有者的合法权益一直没有平等保护，等等。解决的办法也应是多措并举，但是最重要的是要真正落实“两个毫不动摇”的方针，同等保护民营企业和国有企业所有者的合法权益。

三、适应新常态，加快企业的创新转型升级

一是希望企业家们能谋势。国家的长远发展规划、大政方针叫大势，比如，国家实施创新驱动战略、贯彻《中国制造2025》行动纲领、“互联网+”行动、“一带一路”大国发展战略、推进新型城镇化建设，都是国家发展的大势。企业自己的规划叫小势。小势要符合大势，二者相符合就能加快发展；企业的小势与大势不相合，肯定发展不起来。

二是企业要以创新求生存、谋发展。世界新一轮科技革命和产业变革正在孕育兴起。新一代的信息通讯技术、生命技术、纳米技术、新能源技术、3D打印技术，方兴未艾。如果一个企业的产品不变，技术不变，发展模式不变，管理方式不变，市场不变，这个企业肯定逐步走向衰亡。企业一定要不断创新，才能生存，才能发展。

三是中小企业必须走专、精、特、新的路子。“专”就是专一，专心，专注于细分市场，不要好高骛远、朝三暮四。“精”就是发扬“工匠精神”，精心制造、精心管理，出精品。“特”就是特别、特殊，人家没有，你有；人家有的，你精。“新”就是新技术、新产品、新管理、新模式。只有走专、精、特、新的路子，市场竞争力才能不断提高，路才能越走越宽。

四是企业家要不断提高自己的综合素质。不是有钱就叫企业家，满口脏话、粗话，没知识、没文化，只是有钱，那叫“土豪”，“土豪”是长久不了的。企业家要有知识，在当前时期，尤其要努力学习金融知识，与专业金融机构合作，加强技术与资本的对接，企业运行和资本运营相结合。企业家还要懂管理、懂技术，爱惜人才，加强员工的培训。尤其要有道德底线，小胜靠智，大胜靠德。要有包容、共享的心态。要对企业员工负责任，对投资者负责任，对家庭负责任，对国家负责任。以高尚的人格和坚定的理想信念，吸引、凝聚大批人才，共创大业。

当期全球经济增长低迷，国内经济由于结构性和周期性原因，经济下行压力较大。但是，从中长期看，我国经济发展的前景是光明的。我国有近14亿人口，国内市场很大。居民储蓄率很高，多达二十几万亿人民币。外汇储备充足，约3.2万亿美元。每年有近700万大学生毕业，几百万职业高中和中专毕业生，人才红利有

较大潜力。特别是党中央国务院实施创新驱动战略，全面深化改革，扩大开放。政府职能的转变、金融体制改革、财税体制改革、科技教育体制改革、国有企业体制机制的改革、农村和农业体制的改革，正在沿着社会主义市场经济体制的路子一步一步地深化。同时，我国经贸、投资、文化对外开放的步伐逐步加大。科技创新和产业变革的形势方兴未艾，市场配置资源的决定性作用会日渐突出，民营经济和国有经济一样，会更加茁壮地成长。中国经济发展的新动能潜力巨大。在以习近平同志为核心的党中央正确领导下，我们一定能够克服当前的各种困难，保持中国经济的中高速增长，科技水平、经济质量和经济效益迈向中高端。“两个百年”的奋斗目标一定能够实现！中华民族伟大复兴的中国梦一定能够实现！

李子彬

2016 年 11 月 16 日

目　录

导 论

大众创业、万众创新催生经济发展新动能

- 大力倡导和推进“双创”的时代背景
- “双创”的本质内涵及其基本要求
- 优化“双创”政策环境，催化中小企业健康发展新动能
- 关于本书展开分析和阐述的逻辑起点及其主线

从2012年11月19日召开的党的十八大明确提出“实施创新驱动发展战略”、强调“科技创新是提高社会生产力和综合国力的战略支撑，必须摆在国家发展全局的核心位置”①，到2013年11月12日党的十八届三中全会作出《全面深化改革决定》，要求“健全促进就业创业体制机制”，“完善扶持创业的优惠政策，形成政府激励创业、社会支持创业、劳动者勇于创业新机制”②，再到2015年6月16日国务院颁布《关于大力推进大众创业万众创新若干措施的意见》，进一步作出大众创业、万众创新、培育和催生经济社会发展新动力的具体部署③，一个新的国家发展战略布局基本形成。深入研究和大力推进大众创业、万众创新即“双创”，探索推进“双创”与有效催生经济发展新动能、促进我国经济持续健康发展的关系，对于更好消除不利于创业创新发展的各种制度束缚和桎梏，有效破除妨碍创业创新发展的体制机制和政策弊端，全面激活亿万民众智慧及其创造力，更好实现资金链引导创业创新链、创业创新链支持产业链、产业链带动就业链的形成和健康发展，均具有重要的理论深化意义和政策实践意义。

一 大力倡导和推进“双创”的时代背景

大力倡导和推进“双创”是我国经济发展进入新时期、新阶段的产物。

第一，“双创”是“新常态”下我国经济发展的内在要求。正如习近平总书记2014年11月9日在亚太经合组织（APEC）工商领导人峰会上首次系统阐述和指出的，当前我国经济进入“新常态”，一是经济从高速增长转为中高速增长，二是经济结构不断优化升级，三是发展动力从要素驱动、投资驱动转向创新驱动④。这个论述，既明确肯定了我国经济增速存在趋势性下降的现实，又明确指出了我国经济发展仍将以中高速增长为基本目标；既明确肯定了我国结构进行大调整的必然性，又明确指出了优化升级是这一轮经济结构大调整的主要目标；既明确肯定了我国发展模式转换的内在必然性，又明确指出了创新驱动

① 胡锦涛：《坚定不移沿着中国特色社会主义道路前进为全面建成小康社会而奋斗——在中国共产党第十八次全国代表大会上的报告》，《求是》杂志2012年第22期。

② 《中共中央关于全面深化改革若干重大问题的决定》，《人民日报》2013年11月18日。

③ 参见中国政府网：《国务院关于大力推进大众创业万众创新若干政策措施的意见》（国发〔2015〕32号），载于http://www.gov.cn/zhengce/content/2015-06/16/content_9855.htm。

④ 参见“习近平在APEC发表演讲 首提亚太梦想”，载于新华网（http://www.xinhuanet.com）2014年11月9日。

将是新时期、新阶段、新常态下我国经济发展的主导力量。在这样一个大背景下，为更好培育我国经济社会发展新动力，促进我国经济长期稳定健康发展，就必须把“双创”上升为国家战略，必须通过倡导“双创”更好拉动我国经济社会新发展。

第二，“双创”是传统人口红利趋于消失背景下培育和催生我国经济发展新动力的客观要求。我国既是一个人口大国，劳动力资源丰富，又是一个市场需求大国，需求结构多样。尽管到目前为止我国传统人口红利趋于消失，但由于我国人口众多，劳动力资源仍然具有结构多层、总量巨大的特点，每年都有数以千万计受到良好教育的大中专毕业生走出校门、进入劳动大军行列。这个劳动大军的出现，是我国继续深度参与国际分工、形成更大比较优势的坚实基础。与此同时，我国是一个拥有近 14 亿人口、人均收入达到 8000 美元的市场经济大国，国内市场不仅总量巨大，而且随着人均收入水平的提高，市场需求结构也不断升级，现行市场供给无论是在总量上还是在结构上都已经出现了明显不适应。在这种背景下，大力鼓励和支持“双创”，通过“双创”，以更多人的“创业”行为和实践，为市场提供更多更丰富的产品和服务，以更多人更大规模的“创新”为市场提供更多更新更好的产品和服务，进而在此基础上进一步扩大和深化开放，在吸引更多外资加入我国产业大军的同时，促进世界市场向更新、更高层次上转变。

第三，“双创”还是我国城镇化进程进入加速期的迫切要求。随着我国人均收入水平的提高和工业化过程进入中后期，城镇化进程便开始了它的加速期。更多、更大规模农村人口的城镇化，本质上是传统农业社会转向工业社会和传统农业人口转向城镇化的过程。在实践上，这个过程主要表现为更多更大规模的人口就业的城镇化和生活方式的城镇化。在这种条件下，“大众创业”不仅会随之而来，“万众创新”也会伴之而生。在城镇化不断加速发展的过程中，新的更加趋于多样化的需求也必然迅速形成，从而要求更多和更新的供给，这就迫切需要有更多大众参与的、更多的“创业”和更新的“创新”。

第四，“双创”也是传统产业结构调整和升级的必然要求。传统产业结构调整的过程，同时也是劳动力市场结构调整的过程。不仅如此，产业结构升级的过程，必然是劳动力供给结构升级换代的过程。在这个过程中，仅仅掌握传统生产和服务技能的劳动就业必然遇到就业市场竞争的挑战，从而给大众就业带来新的压力。这就在客观上要求更多民众寻求新的就业门路、开辟新的就业场所、实现新的就业安排。在这样一个背景下，通过“双创”，形成新的就业渠道、发掘新的生产技术，不仅可以有效减缓产业结构大调整带来的就业压力，而且可以更好推动科学技术和生产方式与方法的创新。“双创”不仅有助于进一步提高资源的配置效率，促进国民经济持续健康更好更快增长，而且有助于促进就业范围和领域的扩大，创造更多更好的新型供给。

第五，“双创”还是互联网技术的迅速发展的客观伴生物。互联网技术的发生和发展，为“双创”提供了过去不曾具有的重要技术支撑和条件。“网店”丛生，“创客”云集，“众筹”多现，其主要载体就是互联网。“互联网 +”，加的是智慧，加的是行动，这就是人们看到的芸芸众生的“网店”、“创客”、“众筹”等等。通过互联网实现的信息交流、沟通与互动，带来的一个重要结果便是技术信息的“外溢效应”和技术进步的“示范效应”。由此，“双创”便与互联网技术结成了客观伴生物。互联网技术的迅速发展，为大众创业、万众创新的方向和目标选择提供了以“互联网+”为重要平台的技术支持。大众创业、万众创新的蓬勃兴起则为互联网技术的发展与普遍化、平民化、社会化提供了必要社会土壤和行为根基，并由此造就了新的“互联网+”经济。“互联网+”经济之所以有别于“互联网经济”，主要的和关键性的差异就是“双创”大众化和普遍化。在“互联网+”经济领域，只要创业者和创新者知道或者说懂得如何应用互联网技术，就可以依其知识基础着手开展具有自身特点并能够很好适应市场需求的创业与创新活动。由于“互联网+”经济涉及的产业领域广，形成的投资门槛和技术门槛低，从而容易成为大众创业、万众创新最好的试验场。它不仅有助于劳动力顺利脱离传统产业及其运营模式，而且有助于劳动者更好更快释放其想象力和创造力。这也是“互联网+”经济对传统产业和产业传统及其运营模式带来“颠覆”性改造甚至“破坏”效应的一个重要原因。这种“颠覆”和“破坏”，不仅提高了全社会各类经济资源的配置效率，而且也为新兴产业的培育和发展提供了新的空间与来源，同时还带来了互联网技术在更高层次上的更大发展。

第六，“双创”更是自然资源稀缺强度不断加大和生产要素低成本优势迅速丧失条件下实现更好替代的客观要求。用更大智慧代替更多劳动，借更好技术替代更多投入，是人类面临自然资源稀缺强度不断加大、生产要素低成本优势迅速丧失条件下的最明智选择。“大众创业”不仅是大众找到就业机会和场所的过程，而且是大众智慧的大幅度拓展与进一步发掘的过程，说到底，是大众的更大智慧代替更多劳动的过程。同样，“万众创新”不仅是万众进行新的组织方式、市场结构和规模以及经济技术的探索与发现过程，而且是大众探索和运用新的技术范式和方法拓展和代替旧的技术范式和方法的过程，说到底，是大众发现、发掘和拓展更多更好技术替代更多投入并由此实现更大发展的过程。目前我国正处于劳动力和土地等要素日渐稀缺、要素成本明显上升的阶段，迫切需要通过“双创”实现更大智慧替代更多劳动、更好技术替代更多投入。虽然经过近几年调整，上述两个“替代”过程已初见端倪，但相对于我国经济技术结构全面转型升级目标还有很大距离，迫切需要通过“双创”促其更好更快发展和顺利实现。

总之，“双创”是一个大众参与、万众参加的历史过程。倡导大众创业、万众创新，是我国经济社会发展到现阶段的内在要求和必然选择。推进大众创业、万众创新，对于顺利跨越“中等收入陷阱”、全面建成小康社会、实现中华民族伟大复兴的中国梦均具有重要的国家战略意义。

二 “双创”的本质内涵及其基本要求

深刻理解和全面认识“双创”的本质内涵及其基本要求，是进一步优化“双创”政策环境、更好推动“双创”发展的必要前提。

1. “双创”的本质内涵

“双创”，通常表现为人们参与经济社会生活的具体活动，但其本质则是一种精神，即开拓进取精神。必须把“双创”的本质内涵与参与“双创”的一般经济活动区分开来，必须在一个更广泛的社会实践角度和更深层的经济发展意义上来理解、认识和实践“双创”的本质涵义。

第一，“双创”是现代商业社会里的一种具有特定“精神”内涵的经济活动。现代商业社会是一个以市场交易为基础、以市场经营为载体、以市场竞争为主要机制、以效率优先为主要表征的社会经济活动的集合。机遇与挑战、危机与成功交叉并存，以技术进步与革新为主要支撑的市场竞争，通过“创业”拓展“创新”，借助更多更好“创新”谋求更大更好发展，是现代商业社会市场主体得以生存和发展的主要实现形态。在现代商业社会，离开了“创新”的创业，创业一定是难于实现的。只有勇于“创新”、肯于“创新”、善于“创新”和“创新”能力强的“创业”者，才有可能在激烈的市场竞争中做强做大。那些懒于“创新”、远离“创新”、缺少“创新”或“创新”能力贫弱的企业，难免在激烈的市场竞争中归于失败。这是现代商业社会各类市场主体由以存在的“经济常态”。它既为市场进入者提供了新的可能及其后续发展机会，也为各类市场主体的长期生存和持续发展带来了新的竞争压力。在“创业”过程中谋求“创新”，通过持续不断的“创新”提升“创业”质量、实现自身更大发展，是现代商业社会广泛存在且具有特定“精神”内涵的经济活动之主线。

第二，“双创”是一种与市场竞争和优胜劣汰联系在一起且具有特定“精神”内涵的大众参与现象。“双创”的一个突出特点是大众的广泛参与。“双创”是大众性市场经济活动。市场经济的本质特征是平等竞争、等价交换、优胜劣汰。“双创”是“创业”主体在参与市场平等竞争和等价交换过程中通过“创新”获取竞争优势、实现更多经济收益的过程。“双创”过程的大众性，既是市场竞争中优者胜的重要基础，又是市场竞争中劣者被淘汰的必要补充。“双创”需要大众的广泛参与，大众需要通过“双创”实现自身价值。

市场竞争过程中的“优胜劣汰”，既是一种市场现象，又是一种市场精神。

第三，“双创”本质上是一种市场参与精神。“双创”，既与参与者的经济利益诉求紧密联系，又在一定程度上超越了参与者的经济利益诉求。“创业”的过程，必然是与创业者利益诉求紧密联系在一起的过程。在现实经济生活中，不存在无利益诉求的创业。但是，如果因此就以为创业者仅仅是为其眼前利益诉求才参与到创业中来，那就大错特错了。在现实市场经济生活中，创业者创业后必须不断谋求创新。创新与创业的最大区别，不仅在于创新需要承担更大的失败的风险，而且在于创新既需要勇气又需要智慧。“创新”需要开拓进取、勇担风险，但不一定或者说必然得到回报，甚至很多创新的实现是“公益性”的，至少是具有“外溢效应”的。从这个意义上说，“创新”在本质上是超越实施者的短期利益诉求的。因此，与此密不可分的“双创”，本质上并非“经济利益诉求”或“谋利活动”，而是市场参与精神。也正是在这个意义上，一个成熟的市场经济体对“双创失败”往往具有广泛的“认同”和“宽容”倾向。这种广泛认可的“败在‘双创’途中”远比“败在‘双创’起点之前”的理念和“市场参与精神”，不仅光荣而伟大，而且可敬并可扬。

总之，“双创”本质上是一种大众参与、大胆进取、勇于失败、敢于胜利的市场竞争与参与精神。在我国现阶段，推动“双创”，核心是弘扬和倡导这种精神。

2. 推动和深化“双创”的基本要求

第一，要积极鼓励和大力培育创业创新精神。要克服和消除妨碍创业创新的各种传统观念和模糊认识，包括克服“小富即安”、“求稳少险”观念，克服“官本位”观念和“国有依附”观念等等。要着力鼓励和支持大众创业、万众创新的一切想法、理念和行动。

第二，要着力克服低成本扩张模式的路径依赖，大力弘扬自主创业、二次创业和勇于创新精神。长期以来基于要素低成本优势形成的经营模式，使部分企业产生了严重的路径依赖倾向，不能或者不敢从更高远的视角出发，以壮士断腕式的决心和行动，通过自主创业、二次创业以及在此基础上的自主创新，实现企业的转型升级。这种倾向的存在及其传播，对创业创新精神的发扬与光大产生了较为广泛的负面影响，必须着力加以克服。要大力弘扬自主创业、二次创业、勇于创新、大胆创新的理念和精神。

第三，要从全面深化体制改革入手，克服和逐渐消除政府主导的科技创新弊端，培育和尽快形成市场主导的市场主体自主进行的科技创新体制机制。受传统体制机制的影响，到目前为止，我国很多重大科技攻关项目以及与此相关的财政投资，大都投在了国有单位，实际投放到民营企业以及具有较高创新能力个人的财政投资少之又少，并由此形成了所谓政府主导、集体攻关的科技创新体制机制。大量实践反复证明，这种体制机制是低效率的。因为，在现实经济生活中，大量科学发现、科技发明和技术创新都是由民间性市场主体通过自主创新过程实现的。其中，华为的成功是一个典型案例。由此看来，鼓励“双创”，提升“双创”质量，拓宽“双创”领域，扩大“双创”成果，必须深化创新的体制机制改革，变政府主导和国有单位主办的创新过程为市场主导的市场主体自主进行的科技创新体制机制。

第四，要在减政放权的同时着力做好政策协调工作，完善“双创”鼓励政策及其协调机制。“双创”环境的营造需要合理的政策体系和科学的政策协调机制予以配合。尽管通过30多年改革探索，鼓励“双创”的政策体系和协调机制已经初步建立，但政出多门、政策掣肘问题仍然大量存在。虽然党中央、国务院先后下发多个文件要求解决民营企业市场准入门槛过高、门卫过多以及政出多门等问题，但在实践中政策掣肘、玻璃门、旋转门、弹簧门以及民营企业融资难、融资贵、企业税费摊派过多、负担过重等问题仍然广泛存在，妨碍和干扰着民营经济的正常发展，“双创”环境仍然很不宽松。因此，必须从鼓励和支持“双创”健康发展的角度，在深入研究和着力做好市场准入负面清单和政府权力正面清单划定的基础上，大力度清理过时和不合时宜市场的准入政策和政府权力安排，规范和完善政府政策协调机制，探索和普遍建立政府一站式窗口服务体系，为“双创”提供优质高效的政策服务支持。

三　优化“双创”政策环境，催化中小企业健康发展新动能

大众创业、万众创新的主要载体是中小企业。因此，研究“双创”，促进“双创”，优化“双创”政策环境，说到底，就是研究、促进和优化中小企业顺利设立、健康生存、更好发展的政策环境，催化中小企业持续健康发展新动能。

第一，要以中小企业设立为入口，优化“双创”政策环境。设立中小企业，是大众创业的首要起点。广大人民群众创业活动的直接结果是产生分散在各个领域的大批充满活力的中小企业。其初始形态可能采取的是个体工商户形式，但个体工商户的进一步发展便是设立个人或合伙企业与公司。因此，优化“双创”政策环境，首先是优化中小企业设立的政策环境。当前，优化中小企业设立的政策环境，重点是进一步放宽市场准入、降低注册登记门槛等等。

第二，要以中小企业生存环境优化为抓手，优化“双创”政策环境。中小企业健康生存，是大众创业、万众创新的必要前提。现存中小企业对后生中小企业具有示范意义。这是因为，大众创业，最终都会通过设立企业的方式成为市场经济生活的现实；万众创新，虽不能排除自然人个体进行独立创造、独立发明以及由此实现特定技术创新的可能性与现实性，但从更广泛、更普遍、更现实的角度看，大众创新大多是通过企业这样一个载体得

以实现的。从这个意义上说，中小企业的健康生存一定是更好推进和实现“双创”的必要前提。因此，必须着力于优化中小企业健康生存的政策环境，包括优化中小企业信贷和融资政策环境，优化中小企业生产加工和物流配送及其市场营销政策环境，优化中小企业技术更新贷款财政贴息和企业创新风险补偿政策环境，优化引导中小企业兼并重组、股份合作并由此做大、做强的产业支持政策环境，等等。

第三，要以中小企业更好更大发展为标准，优化“双创”政策环境。中小企业更好更大发展，既是大众创业、万众创新的客观要求，更是大众创业、万众创新的必然结果。根据有关资料，我国私营企业（多为中小企业）平均寿命为2.9年，每年约有100万家私营企业破产倒闭，60%的企业在5年内破产，85%的企业10年内消亡，生存3年以上的企业只有10%左右，大型企业集团的平均寿命也只有7.8年。而在美国，中小企业的平均寿命为7年，大企业平均寿命为40年。我国中小企业的平均寿命不及美国的1/2，大型企业也仅为美国的1/5；美国每年倒闭的企业大约是10万家，中国则是美国的10倍以上①。通过比较不难发现，我国中小企业的生存环境不仅迫切需要改善，我国中小企业的发展环境同样迫切需要改善。要进一步全面深化体制机制改革和完善各项政策，包括切实“保证各种所有制经济依法平等使用生产要素、公开公平公正参与市场竞争、同等受到法律保护”②，真正做到各种所有制经济平等享受财政政策和货币政策给予企业的各种优惠（比如科技创新财政贴息和中、短、长期借贷便利等），等等。推动和促进中小企业更好更快发展，是“双创”得以持续、中国经济能够实现中高速增长、迈向中高端发展的必要前提和基础。在制度、体制和机制上保证中小企业更好更快发展，是深化和实现“双创”的客观要求；鼓励、推动和深化“双创”，是中小企业更好更快发展的必然结果。

总之，优化中小企业设立、生存和发展的政策环境，全面深化体制机制改革，催化中小企业持续健康发展新动能，是推动我国经济持续健康中高速增长、迈向中高端发展的必经之路，也是实现中华民族伟大复兴中国梦的必然选择。

四 关于本书展开分析和阐述的逻辑起点及其主线

正是由于“双创”对于中小企业发展和壮大所具有的特殊促进作用，正是由于当前我国中小企业生存和发展仍然面临众多困难、矛盾和问题，正是由于“双创”的发生、发展

① 资料来源：北京图书馆：《中国中小企业的平均寿命是多少》，载于http：//www.360doc.com/content/16/0904/08/36263869_588265185.shtml。

② 参见《中共中央关于全面深化改革若干重大问题的决定》，《人民日报》2013年11月18日。

最终都会落脚到中小企业这个载体上，因此，本书把探讨“双创”政策环境及其优化作为主线，试图通过大量逻辑分析和实证检验，给出优化“双创”政策环境的政策建议，以更好发掘新时期、新阶段、新常态下我国经济发展的新动能，在促进我国中小企业持续健康发展的同时更好推进“双创”，在完善“双创”各项政策法规的过程中实现我国经济的更好更快发展。

针对中小企业开展和实施“双创”活动中面临的主要问题，本书首先对2015年中小企业发展概况及其外部环境进行了较为全面的梳理，对“双创”的提出背景及其实践意义进行了较为系统的归纳。在此基础上，本书对开展“双创”的政策环境及其优化进行了分层探讨，重点对有关“双创”的财政政策、金融政策、产业政策、市场政策、环保政策、人才政策和法治体制等进行了较为深入和针对性较强的分析和讨论，并据此提出了具有一定操作价值的政策建议。

执笔人：刘迎秋　吕风勇　毛　健

第 1 章

2015 年中小企业发展概况

- 中小企业实有户数情况
- 中小企业的行业分布情况
- 中小企业的地区分布情况
- 中小企业景气指数变化的情况
- 2015 年促进中小企业发展的政策体系

2015年，世界经济总体依然处于深度调整状态。2008年全球金融危机爆发以后，全球经济表现持续低迷，产能过剩的矛盾加剧，贸易保护有所抬头，特别是从2015年开始，大宗商品价格大幅度回落，新兴经济体资金大量外流，使很多新兴经济体的经济发展陷入了困境，同时，全球经济治理机制和新一轮的经贸规则也在不断重构之中。面对复杂多变的国际环境和艰巨繁重的国内发展改革稳定任务，尽管经过各方的艰苦努力，我国经济运行总体符合预期，主要经济指标仍处在合理区间，但是经济下行的压力仍然在持续增大。经初步核算，2015年我国国内生产总值676708亿元，按可比价格计算，比上年增长6.9%。分季度看，一季度同比增长7.0%，二季度增长7.0%，三季度增长6.9%，四季度增长6.8%。分产业看，第一产业增加值60863亿元，比上年增长3.9%；第二产业增加值274278亿元，增长6.0%；第三产业增加值341567亿元，增长8.3%。2015年，物价涨幅比较温和，全年居民消费价格同比只上涨1.4%；全国居民人均可支配收入增长8.9%，持续快于经济增速；就业形势稳定，全年城镇新增就业1312万人，城镇失业人员再就业567万人，就业困难人员就业173万人，年底城镇登记失业率4.05%，全面完成城镇新增就业1000万人以上、城镇登记失业率控制在4.5%以内的目标。不过，2015年我国对外贸易表现不佳，进出口总额比上年下降7.0%，而上年为上升2.3%，其中，出口下降1.8%，上年为上升4.9%；进口下降13.2%，上年下降0.6%。全国规模以上工业增加值增速也有所放缓，同比只增长了6.1%，增速比上年同期回落2.2个百分点；全国规模以上工业企业的经济效益也不容乐观，全年实现利润总额63554亿元，比上年下降2.3%，而上年增长3.3%。

2015年，在国内外经济发展速度放缓的形势下，我国中小企业整体规模稳步增长，转型升级进程加快，但是，结构性矛盾仍然存在，局部性困难突出，尤其是部分行业小微型企业面临形势严峻。从中小企业发展指数（SMEDI）看，2011年三季度至2015年四季度的18个季度里，SMEDI一直处于景气临界值100以下，说明广大中小微企业生存和发展的情况不容乐观。2015年一季度SMEDI为92.3，二季度SMEDI为91.9，三季度为91.9，四季度为91.8，呈现持续下滑趋势。中小企业面临的问题主要表现在以下五个方面。

第一，企业生产经营持续困难。一是企业利润增速下降。2015年，规模以上中小工业企业利润总额同比增长4.2%，增速比上年回落1.1个百分点。二是企业亏损面有扩大的趋势。截至2015年12月底，规模以上中小工业企业亏损面为13.1%，同比扩大1.3个百分点。三是主营业务收入增速下降。规模以上中小工业企业主营业务收入同比增长3.5%，增速比上年回落5.3个百分点。

第二，税负、融资、用工“三座大山”压迫，企业成本上升。我国的制造业成本持续上升。美国波士顿咨询集团（BCG）研究报告指出，“中国制造业对美国的成本优势已经从2004年的14%降到2014年的4%，也就是说同样的生产，在美国只比在中国贵4%。”成本上升表现在三个方面：一是税负偏重。中金公司发布的《降低税负不应缺席稳增长和调结构》称，2014年中国宏观税负高达37%，已经超过发达国家的水平（平均在30%～35%之间）。二是用工成本持续增加。近年江苏省企业职工实际工资水平年均增长15%，社保费由2项改为5项，地税部门代收社保金年增长达200多亿元。2012年中国的制造业劳动力成本已经分别是越南和印度的147%和138%，而根据英国经济学人智库的预测，到2019年该数据还会持续增长至177%和218%。三是融资成本居高不下，吞噬企业利润。2015年9月份全国中小企业协会和中企联发放的调查问卷显示，16.19%的企业认为当前综合融资成本明显偏高，50.29%的企业认为偏高，只有33.52%的企业认为基本合理。

第三，企业出现破产倒闭，劳动力市场萎缩。随着经济增速持续下滑，产能过剩行业和一些传统制造业经营困难加剧，处于破产倒闭边缘。例如，2015年上半年以来，许多大型纺织服装类企业纷纷倒闭，造成大面积失业。另外，2015年制造业和服务业采购经理人指数（PMI）的就业分项指数已先后降至50的荣枯线以下，表明就业基本处于收缩状态。劳动力市场求人倍率指标虽然大于1，但是劳动力市场需求人数和求职人数均呈持续下降趋势，也验证了劳动力市场在萎缩的事实。2015年一季度，劳动力市场需求人数和求职人数分别比2014年同期大幅下降16.6%和17.0%，二季度需求人数和求职人数分别同比下降5.4%和2.7%，总体来看降幅比2014年有所扩大。截至2015年12月底，中小企业从业人员同比下降1.9%。

第四，创业创新生态系统不健全，金融支持力度不足。一是鼓励创业创新的政策很多但难落地；二是创新的生态系统尚不健全；三是金融体系对创业创新的支撑力度不足。当前我国企业融资过度依赖间接融资，股权、债券等直接融资发展严重落后，直接融资的“短板”成为创业创新企业发展壮大的掣肘因素。相关数据显示，2014年底，我国非金融企业境内股票余额占社会融资规模的比重仅为3.1%。从股权投资的发展情况来看，我国股权投资滞后于经济发展的需求。据不完全统计，美国的私募股权投资基金年交易额占GDP的比重为1%，而我国的比重仅为0.3%；美国天使投资人约有75.6万，而我国仅有数千人。同时，我国的天使投资和股权风险投资都适用于相同的税收政策，但天使投资的成功率要低得多，沉没成本更大，税收设计不利于引导投资方转向天使投资，不利于投资周期长但有自主知识产权的高科技小微企业获得初期投资。

第五，企业研发和管理水平落后影响转型升级的步伐。我国的制造业企业处于全球价值链的中低端，一方面，由于利润微薄，绝大多数制造业企业根本无力通过投入巨资进行研究与开发等自主创新活动来实现转型升级；另一方面，由于管理水平落后，无法跟上工业4.0的步伐，也制约了创新能力的提高。在科技创新方面还存在着许多其他的制约因素：一是研发投入少。2014年我国研发投入占GDP的比例为2.1%，低于北欧一些先进国家3%～3.5%的水平。二是科技成果转化不够，贡献率有待提升。我国在核心技术、关键技术上对外依存度高达50%，高端产品开发70%技术要靠外援技术，重要的零部件80%需要进口，一些关键的芯片甚至是100%进口。三是许多制造业企业虽然购买了许多自动化设备，但没有意识到智能制造的核心是管理，因此，无法达到应有的效果。因此，“中国制造2025”是一个系统性的国家自主创新的战略，它涉及政府、企业、研究机构、高校、中介等多个主体之间的高效配合，需要共同建立一个更加运转高效的自主创新体系，并形成一个相互哺育的开放性循环系统。

1.1 中小企业实有户数情况

我国中小企业实有户数包括全国实有企业户数和全国实有个体工商户户数①。

1.1.1 全国实有企业数量变化情况

截至2015年底，全国实有企业2185.82万户（含分支机构，下同），比上年底增长20.1%（见图1.1）。内资企业（不含私营）实有229.47万户，比上年增长1.16%，扭转了下滑的势头；注册资本（金）60.45万亿元，增长18.53%。私营企业1908.23万户，增长23.4%，注册资本（金）90.55万亿元，增长52.9%。外商投资企业48.12万户，增长4.4%，注册资本（金）2.67万亿美元，增长22.2%②。

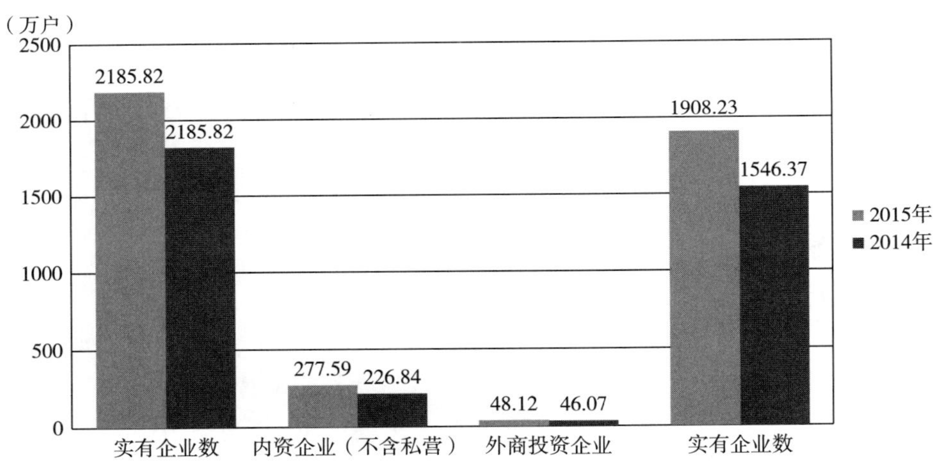

图1.1 2015年我国中小企业户数发展情况

资料来源：国家工商行政管理总局《工商行政管理统计汇编2015》。

① 目前尚不存在中小企业户数统计，由于99%数量的企业为中小企业，故这里用总企业户数加上个体工商户户数作为一个替代指标，通过该指标的变化趋势反映中小企业户数变动情况。

② 国家工商行政管理总局：工商行政管理统计汇编2014。

2015年，全国新登记注册企业443.9万户，比上年同期增长21.6%，注册资本（金）29万亿元，比上年同期增加52.2%。其中，新登记注册外商投资企业4.2万户，同比增长9.38%，比上年增加3.62个百分点。投资总额3983亿美元，增长44.14%，注册资本2591.93亿美元，增长44.29%，其中外方认缴1985.13亿美元，增长36.83%。新登记注册外商投资企业户均注册资本613.04万美元，比上年同期的467.55万美元增加145.49万美元，增长76.27%。

（1）内资企业（不含私营）

截至2015年底，全国内资企业实有229.47万户，比去年上升1.16%。但注册资本达到60.45万亿元，同比增长18.53%，占全国企业注册资本总额的34.45%，内资（非私营）企业呈现出总量减少，资本规模上升的良性发展趋势。内资企业中国有企业实有32.4634.63万户，比上年底减少2.17万户，下降6.27%；集体企业41.9444.97万户，比上年底减少3.03万户，下降6.74%；公司（含有限责任公司和股份有限公司）141.31万户，比上年底增加8.79万户，增长6.63%；其他企业13.7714.72万户，比上年底减少0.95万户，下降6.45%。各企业类型所占比重见图1.2。

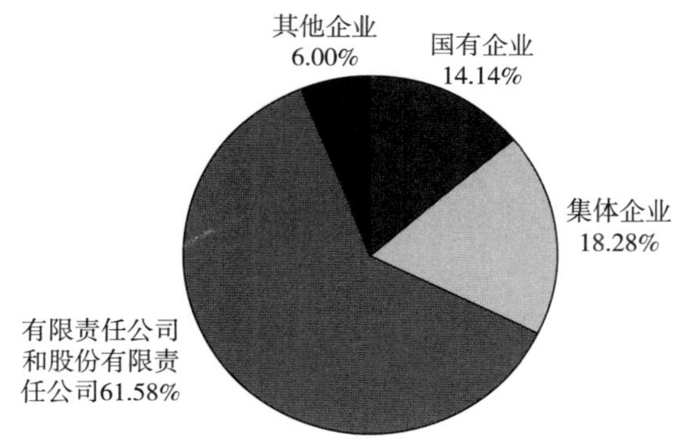

图1.2　2015年内资企业中各类型企业占比

资料来源：国家工商行政管理总局《工商行政管理统计汇编2015》。

（2）私营企业

截至2015年底，全国内资企业私营企业实有1908.23万户，比去年增加361.86万户，同比增长23.40%。数量占比由2014年底的85%增长到2015年底的87.30%。其中独资企业实有234.75万户，比上年底增加18.51万户，增长8.56%；合伙企业30.36万户，比上年底增加11.17万户，增长58.21%；有限责任公司1633.55万户，比上年底增加328.83万户，增长25.20%；股份有限公司9.57万户，比上年底增加3.35万户，增长53.86%。

（3）外资企业

2015年全国外商投资企业实有户数延续了2011年的增长态势。截至2015年底，外商投资企业48.12万户，上升4.45%。外商投资企业实有投资总额4.54万亿美元，比上年底增长19.47%。总注册资本（金）2.67万亿美元，增长22.48%；其中外方认缴出资额2.08万亿美元，增长19.54%，外方认缴出资额占注册资本的77.90%。外商投资企业发展态势趋稳趋缓，但利用外资质量进一步提升。

1.1.2 全国实有个体工商户的发展情况

伴随注册资本登记制度改革在全国范围实施，改革效果明显，新登记个体工商户增长较快，实有户数、资金数额均保持快速增长趋势。全国个体工商户实有5407.94万户，比上年底增长8.5%，资金数额3.70万亿元，增长26.1%。个体工商户当年新注册1011万户，占非公经济市场主体总数的70.4%，所占比重比上年减少1.6个百分点。

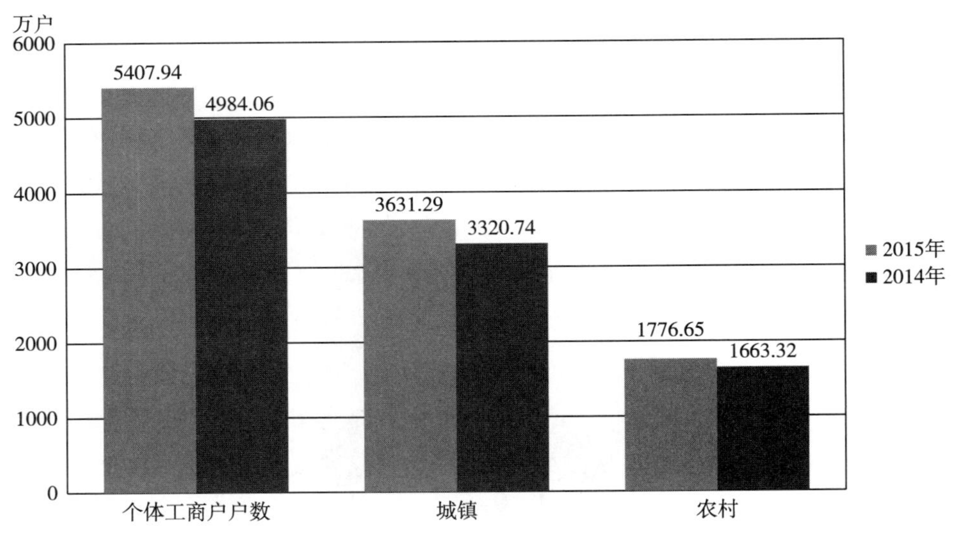

图1.3 2015年个体工商户数情况

资料来源：国家工商行政管理总局《工商行政管理统计汇编2015》。

1.2 中小企业的行业分布情况

市场主体在第一、三产业所占比重继续扩大。截至2015年底，企业在第一产业实有84.61万户，比上年同期增长35.96%，占企业总数的3.87%，比上年同期扩大0.45个百分点；第二产业349.79万户，下降18.36%，占16%，比上年同期减少7.55个百分点；第三产业1751.42万户，增长7.07%，占80.13%，比上年同期扩大5.33个百分点。其中批发和零售业企业数量达到651.77万户，占全国企业总量的35.83%。同期，全国新登记注册企业在一、二、三产业数量分别为21.5万户、64.7万户、357.8万户，同比增速分别为27.67%、6.3%、24.5%，分别占新登记注册企业总数的4.84%、14.57%、74.8%。

截至2015年12月底，全国实有现代服务业企业680.36万户，同比增长7.91%。卫生类新设企业达到32450户，比2014年增加了8600户，同比增速36.06%。"互联网+"等新产业、新业态的快速发展，为经济结构调整注入了新活力，形成经济发展新动能。2015年，信息传输、软件和信息技术服务业新登记企业24万户，比上年增长63.9%；文化、体育和娱乐业10.4万户，增长58.5%；金融业7.3万户，增长60.7%；教育1.4万户，增长1倍；卫生和社会工作0.9万户，增长1倍。

1.2.1　内资企业的行业分布

从内资企业行业实有户数看，批发和零售业依然位居首位，为71.52万户，其次是金融业28.75万户，再次为制造业23.43万户。内资企业行业中企业实有数量最少的三个行业分别是卫生和社会工作，金属制品、机械和设备修理业和开采辅助活动，这三个行业的企业数量分别为0.45万户、0.16万户和0.07万户。

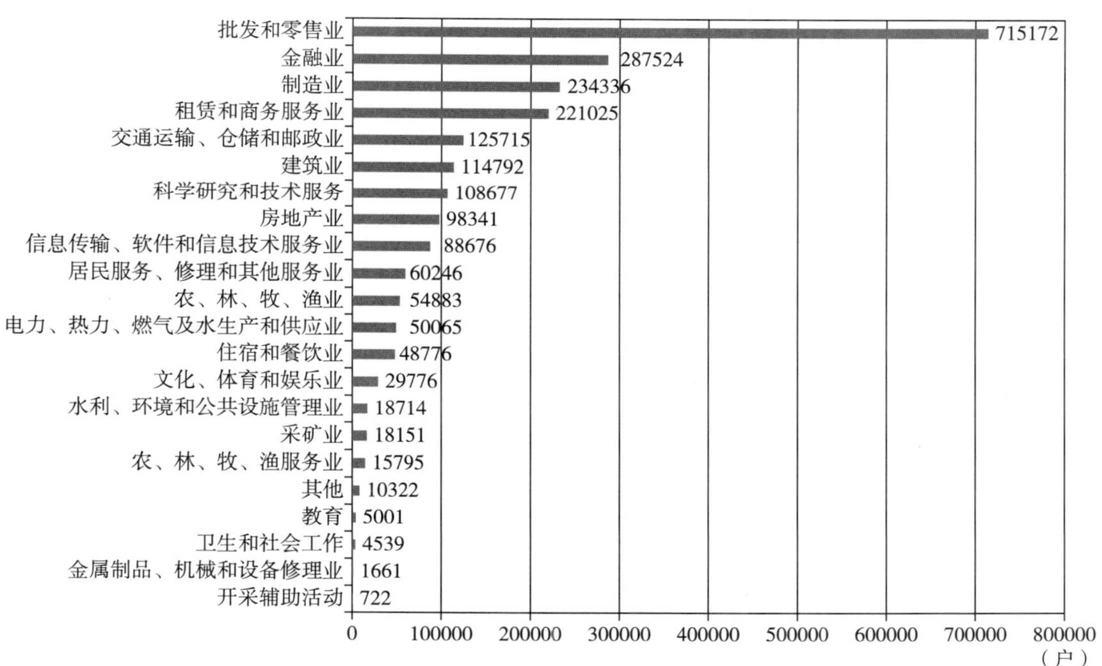

图1.4　2015年我国内资企业实有户数行业分布

资料来源：国家工商行政管理总局《工商行政管理统计汇编2015》。

1.2.2　外资企业的行业分布

从外商投资企业的行业来看，以金融业为代表的现代服务业稳定快速增长。金融业实有户数达到1.17户（含分支机构，下同），比上年底增长17.98%。外商投资企业投资第三产业较多，租赁和商务服务业以及信息传输、计算机服务和软件业分别达到5.07万和

4.24万户。企业数量最多的制造业有所下降，从2013年底16.62万户、2014年底16.12万户回落到2015年的15.83万户。

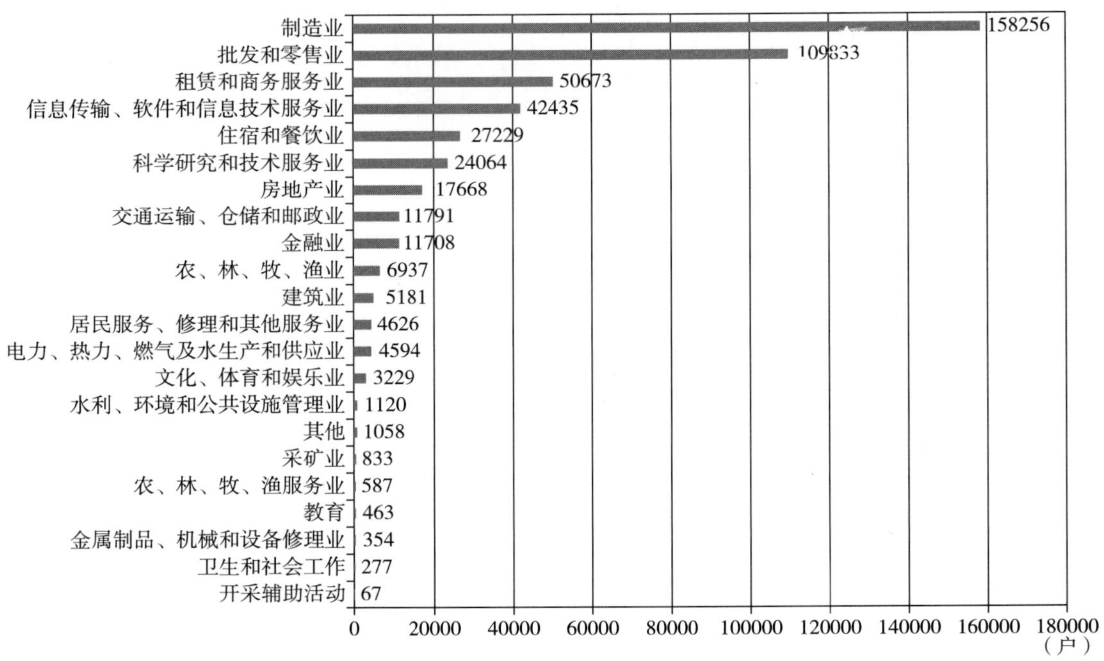

图1.5 2015年我国外资企业实有户数行业分布

资料来源：国家工商行政管理总局《工商行政管理统计汇编2015》。

1.2.3 私营企业的行业分布

私营企业实有户数达到1908.23万户，同比增长23.40%。数量排在前三位的是批发和零售业、制造业以及租赁和商务服务业，分别为697.67万户、289.12万户和249.80万户。随着垄断领域对民营企业逐步放开，水利、电力、卫生等私营企业数量有所上升，分别为7.50、6.48和2.76万户，分别比上年上升1.23、1.05、0.80万户。

1.2.4 个体工商户行业分布

全国个体工商户在第一产业实有145.54万户，比上年同期增长14.17%，占个体工商户总数的2.69%，比上年同期扩大0.13个百分点；第二产业379.99万户，增长6.61%，占7.03%，比上年同期减少0.12个百分点；第三产业4882.41万户，增长8.49%，占90.28%，比上年同期扩大0.30个百分点，分布在批发和零售业、居民服务和其他服务业、住宿和餐饮业等行业的个体工商户的比重超过80%。分布在水利、环境和公共设施管理，金融业，电力、燃气及水的生产和供应业三个行业中的数量最少，由于这些行业垄断性比较强，个体工商户难以进入。

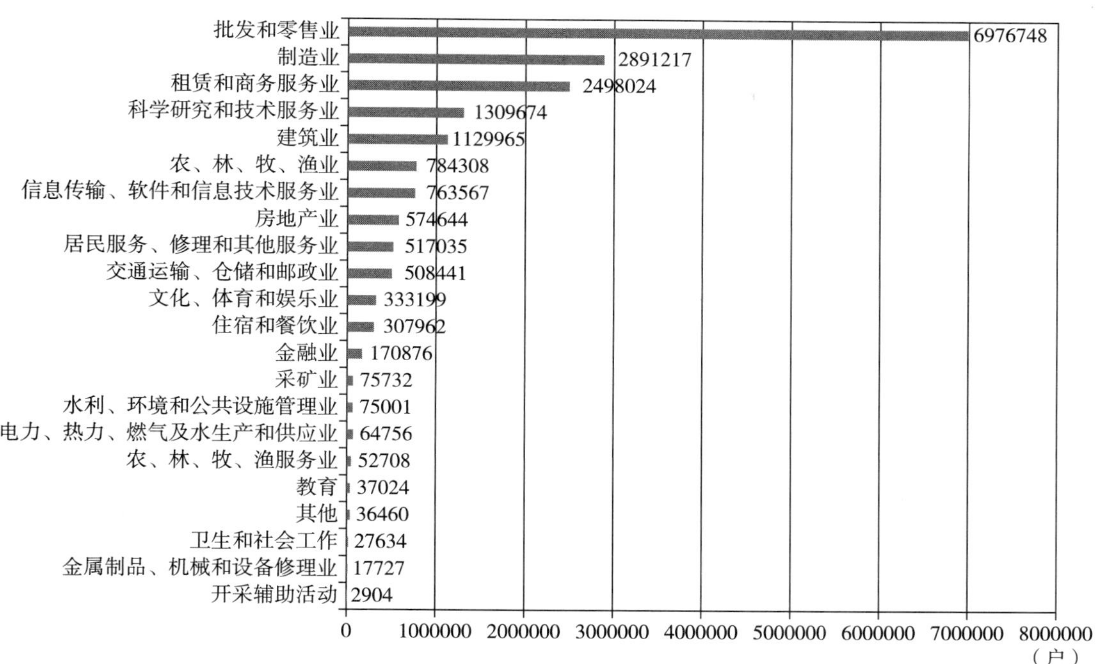

图 1.6　2015 年我国私营企业实有户数行业分布

资料来源：国家工商行政管理总局《工商行政管理统计汇编 2015》。

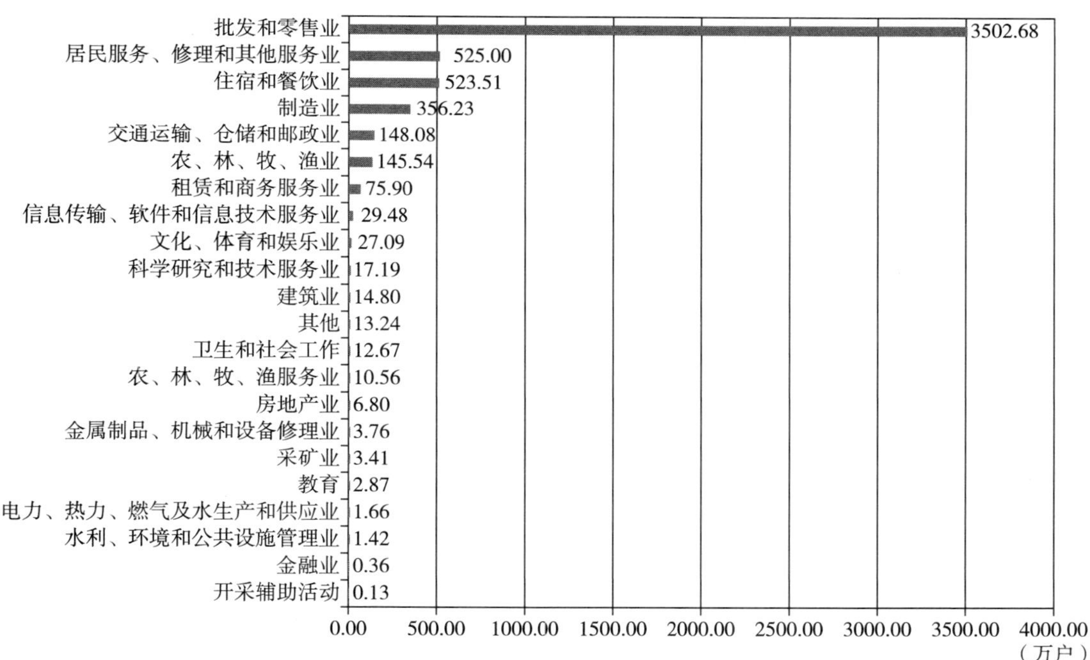

图 1.7　2015 年我国个体工商户实有户数行业分布

资料来源：国家工商行政管理总局《工商行政管理统计汇编 2015》。

1.3 中小企业的地区分布情况

截至 2015 年底，东部地区实有企业 1254.71 万户，比上年同期增长 21.02%，占企业总数的 57.40%，比上年同期扩大 0.41 个百分点；中部地区 454.32 万户，增长 19.78%，占 20.78%，比上年同期减少 0.07 个百分点；西部地区 350.99 万户，增长 21.62%，占 16.06%，比上年同期扩大 0.20 个百分点；东北地区 125.80 万户，增长 9.92%，占 5.76%，比上年同期减少 0.53 个百分点。

东部地区实有个体工商户 2228.90 万户，比上年同期增长 11.37%，占个体工商户总数的 41.22%，比上年同期上升 4.21 个百分点；中部地区 1559.26 万户，增长 4.93%，占 28.83%，比上年同期扩大 1.35 个百分点；西部地区 1156.31 万户，增长 11.51%，占 21.38%，比上年同期扩大 2.15 个百分点；东北地区 463.02 万户，增长 0.74%，占 8.56%，比上年同期扩大 0.06 个百分点。

1.4 中小企业景气指数变化的情况

为客观反映中小企业发展的景气情况，中国中小企业协会按季度编制发布了中小企业发展指数（SMEDI），以更好地反映中小企业的景气状况。

1.4.1 第一季度中国中小企业发展指数

2015 年一季度，中国中小企业发展指数（SMEDI）为 92.3，比上年四季度下降 0.5 点，延续下降趋势。分行业指数下降面有所扩大，为 2 升 6 降，分项指数为 5 升 3 降。由于当前经济运行的下行压力有所加大，中小企业的困难也更多一些，预计近期中小企业发展指数由降转升的难度仍然很大。

(1) 分行业指数2升6降

工业和批发零售业指数分别为92.3和92.8，由上季度下降转为上升，分别上升0.4和0.6点。建筑业、交通运输邮政仓储业、房地产业、社会服务业、信息传输计算机服务软件业和住宿餐饮业指数分别为94.6、84.1、99.3、95.4、90.9和75.5，下降0.5、1.7、1.6、2.1、1.8和1.9点。房地产业指数自2013年三季度以来首次降至景气临界值100以下。

工业指数在连续三个季度下降后首次回升。反映对宏观经济形势看法的宏观经济感受指数上升2.4点；反映市场状况的订单指数上升0.8点，其中国外订单指数上升3.3点，生产总量指数上升2.6点，产品平均销售价格指数上升1.4点；反映资金状况的流动资金指数上升4.2点，融资指数上升3.8点；反映成本状况的原材料购进价格下降，指数上升2.6点，员工平均薪酬下降，指数上升4.7点。但是，反映投入状况的固定资产投资指数下降2.5点，科技投入指数下降2.6点，反映效益状况的盈亏指数下降4.1点。

批发零售业指数转降为升。宏观经济感受指数上升2.5点；企业综合经营指数上升1.1点；订单指数上升0.7点，其中国外订单指数上升3.6点，商品库存下降，指数上升3.4点；流动资金指数上升3.3点；盈亏指数上升2.7点。但是，行业总体运行指数下降5.2点；商品销售量指数下降0.8点，产品平均销售价格指数下降1.5点；生产成本上升，指数下降2.0点，原材料购进价格上升，指数下降2.4点；应收未收到期货款上升，指数下降1.6点，融资指数下降1.0点；固定资产投资指数下降3.0点。

建筑业指数连续三个季度下降。行业总体运行指数下降2.4点；反映市场状况的新签订工程合同指数下降5.3点，但企业来自国（境）外的工程合同指数上升3.6点，新开工工程量指数下降2.3点，工程结算收入下降3.7点；反映成本状况的工程结算成本上升，指数下降2.9点，原材料购进价格有所上升，指数下降3.7点。较好的是宏观经济感受指数上升4.5点；企业综合生产经营指数上升2.2点；流动资金指数上升1.2点，应收未收的到期货款下降，指数上升2.9点，融资指数上升4.3点；盈亏指数上升1.7点。

房地产业指数转升为降。行业总体运行指数下降4.8点；反映市场状况的商品房预售面积指数下降6.4点，新开工面积指数下降4.6点，商品房销售面积指数下降5.6点，商品房平均销售价格指数下降5.8点；融资指数下降3.6点；固定资产投资指数下降3.6点；盈亏指数下降4.8点。较好的是宏观经济感受指数上升3.9点；流动资金指数上升2.8点，应收未收的到期货款下降，指数上升3.6点；原材料购进价格下降，指数上升4.8点。

交通运输邮政仓储业指数转升为降。宏观经济感受指数下降2.9点；行业总体运行指数下降1.7点；企业综合经营指数下降2.3点；反映市场状况的业务预订指数下降2.3点，业务量指数下降1.5点，业务收费价格上升，指数上升1.8点；业务成本上升，指数下降1.6点；固定资产投资指数下降1.8点；盈亏指数下降2.4点。较好的是流动资金指数上升3.7点，应收未收的到期货款下降，指数上升3.3点，但融资指数下降5.1点。

社会服务业指数转升为降。企业综合经营指数下降2.0点；反映市场状况的企业服务预订量指数下降5.0点，业务量指数下降4.0点，业务收费（服务）价格指数下降5.0点；流动资金指数下降3.9点；固定资产投资下降4.0点；盈亏指数下降2.0点。较好的是宏观经济感受指数上升2.0点；行业总体运行指数上升2.0点；营业成本下降，指数上升1.0点；应收未收的到期货款减少，指数上升2.9点，融资指数上升6.6点。

信息传输计算机服务软件业指数继续下降。企业综合生产经营状况的指数下降4.6点；反映市场状况的产品订货指数下降1.3点；营业收入指数下降2.7点；业务成本上升，指数下降2.9点；流动资金指数下降5.3点，融资指数下降1.3点；固定资产投资指数下降1.3点；盈亏指数下降3.1点。较好的是宏观经济感受指数上升3.7点；行业总体运行指数上升1.6点；产品销售（服务收费）价格指数上升1.6点；应收未收的到期货款下降，指数上升2.4点。

住宿餐饮业转升为降。宏观经济感受指数下降2.6点；企业综合经营指数下降1.0点；反映市场状况的企业业务预订指数下降4.4点，企业营业收入指数下降3.8点；企业营业成本上升，指数下降1.3点；固定资产投资指数下降0.5点；盈亏指数下降3.5点。较好的是企业收费（服务）价格指数上升2.2点，客房入住率指数上升2.8点；流动资金指数上升1.4点，应收未收的到期货款减少，指数上升1.3点。

在8个分行业指数中，两个分行业指数的升幅不大，6个分行业指数的降幅相比升幅较大，多数超过1.5点。本季度分行业的投资指数和效益指数普遍下降，有些降幅较大。分行业细项指数其他方面的升降变化因行业而异。工业比上季度还好一些。

（2）分项指数5升3降

宏观经济感受指数、综合经营指数、成本指数、资金指数和劳动力指数为105.0、102.8、97.4、97.3和107.8，分别上升1.0、0.5、1.2、2.5和1.2点；市场指数、投入指数和效益指数为89.6、94.0和72.4，分别下降0.4、2.8和2.6点。宏观经济感受指数、综合经营指数和劳动力指数处于景气临界值100以上。

宏观经济感受指数转降为升，其中除交通运输邮政仓储业、房地产业、批发零售业和住宿餐饮业指数分别下降2.4、0.5、1.3和2.2点外，其他分行业指数均上升。调查显示，69%的受访企业对宏观经济表示乐观或持平，比上季度上升2个百分点。

综合经营指数继续上升，其中除交通运输邮政仓储业、社会服务业、信息传输计算机服务软件业和住宿餐饮业分别下降2.3、2.0、4.7、1.0点外，工业、建筑业、房地产业、批发零售业分别上升1.5、2.2、1.2和1.1点。调查显示，80%的受访企业反馈企业综合经营状态较好或一般，比上季度上升3个百分点。

成本指数和资金指数转降为升。成本指数中除建筑业、交通运输邮政仓储业、批发零售业、信息传输计算机服务软件业和住宿餐饮业分别回落2.9、1.6、2.0、2.9和2.1点外，工业、房地产业和社会服务业分别上升2.8、4.3和1.0点。资金指数中，信息传输计算机服务软件业和住宿餐饮业分别下降1.3和0.4点，工业、建筑业、交通运输邮政仓储业、房地产业、批发零售业和社会服务业分别上升3.8、2.8、0.6、0.9、0.2和1.9点。

调查显示，反馈主要原材料及能源的购进价格下降或持平的企业所占比例上升8个百分点，应收未收的到期账款增加的企业所占比例下降10个百分点。

市场指数连续4个季度下降，本季度降幅有所收窄。其中除工业和批发零售业指数均上升1.4点外，建筑业、交通运输邮政仓储业、房地产业、社会服务业、信息传输计算机服务软件业和住宿餐饮业市场指数分别下降2.6、2.0、3.0、4.7、0.9和2.6点。调查显示，企业反馈订货量比去年同期减少或不变的比例为83%，比上季度增加6个百分点；83%的企业反馈产品的销售量减少或不变，比上季度增加7个百分点。

投入指数和效益指数均转升为降。八大行业的投入指数均有所下降。工业、建筑业、交通运输邮政仓储业、房地产业、批发零售业、社会服务业、信息传输计算机服务软件业和住宿餐饮业分别下降2.5、2.6、1.8、3.6、3.0、4.0、1.3和0.5点。效益指数中除建筑业和批发零售业指数分别上升1.7和2.7点外，工业、交通运输邮政仓储业、房地产业、社会服务业、信息传输计算机服务软件业和住宿餐饮业指数分别回落4.1、2.4、4.8、2.0、3.1和3.5点。调查显示，77%的企业反馈本季度固定资产投资不变或减少，比上季度增加16个百分点。

劳动力指数转降为升。劳动力需求指数107.2，下降0.3点；劳动力供应指数108.5，上升2.7点。在需求方面，工业和批发零售业分别上升1.6点和2.1点，建筑业、交通运输邮政仓储业、房地产业、社会服务业、信息传输计算机服务软件业和住宿餐饮业分别下降3.7、2.8、3.6、3.7、2.2和0.2点。从需求结构看，普通劳动力和大专以上毕业生需求指数分别下降0.1和0.8点，技术工人需求指数上升0.1点。

（3）东部和中部指数下降、西部指数上升

一季度东、中、西部指数分别为92.4、91.2、95.9，东部连续4个季度下降，本季度下降0.8点；中部转升为降，降幅为1.7点；西部转降为升，升幅为2.5点。从工业指数来看，西部从上季度下降幅度最大改变为上升幅度最大，东部次之，中部转升为降。

1.4.2　第二季度中国中小企业发展指数

2015年二季度中国中小企业发展指数（SMEDI）为91.9，比上季度下降0.4点，持续小幅下行。分行业指数为3升5降，分项指数为2升6降。当前经济运行虽然缓中趋稳，但下行压力依然较大，企业特别是中小企业发展动力仍显不足，近期中小企业发展指数难有明显转变。

（1）分行业指数3升5降

工业和批发零售业指数分别为91.5和92.4，由上季度的上升转为下降，分别下降0.8和0.4点；建筑业、交通运输邮政仓储业和社会服务业指数继续下降，指数分别为94.1、83.9和95.2，分别下降0.5、0.2和0.2点。房地产、信息传输计算机服务软件业和住宿餐饮业指数分别为100.0、91.0和75.7，分别上升0.7、0.1和0.2点。

工业指数有所下降，降幅最大。反映对宏观经济形势看法的宏观经济感受指数下降

0.8点；反映市场状况的订单指数下降1.0点，其中国外订单指数下降0.8点，生产总量指数下降1.3点，产品销售量指数下降1.1点，产成品库存上升，指数下降1.3点；反映资金状况的流动资金指数下降2.5点，融资指数下降2.7点；反映效益状况的盈亏指数下降1.5点；反映投入状况的固定资产投资指数下降2.1点，科技投入指数下降1.8点。较好的是，企业生产成本下降，指数上升1.4点，员工平均薪酬下降，指数上升2.4点；应收账款下降，指数上升0.9点。

建筑业指数继续下降，降幅仅次于工业指数。宏观经济感受指数下降0.4点；反映市场状况的新签订工程合同指数下降0.8点，企业来自国（境）外的工程合同指数下降0.4点，新开工工程量指数下降1.3点，工程结算收入指数下降1.0点；原材料购进价格有所上升，指数下降1.3点；流动资金指数下降1.7点，应收账款有所上升，指数下降1.2点；盈亏指数下降2.0点。较好的是，工程结算成本下降，指数上升2.1点，员工平均薪酬下降，指数上升1.8点。

交通运输邮政仓储业指数继续回落。行业总体运行指数下降0.7点；业务预订指数下降0.9点，业务量指数下降1.8点；业务成本上升，指数下降1.1点；流动资金指数下降1.5点；固定资产投资指数下降1.1点；盈亏指数下降1.2点。较好的是反映总体经营状况的企业综合经营指数上升2.4点；业务收费价格指数上升0.6点。

房地产业指数有所上升，成为达到景气临界值100的唯一行业指数。反映市场状况的商品房预售面积指数上升4.8点，商品房销售面积指数上升4.2点，商品房平均销售价格指数上升3.4点；员工的平均薪酬下降，指数上升0.8点；应收账款下降，指数上升4.8点；盈亏指数上升1.2点。较差的是，宏观经济感受指数下降2.0点；流动资金指数下降4.0点，融资指数下降3.1点；固定资产投资指数下降1.6点。

批发零售业指数由升转降。宏观经济感受指数下降1.0点；企业综合经营指数下降1.5点；订单指数下降1.7点，商品销售指数下降2.0点；流动资金指数下降2.5点；盈亏指数下降2.7点。较好的是，商品库存下降，指数上升2.5点；商品购进价格有所下降，指数上升2.6点；融资指数上升4.2点；固定资产投资指数上升2.0点。

社会服务业指数继续下降。宏观经济感受指数下降2.4点；企业综合经营指数下降2.9点；企业服务预定量指数下降3.2点，业务量指数下降1.3点；应收账款上升，指数下降3.7点，融资指数下降3.2点；固定资产投资下降1.0点。较好的是业务收费（服务）价格指数上升0.8点；流动资金指数上升1.7点；营业成本下降，指数上升2.6点；盈亏指数上升2.7点。

信息传输计算机服务软件业指数由连续两个季度下降转为略有回升。行业总体运行指数上升3.2点；反映总体经营状况的企业综合经营指数上升2.4点；营业收入指数上升3.8点；业务成本下降，指数上升1.3点；流动资金指数上升3.0点，融资指数上升1.2点；盈亏指数上升1.2点。较差的是宏观经济感受指数下降3.9点；反映市场状况的产品订货指数下降3.3点；产品销售（服务收费）价格指数下降4.8点；应收账款增加，指数下降3.2点；固定资产投资指数下降2.8点。

住宿餐饮业指数微升，但仍处行业指数的最低点。企业综合经营指数上升1.9点；企业营业收入上升4.0点；企业收费（服务）价格指数上升2.8点；企业营业成本指数上升2.7点；流动资金指数上升2.5点，应收账款减少，指数上升2.4点。较差的是宏观经济感受指数下降2.7点；反映市场状况的企业业务预订指数下降2.3点，客房入住率指数下降2.6点；员工平均薪酬上升，指数下降2.3点；固定资产投资指数下降2.8点；盈亏指数下降1.3点。

本季度8个分行业中，工业和建筑业的综合状况相比差一些，企业市场、资金、投入、效益方面的状况更差一些。批发零售业次之。房地产业的景气度明显上升，扭转了上季度房地产业指数一度跌至景气临界值100以下的局面。企业的成本状况相对好一些，多数行业经营成本和商品购进价格下降，只有半数行业的人力成本上升，且多数上升幅度不大。但是，企业对于未来发展向好的信心显得不足，加大投入促进发展的积极性不高。

（2）分项指数2升6降

宏观经济感受指数、综合经营指数、市场指数、资金指数、投入指数和效益指数为104.0、101.9、88.8、96.2、92.6和71.6，分别下降1.0、0.9、0.8、1.1、1.4和0.8点；成本指数和劳动力指数为98.9和109.0，分别上升1.5和1.2点。宏观经济感受指数、综合经营指数和劳动力指数处于景气临界值100以上。

宏观经济感受指数由升转降，其中除建筑业和交通运输邮政仓储业指数有所上升外，工业、房地产业、批发零售业、社会服务业、信息传输计算机服务软件业和住宿餐饮业指数分别下降1.0、1.4、1.4、2.6、0.3和2.6点。调查显示，64%的受访企业对宏观经济表示乐观或一般，比上季度下降5个百分点。

综合经营指数有所下降，其中除交通运输邮政仓储业、信息传输计算机服务软件业和住宿餐饮业有所上升外，工业、建筑业、房地产业、批发零售业和社会服务业分别下降1.0、0.1、1.1、1.6和2.9点。调查显示，75%的受访企业反馈企业综合经营状态佳或一般，比上季度下降5个百分点。

成本指数继续上升。成本指数中除交通运输邮政仓储业指数下降1.1点外，工业、建筑业、房地产业、批发零售业、社会服务业、信息传输计算机服务软件业和住宿餐饮业分别上升1.4、2.1、1.6、2.9、2.6、1.3和0.3点。调查显示，52%的企业反馈生产成本下降和持平，较上季度上升4个百分点。

资金指数由升转降。资金指数中除批发零售业、信息传输计算机服务软件业和住宿餐饮业分别上升1.1、0.3和2.3点外，工业、建筑业、交通运输邮政仓储业、房地产业和社会服务业分别下降1.4、1.5、1.4、0.8和1.7点。调查显示，54%的企业反馈流动资金充足和一般，较上季度下降5个百分点。在对企业资金情况调查中，32.9%的企业认为应收账款拖欠是资金紧张的主要原因。本次对网络融资渠道的态度调查显示，主要由于网络融资存在较大风险，71.7%的中小企业不愿意采用网络融资。

市场指数连续5个季度下降。其中除房地产业和住宿餐饮业指数上升外，工业、建筑业、交通运输邮政仓储业、批发零售业、社会服务业和信息传输计算机服务软件业市场指数分别下降1.1、0.9、0.7、0.1、1.8和2.0点。调查显示，企业反馈订货量比去年同期减少或不变的比例为85%，比上季度增加2个百分点；85%的企业反馈产品的销售量减少或不变，比上季度增加2个百分点。本次调查显示，已经采用或正在考虑采用网络营销模式的企业分别占30.3%和16.6%，还有53.1%的中小企业尚未考虑采用网络营销经营手段。

投入指数和效益指数均继续下降。多数行业的投入指数有所下降。工业、建筑业、交通运输邮政仓储业、房地产业、社会服务业、信息传输计算机服务软件业和住宿餐饮业分别下降2.0、2.1、1.1、1.6、1.0、2.8和2.8点。效益指数中除房地产业、社会服务业和信息传输计算机服务软件业有所上升外，工业、建筑业、交通运输邮政仓储业、批发零售业和住宿餐饮业指数分别下降1.5、2.0、1.2、2.7和1.3点。调查显示，75%的企业反馈本季度固定资产投资增加或不变，比上季度减少4个百分点。

劳动力指数为109.0，继续回升，上升1.2点。除批发零售业指数下降外，工业、建筑业、交通运输业、房地产业、批发零售业、社会服务业、信息传输计算机服务软件业和住宿餐饮业指数分别上升1.0、1.5、0.4、0.4、2.6、1.9和2.7点。从供需结构方面看，劳动力需求指数105.6，下降1.6点；其中，普通劳动力、技术工人和大专以上毕业生需求指数分别下降1.2、2.1和1.4点。劳动力供应指数112.3，上升3.8点；其中，普通劳动力、技术工人和大专以上毕业生供应指数分别上升4.0、3.9和3.6点。从分行业的供需情况看，需求指数有所上升的是社会服务业、信息传输计算机服务软件业和住宿餐饮业，分别上升1.0、2.4和1.5点，工业、建筑业、交通运输邮政仓储业、房地产业和批发零售业分别下降2.7、0.1、0.9、3.3和2.5点；供应指数全部上升，工业、建筑业、交通运输邮政仓储业、房地产业、批发零售业、社会服务业、信息传输计算机服务软件业和住宿餐饮业分别上升3.8、4.7、3.0、1.8、4.2、1.0、4.4、1.3和3.8点。企业的劳动力供需状况相对较好，特别是供应较旺，需求相对弱一些。

（3）东部指数上升、中部和西部指数下降

二季度东、中、西部指数分别为93.4、88.0、93.1，东部由降转升，升幅1.0点；中部继续下降，降幅为3.2点；西部由升转降，降幅为2.8点。从工业指数来看，中部下降幅度最大，西部次之，东部略升。

1.4.3 第三季度中国中小企业发展指数

2015年三季度中国中小企业发展指数（SMEDI）为91.9，与上季度持平，自2014年二季度以来首次没有下滑。当前经济运行总体处于合理区间，从中小企业发展指数看，分行业和分项指数均为5升3降。目前经济发展仍然经受着较大的下行压力，企业特别是小微企业生产经营的困难更大一些，中小企业发展指数缓中趋稳的态势将持续。

（1）分行业指数5升3降

工业、建筑业和交通运输邮政仓储业指数分别为91.9、95.9、85.4，均由上季度的下降转为上升，分别上升0.4、1.8和1.5点；信息传输计算机服务软件业和住宿餐饮业指数分别为93.3和76.8，继续上升，分别上升2.3和1.1点。房地产业指数为98.4，由升转降，下降1.6点。批发零售业和社会服务业指数分别为90.1和94.0，继续下降2.3和1.2点。8个分行业指数均位于景气临界值100以下。

工业指数虽然由降转升，但为2013年一季度以来的次低位。反映对宏观经济形势看法的宏观经济感受指数上升3.1点；反映市场状况的订单指数上升2.6点，生产总量指数上升2.0点，产品销售量指数上升3.3点，但平均销售价格指数下降1.6点；反映资金状况的流动资金指数上升4.3点，融资指数上升4.4点；企业生产成本下降，指数上升4.2点，原材料购进价格下降，指数上升4.4点。但是，反映投入状况的固定资产投资指数下降5.0点，科技投入指数下降0.9点；反映效益状况的盈亏指数下降3.2点。

建筑业指数升幅较大。反映本行业总体运行状况的行业总体运行指数上升2.6点；反映市场状况的新签订工程合同指数上升3.9点，新开工工程量指数上升2.6点，工程结算收入指数上升4.6点；反映成本状况的建筑材料购进价格下降，指数上升3.9点；流动资金指数上升3.9点，融资指数上升2.6点，应收账款有所下降，指数上升5.8点；盈亏指数上升3.3点。但是，企业来自国（境）外的工程合同指数下降3.2点；固定资产投资指数下降3.3点。

交通运输邮政仓储业指数由降转升，升幅较大，但处于8个分行业指数的次低位。行业总体运行指数上升3.0点；反映市场状况的业务量指数上升3.8点，收费价格下降，指数上升3.9点；业务成本下降，指数上升3.4点，员工平均薪酬下降，指数上升3.0点；固定资产投资指数上升2.7点；盈亏指数上升3.4点。但是，流动资金指数下降2.1点，应收账款上升，指数下降4.0点。

房地产业指数即使在近几年，多数季度都在景气临界值100以上，一直处于8个分行业指数的最高位，但此季度跌至100以下。宏观经济感受指数下降2.5点；行业总体运行指数下降3.8点；反映市场状况的商品房预售面积指数下降4.3点，房屋竣工面积指数下降4.3点，商品房销售面积指数下降3.5点，商品房平均销售价格指数下降3.7点；竞拍土地价格上升，指数下降3.2点；融资指数下降4.2点，应收账款上升，指数下降4.3点；盈亏指数下降3.0点。较好的是，完成土地开发面积指数上升2.9点；空置商品房面积下降，指数上升3.4点；员工平均薪酬下降，指数上升1.5点。

批发零售业指数维持低位。宏观经济感受指数下降2.7点；企业综合经营指数下降3.2点；反映市场状况的订单指数下降3.4点，商品销售指数下降3.9点；流动资金指数下降3.7点；固定资产投资指数下降2.6点；盈亏指数下降1.8点。较好的是，商品购进价格有所下降，指数上升3.2点；员工平均薪酬下降，指数上升4.9点；应收账款下降，指数上升3.0点。

社会服务业指数是2012年4季度以来的最低位。宏观经济感受指数下降4.1点；企业综合经营指数下降3.0点；企业服务预订量指数下降3.0点；固定资产投资下降2.0点；盈亏指数下降3.1点。较好的是业务收费（服务）价格指数上升3.0点；流动资金指数上升5.1点，融资指数上升4.0点；营业成本下降，指数上升3.0点；员工平均薪酬下降，指数上升4.1点。

信息传输计算机服务软件业指数连续两个季度上升。行业总体运行指数上升3.9点；反映总体经营状况的企业综合经营指数上升2.4点；反映市场状况的产品订货指数上升3.9点，营业收入指数上升3.4点，产品销售价格指数上升3.6点；业务成本下降，指数上升2.9点；流动资金指数上升3.6点，融资指数上升5.1点；盈亏指数上升2.9点。较差的是固定资产投资指数下降2.7点。

住宿餐饮业指数连续两个季度上升，但处于8个分行业指数的最低位。行业总体运行指数上升4.4点；反映市场状况的业务预定指数上升1.7点，企业收费（服务）价格指数上升4.5点；企业营业成本下降，指数上升4.6点；应收账款减少，指数上升4.3点；盈亏指数上升3.3点。但是，宏观经济感受指数下降3.1点；企业综合经营指数下降2.0点；反映市场状况的客房入住率指数下降1.0点；流动资金指数下降3.7点，融资指数下降3.0点；固定资产投资指数下降2.1点。

本季度8个分行业的生产经营状况因行业不同而有较大差异。总的看，企业的成本和资金状况相对好一些。资金状况可能更多地反映了企业对于资金的需求不旺。突出的问题是，企业加大投入促进发展的积极性不高，除了交通运输邮政仓储业外，其他分行业比较普遍。企业效益进一步下滑，工业、房地产业、社会服务业更为突出。

（2）分项指数5升3降

宏观经济感受指数、综合经营指数、市场指数、成本指数、资金指数为104.5、102.4、89.4、101.7和98.7，分别上升0.5、0.5、0.6、2.8和2.5点；劳动力指数、投入指数和效益指数为108.5、90.3和69.8，分别下降0.5、2.3和1.8点。宏观经济感受指数、综合经营指数、成本指数和劳动力指数处于景气临界值100以上。

宏观经济感受指数由降转升，其中除房地产业、批发零售业和社会服务业指数有所下降，分别下降3.1、2.9、3.6点外，工业、建筑业、交通运输邮政仓储业、信息传输计算机服务软件业和住宿餐饮业指数分别上升2.2、1.7、1.8、3.3和0.6点。

综合经营指数由降转升，其中除工业、建筑业、信息传输计算机服务软件业有所上升，分别上升2.8、2.0和2.4点外，交通运输邮政仓储业、房地产业、批发零售业、社会服务业和住宿餐饮业分别下降3.1、1.6、3.1、3.1和2.0点。

市场指数转降为升，其中除房地产业、批发零售业和社会服务业指数下降，分别下降1.3、2.9和0.5点外，工业、建筑业、交通运输邮政仓储业、信息传输计算机服务软件业和住宿餐饮业市场指数分别上升1.1、2.8、2.4、3.8和2.0点。调查显示，41%的企业反馈产品的产量增加或不变，比上季度增加2个百分点；企业反馈订货量比去年同期增加或不变的比例为 40%，比上季度增加 1 个百分点。

成本指数继续上升，其中除房地产业、批发零售业指数下降 0.9、2.7 点，建筑业持平外，工业、交通运输邮政仓储业、社会服务业、信息传输计算机服务软件业和住宿餐饮业分别上升 4.2、3.5、3.0、3.0 和 3.9 点。调查显示，54% 的企业反馈生产成本下降或持平，较上季度上升 2 个百分点。

资金指数由降转升，其中除交通运输邮政仓储业、房地产业和住宿餐饮业分别下降 1.7、3.8 和 0.8 点外，工业、建筑业、批发零售业、社会服务业和信息传输计算机服务软件业分别上升 3.4、4.1、0.1、4.2 和 4.3 点。调查显示，55% 的企业反馈流动资金充足或一般，较上季度上升 1 个百分点。

投入指数和效益指数继续下降，效益指数一直处于 8 个分项指数的最低位。投入指数除交通运输邮政仓储业上升 2.7 点外，工业、建筑业、房地产业、批发零售业、社会服务业、信息传输计算机服务软件业和住宿餐饮业分别下降 2.9、3.3、2.0、2.6、2.0、2.7 和 2.1 点。调查显示，71% 的企业反馈本季度固定资产投资增加或不变，比上季度减少 4 个百分点。效益指数中，除建筑业、交通运输邮政仓储业、信息传输计算机服务软件业和住宿餐饮业指数分别上升 3.4、3.5、2.9 和 2.3 点外，工业、房地产业、批发零售业、社会服务业指数分别下降 3.1、3.0、1.7 和 3.1 点。

劳动力指数中除建筑业、交通运输邮政仓储业、房地产业和住宿餐饮业指数上升 1.5、0.9、2.2 和 0.7 点外，工业、批发零售业、社会服务业、信息传输计算机服务软件业指数分别下降 1.0、0.6、1.2 和 0.4 点。从供需结构方面看，劳动力需求指数 104.5，下降 1.1 点；其中，普通劳动力、技术工人和大专以上毕业生需求指数分别下降 1.1、0.1 和 2.2 点。劳动力供应指数 112.5，上升 0.2 点；其中，普通劳动力和技术工人供应指数分别上升 0.4 和 2.5 点，大专以上毕业生供应指数下降 2.2 点。从分行业的供需情况看，需求指数上升的行业是建筑业、交通运输邮政仓储业、房地产业和住宿餐饮业，指数分别上升 3.1、0.6、1.0 和 0.8 点，下降的是工业、批发零售业、社会服务业和信息传输计算机服务软件业，指数分别下降 1.2、2.3、4.1 和 2.0 点；供应指数除工业的供应指数下降 0.9 点、建筑业持平外，交通运输邮政仓储业、房地产业、批发零售业、社会服务业、信息传输计算机服务软件业和住宿餐饮业分别上升 1.1、3.5、1.1、1.5、1.3 和 0.7 点。总的看，企业的劳动力需求下降，供应上升。

（3）东部和中部指数上升、西部指数下降

三季度东、中、西部指数分别为 93.4、94.7、87.8，东部继续上升，升幅 0.1 点；中部转降为升，升幅为 6.7 点；西部继续下降，降幅为 5.3 点。从工业指数来看，中部上升 10.1 点，东部下降 0.6 点，西部下降 6.4 点。

1.4.4　第四季度中国中小企业发展指数

2015 年四季度中国中小企业发展指数（SMEDI）为 91.8，较上季度下降 0.1 点。当前经济运行与上季度相比，没有大的变化。从中小企业发展指数看，分行业指数3升4降1持平，分项指数5升3降，多数的升降幅度都不大。目前经济发展仍然经受着较大的下行压力，企业特别是小微企业生产经营的困难更大一些，中小企业发展指数低位趋稳的态势将持续。

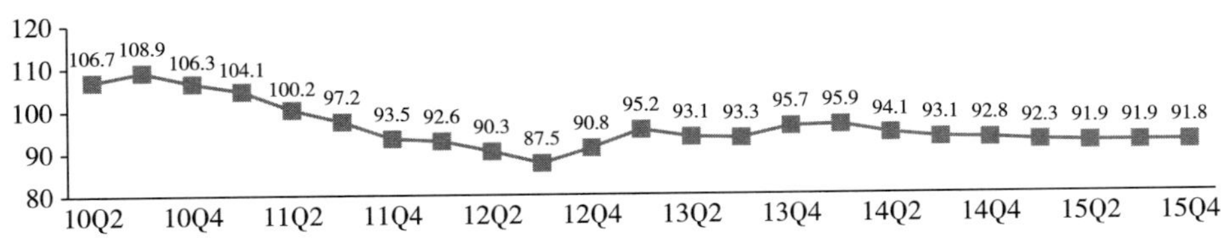

图1.8 2015年四季度中国中小企业发展指数运行图

（1）分行业指数3升4降1持平

建筑业指数为96.5，继续上升0.6点。批发零售业和社会服务业指数分别为91.1和94.7，由降转升，分别上升1.0和0.7点。工业、交通运输邮政仓储业、信息传输计算机服务软件业和住宿餐饮业指数分别为91.5、84.8、93.2和75.3，由升转降，分别下降0.4、0.6、0.1和1.5点。房地产业指数为98.4，与上季度持平。8个分行业指数均位于景气临界值100以下。

工业指数由升转降，为2013年一季度以来的最低位。反映市场状况的产品销售量指数下降2.7点，平均销售价格指数下降1.9点；反映资金状况的流动资金指数下降1.6点，融资指数下降0.8点，应收账款增加，指数下降2.6点；反映投入状况的固定资产投资指数下降1.4点。较好的是，反映对宏观经济形势看法的宏观经济感受指数上升0.4点，反映总体运行状况的行业总体运行指数上升0.7点；企业生产成本下降，指数上升0.6点。

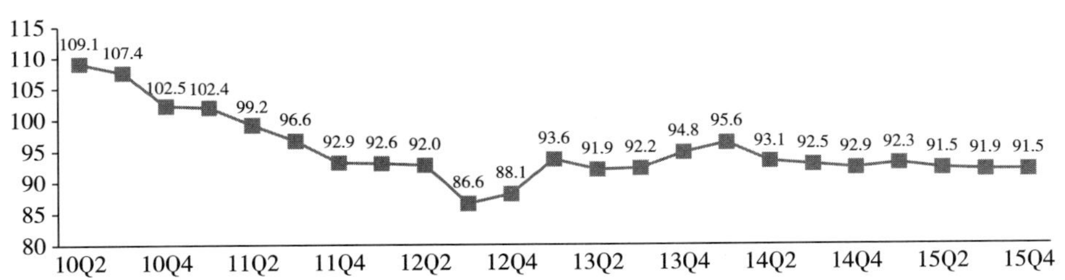

图1.9 2015年四季度工业中小企业发展指数运行图

建筑业指数连续两个季度上升。反映对宏观经济形势看法的宏观经济感受指数上升1.3点；反映综合生产经营状况的企业综合经营指数上升1.3点；反映市场状况的来自国（境）外的工程合同指数上升1.9点，工程结算收入指数上升1.5点；反映成本状况的建筑材料购进价格下降，指数上升1.3点，员工平均薪酬下降，指数上升1.2点；融资指数上升1.3点。但是，行业总体运行指数下降1.3点；流动资金指数下降0.7点，应收账款上升，指数下降1.2点。

交通运输邮政仓储业指数由升转降，处于8个分行业指数的次低位。宏观经济感受指数下降 2.1 点，行业总体运行指数下降 2.2 点；企业综合经营指数下降 2.0 点；反映市场状况的业务预订指数下降 2.0 点，收费价格指数下降 1.9 点；流动资金指数下降 0.6 点，融资指数下降 0.8 点；盈亏指数下降 1.0 点。较好的是，业务成本下降，指数上升 2.5 点，员工平均薪酬下降，指数上升 1.9 点；应收账款下降，指数上升 1.4 点；固定资产投资指数上升 1.9 点。

房地产业指数与上季度持平，处于 8 个分行业指数的最高位。反映市场状况的完成土地开发面积指数下降 2.5 点，新开工面积指数下降 2.4 点，空置商品房面积上升，指数下降 1.6 点；反映成本状况的竞拍土地价格上升，指数下降 1.8 点；应收账款上升，指数下降 2.1 点。较好的是，房屋竣工面积指数上升 1.3 点，商品房销售面积指数上升 1.7 点，商品房平均销售价格指数上升 1.1 点；员工平均薪酬下降，指数上升 1.0 点；固定资产投资指数上升 1.3 点。

批发零售业指数升幅最大。宏观经济感受指数上升 1.7 点，行业总体运行指数上升 1.9 点；反映市场状况的与供货商签订的购货合同指数上升 1.3 点，出口订单指数上升 1.2 点；反映成本的经营费用下降，指数上升 1.6 点，商品购进价格下降，指数上升 1.3 点；流动资金指数上升 2.7 点，融资指数上升 2.3 点；固定资产投资指数上升 1.6 点；盈亏指数上升 1.8 点。但是，商品库存上升，指数下降 0.9 点。

社会服务业指数由降转升，但处于 2012 年 4 季度以来的次低位。宏观经济感受指数上升 1.5 点；企业综合经营指数上升 2.0 点；企业服务预订量指数上升 1.0 点；员工平均薪酬下降，指数上升 2.0 点；应收账款下降，指数上升 1.1 点；固定资产投资上升 1.5 点。但是，业务收费（服务）价格上升，指数下降 2.2 点；流动资金指数下降 2.1 点。

信息传输计算机服务软件业微降。行业总体运行指数下降 1.5 点；反映总体经营状况的企业综合经营指数下降 1.9 点；反映市场状况的产品订货指数下降 1.5 点；业务成本上升，指数下降 1.5 点；应收账款上升，指数下降 1.1 点。较好的是，营业收入指数上升 1.4 点，产品销售价格下降，指数上升 1.9 点；流动资金指数上升 1.8 点；盈亏指数上升 1.0 点。

住宿餐饮业指数由升转降，但处于 8 个分行业指数的最低位。宏观经济感受指数下降 1.2 点，行业总体运行指数下降 2.4 点；企业综合经营指数下降 2.0 点；反映市场状况的业务预订指数下降 1.8 点，企业营业收入指数下降 1.7 点，企业收费（服务）价格指数下降 1.0 点，客房入住率指数下降 2.2 点；企业营业成本上升，指数下降 1.7 点；员工平均薪酬上升，指数下降 1.8 点；流动资金指数下降 2.9 点；盈亏指数下降 2.6 点。较好的是，应收账款下降，指数上升 0.9 点，融资指数上升 1.2 点；固定资产投资指数上升 2.6 点。

本季度 8 个分行业指数中，大多数分行业指数的升降幅度都很小，呈现低位趋稳的状态，这成为本季度的突出特点。多数行业的成本状况相对好一些。可以看出，企业的资金状况相对差一些，流动资金指数下降 1.0 点，融资指数下降 0.3 点，一些企业的应收账款增加。企业的市场状况相对差一些，销量和销价下降，一些企业的库存增加。

（2）分项指数5升3降

宏观经济感受指数、综合经营指数、成本指数、投入指数和效益指数为104.9、102.8、102.3、90.6和70.1，分别上升0.4、0.4、0.6、0.3和0.3点；市场指数、资金指数和劳动力指数为88.9、97.8和107.2，分别下降0.5、0.9和1.3点。宏观经济感受指数、综合经营指数、成本指数和劳动力指数处于景气临界值100以上。

宏观经济感受指数连续两个季度上升，其中除交通运输邮政仓储业、信息传输计算机服务软件业和住宿餐饮业指数分别下降2.2、0.9和1.8点，建筑业和房地产业指数持平外，工业、批发零售业和社会服务业指数分别上升0.6、1.8和1.3点。

综合经营指数连续两个季度上升，其中除交通运输邮政仓储业、信息传输计算机服务软件业和住宿餐饮业分别下降2.0、1.8和1.9点外，工业、建筑业、房地产业、批发零售业和社会服务业指数分别上升0.3、1.3、0.5、0.8和2.1点。

市场指数由升转降，其中除建筑业、批发零售业和社会服务业指数分别上升1.0、0.3和0.2点，信息传输计算机服务软件业持平外，工业、交通运输邮政仓储业、房地产业和住宿餐饮业市场指数分别下降0.9、1.8、0.1和1.5点。调查显示，62%的企业反映产成品库存下降或一般，比上季度下降5个百分点；47%的企业反映本季度产品平均销售价格同比增加或不变，比上季度下降3个百分点。

成本指数连续4个季度上升，其中除房地产业、信息传输计算机服务软件业和住宿餐饮业指数下降0.4、1.5和1.8点外，工业、建筑业、交通运输邮政仓储业、批发零售业和社会服务业分别上升0.6、0.9、2.5、1.6和0.2点。调查显示，58%的企业反映本季度生产成本同比下降或持平，较上季度上升4个百分点；58%的企业反映员工薪酬同比减少或持平，较上季度上升4个百分点；77%的企业反映原材料及能源购进价格同比下降或持平，较上季度上升1个百分点。

资金指数由升转降，其中除批发零售业和信息传输计算机服务软件业指数上升1.6和0.3点，交通运输邮政仓储业指数持平外，工业、建筑业、房地产业、社会服务业和住宿餐饮业分别下降1.7、0.2、1.0、0.6和0.2点。调查显示，31%的企业反映融资容易或一般，较上季度下降12个百分点；53%的企业反映本季度流动资金充足或一般，较上季度下降2个百分点；71%的企业反映应收账款同比减少或持平，较上季度下降2个百分点。

投入指数和效益指数转降为升，效益指数一直处于8个分项指数的最低位。投入指数除工业下降0.6点外，建筑业、交通运输邮政仓储业、房地产业、批发零售业、社会服务业、信息传输计算机服务软件业和住宿餐饮业分别上升0.6、1.9、1.3、1.6、1.5、0.8和1.5点。调查显示，72%的企业反映本季度固定资产投资同比增加或不变，比上季度增加1个百分点。效益指数中，除交通运输邮政仓储业和住宿餐饮业指数分别下降1.0和2.6点，房地产业持平外，工业、建筑业、批发零售业、社会服务业和信息传输计算机服务软件业指数分别上升0.1、0.6、1.7、0.7和1.0点。调查显示，50%的企业反映本季度同比增盈/减亏或盈亏不变，较上季度上升2个百分点。

劳动力指数中除交通运输邮政仓储业和信息传输计算机服务软件业指数上升 0.4 和 0.7 点外，工业、建筑业、房地产业、批发零售业、社会服务业和住宿餐饮业指数分别下降 2.0、0.9、1.2、1.2、0.6 和 1.9 点。从供需结构方面看，劳动力需求指数 102.9，下降 1.6 点；其中，普通劳动力、技术工人和大专以上毕业生需求指数分别下降 1.7、2.0 和 1.1 点。劳动力供应指数 111.4，下降 1.1 点；其中，普通劳动力和技术工人和大专以上毕业生供应指数分别下降 1.7、0.1 和 1.6 点。从分行业的供需情况看，需求指数上升的行业是建筑业和信息传输计算机服务软件业，指数分别上升 0.1 和 0.5 点，社会服务业持平，下降的是工业、交通运输邮政仓储业、房地产业、批发零售业和住宿餐饮业，指数分别下降 2.5、0.1、1.0、1.8 和 2.1 点；供应指数除交通运输邮政仓储业和信息传输计算机服务软件业的供应指数均上升 0.9 点，工业、建筑业、房地产业、批发零售业、社会服务业和住宿餐饮业分别下降 1.4、2.0、1.6、0.5、1.1 和 1.9 点。总的看，劳动力供应指数和需求指数双下降，且下降幅度较大，表明市场对劳动力的供需都不旺，这在近几年是不多见的，仅在 2013 一季度及 2014 年一季度和四季度出现过。出现这种情况与春节前劳务市场的特殊性有一定的关系。

（3）东部和中部指数下降、西部指数上升

本季度东、中、西部指数分别为 93.3、89.9、88.5，东部和中部由升转降，降幅分别为 0.1 和 4.7 点；西部转降为升，升幅为 0.7 点。从工业指数来看，东部上升 1.3 点，中部下降 4.1 点，西部下降 6.8 点。

1.5　2015 年促进中小企业发展的政策体系

2015 年，随着国务院一系列促进小微企业创新发展政策的出台和落实，小微企业发展环境逐步改善，总体保持了发展态势。

1.5.1　综合性政策

国家有关部门紧紧围绕《中华人民共和国中小企业促进法》修订，加强政策协调与落实，推进大众创业、万众创新，强化公共服务体系建设等工作，全力支持中小企业发展。当前支持中小企业发展的政策主要包括五个方面。

一是进一步优化发展环境。全面落实促进“双创”、商事制度改革、财税金融政策等措施，有关工作取得实质性进展。自 2015 年以来，全国新登记企业平均每天 1 万户，这些企业大多是小微企业。继续深入开展扶助小微企业专项行动，各地积极响应，收到较好效果。另外，在全国范围内开展小微企业政策宣传月活动，采取报刊、网络、微博、微信等多种方式让小微企业知晓政策、享受政策。

二是进一步加大财税支持。财政部、工业和信息化部、科技部、商务部、国家工商总局开展“小微企业创业创新基地城市示范”工作，以城市创业创新基地为载体促进中小微企业发展。经国务院批准，中央财政出资150亿元，广泛吸引社会资本，共同形成600亿元的国家中小企业发展基金，有关工作正在积极推进。继续深化惠企税费政策，将小微企业减半征收所得税标准提高到30万元，将小微企业、个体工商户增值税和营业税起征点由月销售额2万元提高到3万元。降低了失业保险、工伤保险和生育保险费率，着力减轻企业负担。

三是进一步加强融资支持。推进地方中小企业主管部门与银行分支机构建立合作机制，引导银行业金融机构扩大小微企业信贷投放。印发《关于进一步促进中小企业信用担保机构健康发展的意见》，对促进担保机构健康发展提出意见和要求。继续开展中小企业信用担保机构免征营业税工作，并按照国务院行政审批制度改革要求，明确免税政策以备案方式继续执行。推动保险机构与担保机构合作，提高担保机构防范风险的能力。

四是进一步激发创业创新活力。印发关于做好大众创业、万众创新工作的通知，推动各地营造“双创”良好氛围。开展国家小微企业创业创新示范基地培育和认定，首批示范基地将于近期向社会公告。大力推进“互联网+小微企业”，推动小微企业信息化和公共服务网络化。引导信息化服务商为中小企业开展线上线下培训和应用推广活动近千万人次。搭建“创客中国”公共服务平台，举办“创客中国”大赛。积极推动产业集群发展，强化专业化协作与配套，促进转型升级。实施中小企业知识产权战略推进工程，会同有关部门在59个中小企业集聚区开展知识产权托管试点。

五是进一步完善公共服务体系。实施中小企业公共服务平台网络建设工程，支持30个省和5个计划单列市搭建中小企业公共服务平台网络。截至2015年第三季度，共有895个平台参与了平台网络建设，带动社会各类服务机构7.51万个，组织开展了针对小微企业需求的各类服务活动18.8万次，服务企业183.58万家（次）。加强国家中小企业公共服务示范平台服务业绩、质量和公益性服务活动等方面的管理。完善中小企业管理咨询专家库，继续开展中小企业经营管理领军人才培训。继续举办全国中小企业网上百日招聘高校毕业生活动，共有9046家企业在网上发布了招聘信息，提供就业岗位近10万个，25.8万名高校毕业生提交求职信息。

下面对有关的政策进行逐一的梳理和解读。

（1）扶持小型微型企业健康发展

国务院印发《关于扶持小型微型企业健康发展的意见》（以下简称《意见》），从资金支持、财税优惠、创业基地建设、促进企业信息互联互通等方面提出一系列政策措施，扶持小微企业（含个体工商户）健康发展。

《意见》指出，正在实施的工商登记制度改革极大地激发了市场活力和创业热情，小微企业数量快速增长，为促进经济发展和社会就业发挥了积极作用，但它们在发展中也面临一些困难和问题。为此，《意见》提出了10方面的政策措施。

一是充分发挥现有中小企业专项资金的引导作用，鼓励地方中小企业扶持资金将小型微型企业纳入支持范围。

二是认真落实已经出台的支持小型微型企业税收优惠政策，根据形势发展的需要研究出台继续支持的政策。小型微型企业从事国家鼓励发展的投资项目，进口项目自用且国内不能生产的先进设备，按照有关规定免征关税。

三是加大中小企业专项资金对小企业创业基地（微型企业孵化园、科技孵化器、商贸企业集聚区等）建设的支持力度。鼓励大中型企业带动产业链上的小型微型企业，实现产业集聚和抱团发展。

四是对小型微型企业吸纳就业困难人员就业的，按照规定给予社会保险补贴。自工商登记注册之日起3年内，对安排残疾人就业未达到规定比例、在职职工总数20人以下（含20人）的小型微型企业，免征残疾人就业保障金。

五是鼓励各级政府设立的创业投资引导基金，积极支持小型微型企业。积极引导创业投资基金、天使基金、种子基金投资小型微型企业。符合条件的小型微型企业可按规定享受小额担保贷款扶持政策。

六是进一步完善小型微型企业融资担保政策。大力发展政府支持的担保机构，引导其提高小型微型企业担保业务规模，合理确定担保费用。进一步加大对小型微型企业融资担保的财政支持力度，综合运用业务补助、增量业务奖励、资本投入、代偿补偿、创新奖励等方式，引导担保、金融和外贸综合服务企业等为小型微型企业提供融资服务。

七是鼓励大型银行充分利用机构和网点优势，加大小型微型企业金融服务专营机构建设力度。引导中小型银行重点支持小型微型企业和区域经济发展。引导银行业金融机构针对小型微型企业创新产品和服务，单列小型微型企业信贷计划。大力推进具备条件的民间资本依法发起设立中小型银行等金融机构。

八是高校毕业生到小型微型企业就业的，其档案可由当地市、县一级的公共就业人才服务机构免费保管。

九是建立支持小型微型企业发展的信息互联互通机制。依托工商行政管理部门的企业信用信息公示系统，在企业自愿申报的基础上建立小型微型企业名录，集中公开各类扶持政策及企业享受扶持政策的信息。通过信息公开和共享，利用大数据、云计算等现代信息技术，推动政府部门和银行、证券、保险等专业机构提供更有效的服务。加强对小型微型企业的跟踪调查与监测分析。

十是大力推进小型微型企业公共服务平台建设，加大政府购买服务力度，为小型微型企业免费提供管理指导、技能培训、市场开拓、标准咨询、检验检测认证等服务。

《意见》要求各地区、各部门结合实际，在落实好已有小微企业扶持政策的基础上，加大对有关政策的解读、宣传力度，简化办事流程，提高服务效率，确保各项政策尽快落实。

（2）减轻企业负担

国务院办公厅印发《精简审批事项规范中介服务实行企业投资项目网上并联核准制度的工作方案》，部署从改革创新制度入手，精简前置审批，规范中介服务，实行更加便捷、透明的投资项目核准制。

《工作方案》指出，2013年和2014年，国务院两次修订《政府核准的投资项目目录》，大幅缩减核准范围，下放核准权限，推进简政放权，激发市场活力。但是，企业投资项目核准仍然存在前置审批手续繁杂、效率低下，依附于前置审批的中介服务行为不规范、收费不合理等问题，根本原因是政府管理理念转变仍然滞后，职能转变不到位。深化改革企业投资项目核准制度势在必行、刻不容缓。

《工作方案》明确了企业投资项目核准制度改革的6项重点任务。

一是清理。按照“五个一律”的原则，抓紧对正在实施的前置审批及其中介服务进行一次彻底清理，更大程度方便企业投资。对属于企业经营自主权的事项，一律不再作为前置条件；对法律法规没有明确规定为前置条件的，一律不再作为前置审批；对法律法规有明确规定的前置条件，除确有必要保留的外，通过修法一律取消前置；核准机关能够用征求部门意见或者后续监管解决的事项，一律不再作为前置审批；除特殊需要并有法律法规依据的外，一律不得设定前置性中介服务和指定中介机构。

二是确认。在摸清底数之后，该减的一定减到位、该归并的一定要坚决归并，除确需保留极少数前置外，其他审批事项与项目核准“并联”办理，最大限度地给市场放权和提高效率，最大限度地让企业受益。

三是修法。深入贯彻党的十八届四中全会精神，坚持依法推进改革，对项目核准制度改革涉及的法规制度进行修订调整，为改革顺利推进提供法制保障。

四是公布。统一公布保留的行政审批和中介服务目录，凡未列入目录的审批事项，自公布之日起一律不得实施。

五是立法。推动出台《企业投资项目核准和备案管理条例》，以行政法规形式巩固改革成果，确立新的企业投资项目核准制度。

六是建网。加快建设投资项目在线审批监管平台，既要实现中央层面“横向联通”，也要做到全国范围“纵向贯通”，实现网上办理、审批和监管，用“制度+技术”使权力运行处处“留痕”，铲除滋生权力腐败的土壤。

《工作方案》明确，2014年底，要初步完成事项清理工作，公布取消属于企业经营自主权的前置手续；2015年6月底，制度建设的主要任务基本完成，平台建设实现中央部门横向联通；2015年底，全面完成改革工作，实现投资项目网上并联核准新机制，同时构建起纵横联动协同监管新机制。

财政部、国家发展改革委印发《关于取消、停征和免征一批行政事业性收费的通知》，自2015年1月1日起，取消或暂停征收12项中央级设立的行政事业性收费。各省（区、市）要全面清理省级设立的行政事业性收费项目，取消重复设置、收费养人以及违背市场经济基本原则的不合理收费。自 2015 年 1 月 1 日起，对小微企业免征 42 项中央级设立的行政事业性收费。

1.5.2　金融政策

针对中小企业经营环境日益趋紧、亟待扶持的局面，各级政府及时制定出台了相关政策措施，注重提高政策的针对性和有效性。2015 年国务院出台了多项对中小企业发展至关重要的金融政策。

（1）持续改进小微企业金融服务

为持续改进小微企业金融服务，促进经济提质增效升级，中国银监会近日发布《关于 2015 年小微企业金融服务工作的指导意见》（以下简称《指导意见》），要求有关各方要密切配合，形成合力，确保促进小微企业金融服务的各项政策措施落地见效。

当前我国经济发展已进入新常态，为进一步支持产业结构调整和转型升级，银监会将引导商业银行从单纯注重小微企业贷款量的增加，转变为更加注重服务质效的提高和服务覆盖面的扩大，使银行业金融资源惠及更多的小微企业。为此，《指导意见》将 2015 年银行业小微企业金融服务工作目标由以往单纯侧重贷款增速和增量的“两个不低于”调整为“三个不低于”，从增速、户数、申贷获得率三个维度更加全面地考查小微企业贷款增长情况。即：在有效提高贷款增量的基础上，努力实现小微企业贷款增速不低于各项贷款平均增速，小微企业贷款户数不低于上年同期户数，小微企业申贷获得率不低于上年同期水平。

《指导意见》还从信贷计划、机构建设、尽职免责、内部考核、金融创新、规范收费、风险防控、监管激励约束、优化服务环境等方面提出具体要求，要求商业银行在用好、用足现有各项监管激励政策和相关扶持政策的基础上，进一步改进小微企业金融服务，积极推动大众创业、万众创新。

在尽职免责方面，制定具体的小微企业业务尽职免责办法，对合规操作、勤勉尽责的小微企业信贷从业人员，在出现信贷风险时免除合规责任，提高工作积极性。在内部考核方面，对小微企业业务设立专门指标，强化绩效考核倾斜。小微企业贷款不良率高出全行各项贷款不良率年度目标 2 个百分点以内（含）的，不得作为银行内部对小微企业业务主办部门考核的扣分因素。

在金融创新方面，创新小微企业贷款还款方式，并结合金融系统深化改革和大数据等网络信息技术广泛应用的新趋势，加强产品、服务和渠道的创新，提升服务能力。

在规范收费方面，及时清理收费项目和各类融资“通道”业务，对诚实守信、经营稳健的优质小微企业减费让利。

在风险防控方面，做好贷款资金流向的监测管理和重点风险的识别防控，对符合产业政策、产品具有核心竞争力、长期能够实现盈利但暂时经营困难的小微企业，不宜简单地压贷、抽贷、断贷。

在监管激励约束方面，明确商业银行适用小微企业金融服务相关激励政策应以实现“三个不低于”为前提。监管部门将加强对政策落实情况的监督检查力度。截至2014年12月底，全国小微企业贷款余额20.70万亿元，占全部贷款余额的23.85%，较年初增加3.08万亿元，比上年同期多增1731亿元，比各项贷款增速高4.2个百分点，连续6年实现了“两个不低于”目标。全国小微企业贷款户数1144.6万户，较上年同期增长9.0%，小微企业金融服务覆盖面稳步拓宽。

（2）促进金融租赁行业健康发展

国务院办公厅印发《关于促进金融租赁行业健康发展的指导意见》，对通过加快金融租赁行业发展，支持产业升级，拓宽“三农”、中小微企业融资渠道，服务经济社会发展大局做出科学规划和部署。

《指导意见》从八个方面提出了具体的工作措施。一是加快金融租赁行业发展，发挥其对促进国民经济转型升级的重要作用。加快建设金融租赁行业发展长效机制，努力将其打造成为优化资源配置、促进经济转型升级的有效工具。二是突出金融租赁特色，增强公司核心竞争力。引导各类社会资本进入金融租赁行业，突出融资和融物相结合的特色，实现专业化、特色化、差异化发展。三是发挥产融协作优势，支持产业结构优化调整。积极服务“一带一路”等国家重大战略，支持战略性新兴产业和民生领域发展。四是提升金融租赁服务水平，加大对薄弱环节支持力度。支持设立面向“三农”、中小微企业的金融租赁公司，积极开展大型农机具金融租赁试点，允许租赁农机等设备的实际使用人按规定享受农机购置补贴。加大对科技型、创新型、创业型中小微企业支持力度。五是加强基础设施建设，夯实行业发展基础。研究建立具有法律效力的租赁物登记制度，落实金融租赁税收政策，推动建设租赁物二手流通市场。六是完善配套政策体系，增强持续发展动力。允许符合条件的金融租赁公司上市和发行优先股、次级债，适度放开外债额度管理要求。运用外汇储备委托贷款等多种方式，加大对符合条件金融租赁公司的支持力度。建立形式多样的租赁产业基金。七是加强行业自律，优化行业发展环境。加强金融租赁行业自律组织建设。提升公众和企业认知度。支持金融租赁行业共同组建市场化的金融租赁登记流转平台，为各类市场主体自愿参与提供服务。八是完善监管体系，增强风险管理能力。有关部门要加强协调配合，防止风险交叉传染。完善监管体系，守住不发生系统性区域性金融风险底线。

《指导意见》的发布实施，一是有利于充分发挥金融租赁降低企业资产负债率、促进生产资料更新换代升级、提高资金使用效率的功能；二是有利于支持战略性新兴产业等重点领域和“三农”、中小微企业等薄弱环节发展；三是有利于扩大投资、拉动内需，促进经济转型升级。对建设金融租赁“新高地”，提升行业战略地位，加快行业健康发展，更好地服务实体经济具有重大作用。各级人民政府、各有关部门要充分认识促进金融租赁行业发展的重要意义，确保各项政策措施落实到位。

（3）促进民营银行持续健康发展

为进一步鼓励和引导民间资本进入银行业，促进民营银行持续健康发展，国务院办公厅日前转发银监会《关于促进民营银行发展的指导意见》（以下简称《指导意见》）。这标志着民营银行已步入常态化发展阶段。

按照党中央、国务院关于推进民营银行发展的部署和要求，为提升银行业对内开放水平，有关部门积极推动民营银行试点工作，不断完善监管配套措施，取得了阶段性成果。目前，5家首批试点民营银行均已获准开业，相关监管配套措施正同步推进。

为进一步鼓励和引导民间资本进入银行业，促进民营银行持续健康发展，为实体经济特别是中小微企业、“三农”和社区，以及大众创业、万众创新提供更有针对性、更加便利的金融服务，根据《中华人民共和国银行业监督管理法》《中华人民共和国商业银行法》等法律法规规定，制定了《指导意见》。

《指导意见》共七部分：一是指导思想。全面贯彻落实党的十八大和十八届二中、三中、四中全会精神，坚持社会主义市场经济改革方向，遵循市场规律，促进民营银行依法合规经营、科学稳健发展，更好地服务实体经济。二是基本原则。积极发展，公平对待，鼓励符合条件的民营企业依法发起设立民营银行；依法合规，防范风险，严格按照现有法律法规，成熟一家，设立一家；循序渐进，创新模式，通过多种形式推动民间资本进入银行业。三是准入条件。积极支持民间资本与其他资本按同等条件依法进入银行业，确定民间资本发起设立民营银行的五项原则：有承担剩余风险的制度安排；有办好银行的资质条件和抗风险能力；有股东接受监管的协议条款；有差异化的市场定位和特定战略；有合法可行的恢复和处置计划。四是根据《中华人民共和国商业银行法》和《中国银监会中资商业银行行政许可事项实施办法》等法律法规的规定设定许可程序。五是民营银行应确立科学发展方向，坚持特色经营，稳步推进创新；同时牢固树立风险意识，加强自我约束，建立多层次风险防范体系。六是监管部门应明确监管责任，坚持全程监管、创新监管、协同监管，促进民营银行持续健康发展。七是相关部门积极营造良好的改革、信用、经营、竞争、舆论等环境。

（4）促进融资担保行业加快发展

国务院印发《关于促进融资担保行业加快发展的意见》（以下简称《意见》），系统规划了通过促进融资担保行业加快发展，切实发挥融资担保对小微企业和“三农”发展以及创业就业的重要作用，把更多金融“活水”引向小微企业和“三农”。

《意见》明确了发展主要服务小微企业和“三农”的新型融资担保行业的指导思想，以及政策扶持与市场主导相结合、发展与规范并重的两项基本原则；提出了小微企业和“三农”融资担保在保户数占比五年内达到不低于60%和融资担保机构体系、监管制度体系、政策扶持体系建设等发展目标。《意见》从五方面提出了具体的工作举措。

一是发挥政府支持作用，提高融资担保机构服务能力。发展政府控股、参股的融资担保机构，并以小微企业和“三农”融资担保业务为标准和导向加大扶持力度；融资担保机构要加强自身能力建设，做精风险管理，坚守融资担保主业，积极探索创新，形成核心竞争力。

二是发挥政府主导作用，推进再担保体系建设。研究设立国家融资担保基金，通过股权投资、技术支持等方式支持省级再担保机构发展；推进政府主导的省级再担保机构基本实现全覆盖；明确省级再担保机构保本微利的经营原则，不以盈利为目的的定位，以及与之相适应的考核机制。

三是政银担三方共同参与，构建可持续银担商业合作模式。政府要发挥作用，通过风险补偿等方式，引导融资担保风险在政府、银行和融资担保机构之间的合理分担；银行要完善银担合作政策，扩大合作规模和深度；同时做好融资担保机构信用评级等有关工作，优化银担合作环境。

四是有效履行监管职责，守住风险底线。加强制度建设，推动《融资担保公司管理条例》尽快出台；加强地方监管，明确监管责任，提高监管水平，守住风险底线；发挥行业自律作用，为行业监管提供有效补充，提高监管和从业人员素质。

五是加强协作，共同支持融资担保行业发展。落实财税支持政策，研究完善相关企业会计准则，规范、有序地将融资担保机构接入金融信用信息基础数据库，继续对非融资担保公司进行清理规范，加强管理和长效机制建设。

《意见》要求，各地区、各有关部门要充分认识促进融资担保行业加快发展的重要意义，加强协调，形成合力。各有关部门要抓紧制定相关配套措施，确保各项政策措施落实到位。各省（区、市）人民政府要制定促进本地区融资担保行业发展的具体方案并尽快组织实施。

（5）农村商业银行提升服务水平

银监会出台《加强农村商业银行三农金融服务机制建设监管指引》，要求农村商业银行持续提升服务三农的特色化、专业化、精细化能力和水平，在经营管理上“改制不改向、更名不改姓”，不脱农、多惠农。指引的出台对农村商业银行进一步强化普惠金融理念，加快建立三农金融服务长效机制，具有重要意义和深远影响。

近年来，随着农村信用社产权改革的深入推进，农村商业银行机构数量逐步增多，资本实力不断壮大，支农信贷投放能力显著增强，有力支持了农业农村经济发展。截至2014年9月底，全国共组建农村商业银行659家，实收资本3400.3亿元，资产规模10.4万亿元，各项贷款5.4万亿元。其中，县域农村商业银行373家，实收资本1335.5亿元，资产规模3.7万亿元，贷款余额2.1万亿元，其中涉农贷款1.7万亿元，占各项贷款总额的82.9%。农村商业银行已逐步成为支持三农发展的重要力量。银监会针对农村商业银行的发展趋势和提升农村金融服务水平的要求，制定了《监管指引》。

《监管指引》要求，农村商业银行应建立包括股权结构、公司治理、发展战略、组织架构、业务发展、风险管理、人才队伍、绩效考核和监督评价在内的保障农村商业银行支持三农发展的系列制度安排，并加强相应能力建设。

《监管指引》强调，农村商业银行应结合自身市场定位和业务特点，合理设置股权结构，适当吸收一定数量的优质涉农企业入股，以更好发挥股东的监督作用。同时，为确保股东、董事长、监事长和行长积极支持农村商业银行开展三农金融业务，规定股东、董事长、监事长和行长必须作出支持三农的书面承诺。在此基础上，为建立与三农金融服务相适应的公司治理结构，要求大中城市和县域农村商业银行要在董事会下设立由董事长任主任委员的三农金融服务委员会，并相应调整和优化组织架构。

《监管指引》还特别强调，为建立三农金融服务的人才队伍，鼓励农村商业银行选聘具有三农业务经验或行业背景的董事和监事，支持优先聘用大学生村官和户籍地在辖内乡镇的大学毕业生。为调动开展三农金融业务的积极性和主动性，《监管指引》还要求农村商业银行实行差别化绩效考核，鼓励给予三农金融业务最高的绩效权重、最优的内部资金转移价格、最好的员工等级制度和薪酬制度。

《监管指引》指出，为保证三农金融服务机制建设政策落地，银监会及其各级派出机构要加强监管，将农村商业银行三农金融服务机制建设和执行情况与机构市场准入、监管评级、标杆行评选、高管人员履职评价挂钩。为推动三农金融服务机制建设取得实效，银监会及其各级派出机构要加强同人民银行、证监会、保监会及其分支（派出）机构，以及地方政府相关部门之间的沟通和协调。

（6）保险资金支持小微企业发展

①关于保险资金投资创业投资基金有关事项的通知。为规范保险资金投资创业投资基金行为，支持创业企业和小微企业健康发展，防范投资风险，中国保监会印发《关于保险资金投资创业投资基金有关事项的通知》（以下简称《通知》）。《通知》以基金管理机构为监管着力点，坚持分散投资原则，对投资创业投资基金的基本要求、行为规范、风险管控、监督管理方面等进行了具体规定。一是合理界定创业投资基金和创业企业的范围。明确创业投资基金主要投资创业企业普通股、优先股、可转换债券等权益，创业企业应处于初创期至成长初期，或者所处产业已进入成长初期但尚不具备成熟发展模式，确保保险资金投向符合国家政策导向，重点支持科技型企业、小微企业、战略性新兴产业，实现了与现行保险资金投资股权政策和国家创业投资基金政策的无缝链接。二是明确基金管理机构和基金的标准。《通知》深入研究比较相关数据，充分吸收市场意见，对基金管理机构的历史业绩、管理规模、管理团队、运行机制，以及对基金投资方向、募集规模、分散程度等提出明确标准和要求，确保保险资金投资市场公认的优质基金，控制总体投资风险。三是强化分散投资原则。考虑到创业投资基金所投创业企业的风险特征，《通知》要求保险公司在遵守现有权益投资监管比例基础上，投资创业投资基金余额不超过上季末总资产的 2%，投资单只基金余额不超过基金发行规模的 20%，同时规定单只基金投资单一创业企业的余额不超过基金发行规模的 10%，通过层层分散，充分化解单个创业企业投资失败的风险。四是做好投资政策衔接。考虑到除创业投资基金外，通过其他股权基金适度投资创业企业，以及通过母基金投资创业投资基金是市场常见做法，《通知》从实际出发，支持保险资金以上述两种方式开展投资。五是完善事中事后监管。《通知》坚持“放开前端、管住后端”原则，明确了投资报告、信息披露和登记等要求，并引入“负面清单”管理安

排，建立以事中事后监管为核心的持续监管机制。

《通知》的制定和发布，为创业投资基金提供了强有力的资金支持，具有重要的现实和长远意义。一是有利于贯彻落实新“国十条”精神。新“国十条”明确提出要“研究制定保险资金投资创业投资基金相关政策”。《通知》是将国务院决策部署落到实处，支持国家创业创新战略的客观要求，有利于发挥保险资金长期投资的独特优势，拓宽创业投资基金和创业企业资本来源，为创业企业充实资本、健全发展机制营造扎实的市场环境。二是有利于支持小微企业健康发展。目前，有关保险机构通过股票、股权投资计划、项目资产支持计划等方式，已直接和间接投资中小微企业500多亿元。《通知》发布后，保险机构将进一步借助创业投资基金平台，为小微企业提供增量融资资金。按2014年10月底保险业总资产测算，可为小微企业间接提供近2000亿元的增量资金，为缓解小微企业融资难融资贵等问题，促进小微企业健康发展打下坚实的资本基础。三是有利于进一步深化保险资金运用市场化改革。《通知》将保险资金可投资的股权，由成长期、成熟期企业，拓展至涵盖创业期企业在内的各发展阶段，进一步完善股权投资政策布局，增强资金运用灵活性，分散投资风险，并支持保险机构积极融入创业企业引领的经济转型和科技创新，适应经济新常态，把握发展新机遇，分享新一轮经济增长成果。

②大力发展信用保证保险服务和支持小微企业的指导意见。中国保监会会同工业和信息化部、商务部、人民银行、银监会等部门联合印发了《大力发展信用保证保险服务和支持小微企业的指导意见》（以下简称《指导意见》）。保监会有关负责同志表示，《指导意见》是保监会等部门贯彻落实《国务院关于加快发展现代保险服务业的若干意见》的重要举措，旨在引导保险行业加快发展信用保证保险，运用保险特有的融资增信功能，支持实体经济发展，促进经济提质增效升级，对缓解小微企业融资难、融资贵问题具有重要意义。

《指导意见》强调发挥政府推动作用，形成政策合力，给予从事小微企业经营和服务的保险公司在银保合作、征信系统开放等方面的政策支持。《指导意见》强调了信用保证保险融资增信功能，明确了服务小微企业的重点领域、经营模式、产品创新、增值服务等方面内容。

《指导意见》有以下亮点：一是政策引导创新经营模式。《指导意见》鼓励各地结合当地实际情况，积极探索以信用保险、贷款保证保险等保险产品为主要载体，引导保险公司通过“政府＋银行＋保险”这种多方参与、风险共担的合作模式，经营小微企业信用保证保险业务。二是加强银保合作，引入保证保险机制合理确定贷款利率。推动银行和保险公司合作，引入贷款保证保险机制，对购买贷款保证保险进行贷款的小微企业，引导银行合理确定贷款利率，提高审贷效率。加强银保双方在客户开发、信息共享、欠款追偿等多个环节的紧密合作。完善银保双方信息系统配套建设，实现银保信息互通互联。强化银保双方在信息披露、贷后管理、业务培训等方面的合作，全面排查风险，防范虚假贸易融资和骗贷骗赔风险。三是试点放开央行征信系统。《指导意见》明确，人民银行会同银监会、保监会、地方政府及相关部门推动小微企业信用体系建设，整合小微企业注册登记、生产经营、纳税缴费、劳动用工、用水用电等信息资料，建立信用信息共享平台，依法向征信机构开放。试点放开经营小微企业业务达到一定规模的保险公司接入人民银行征信系统，实现信息共享。四是鼓励创新资金运用渠道。《指导意见》鼓励保险公司发挥专业化投资及风险管控的优势，投资符合条件的小微企业专项债券及相关金融产品。鼓励保险资产管理机构探索设立夹层基金、并购基金、不动产基金等私募基金，支持小微企业、科技型企业等新兴产业、新兴业态发展。支持保险资金投资创业投资基金。

《指导意见》要求各部门要充分认识小微企业发展的重要性和紧迫性，建立务实高效的工作联系机制，加强部门间、地区间的协同联动，保持政策的一致性，切实将各项工作落到实处，取得实效。

（7）促进互联网金融健康发展

2015 年 7 月 18 日，经党中央、国务院同意，《关于促进互联网金融健康发展的指导意见》正式对外发布。

互联网金融是传统金融机构与互联网企业利用互联网技术和信息通信技术实现资金融通、支付、投资和信息中介服务的新型金融业务模式。互联网金融的主要业态包括互联网支付、网络借贷、股权众筹融资、互联网基金销售、互联网保险、互联网信托和互联网消费金融等。

互联网金融的发展对促进金融包容具有重要意义，为大众创业、万众创新打开了大门，在满足小微企业、中低收入阶层投融资需求，提升金融服务质量和效率，引导民间金融走向规范化，以及扩大金融业对内对外开放等方面可以发挥独特功能和作用。

作为新生事物，互联网金融既需要市场驱动，鼓励创新，也需要政策助力，促进健康发展。近几年，我国互联网金融发展迅速，但也暴露出了一些问题和风险隐患，主要包括：行业发展“缺门槛、缺规则、缺监管”；客户资金安全存在隐患，出现了多起经营者“卷款跑路”事件；从业机构内控制度不健全，存在经营风险；信用体系和金融消费者保护机制不健全；从业机构的信息安全水平有待提高等。互联网金融的本质仍属于金融，没有改变金融经营风险的本质属性，也没有改变金融风险的隐蔽性、传染性、广泛性和突发性。

党中央、国务院对互联网金融行业的健康发展非常重视，对出台支持发展、完善监管的政策措施提出了明确要求。要鼓励互联网金融的创新和发展、营造良好的政策环境、规范从业机构的经营活动、维护市场秩序，就应拿出必要的政策措施，回应社会和业界关切，深入研究在新的市场环境和消费需求条件下，如何将发展普惠金融、鼓励金融创新与完善金融监管协同推进，引导、促进互联网金融这一新兴业态健康发展。为此，人民银行根据党中央、国务院部署，按照“鼓励创新、防范风险、趋利避害、健康发展”的总体要求，会同有关部门制定了《指导意见》。

《指导意见》在鼓励创新、支持互联网金融稳步发展方面提出了如下政策措施：

一是积极鼓励互联网金融平台、产品和服务创新，激发市场活力。支持有条件的金融机构建设创新型互联网平台开展网络银行、网络证券、网络保险、网络基金销售和网络消费金融等业务；支持互联网企业依法合规设立互联网支付机构、网络借贷平台、股权众筹融资平台、网络金融产品销售平台；鼓励电子商务企业在符合金融法律法规规定的条件下自建和完善线上金融服务体系，有效拓展电商供应链业务；鼓励从业机构积极开展产品、服务、技术和管理创新，提升从业机构核心竞争力。

二是鼓励从业机构相互合作，实现优势互补。支持金融机构、小微金融服务机构与互联网企业开展业务合作，创新商业模式，建立良好的互联网金融生态环境和产业链。

三是拓宽从业机构融资渠道，改善融资环境。支持社会资本发起设立互联网金融产业投资基金；鼓励符合条件的优质从业机构在主板、创业板等境内资本市场上市融资；鼓励银行业金融机构按照支持小微企业发展的各项金融政策，对处于初创期的从业机构予以支持。

四是相关政府部门要坚持简政放权，提供优质服务，营造有利于互联网金融发展的良好制度环境。鼓励省级人民政府加大对互联网金融的政策支持。

五是落实和完善有关财税政策。对于业务规模较小、处于初创期的从业机构，符合我国现行对中小企业特别是小微企业税收政策条件的，可按规定享受税收优惠政策；结合金融业营业税改征增值税改革，统筹完善互联网金融税收政策；落实从业机构新技术、新产品研发费用税前加计扣除政策。

六是推动信用基础设施建设，培育互联网金融配套服务体系。鼓励从业机构依法建立信用信息共享平台；鼓励符合条件的从业机构依法申请征信业务许可，促进市场化征信服务，增强信息透明度；鼓励会计、审计、法律、咨询等中介机构为互联网企业提供相关专业服务。

《指导意见》提出，要遵循“依法监管、适度监管、分类监管、协同监管、创新监管”的原则，科学合理界定各业态的业务边界及准入条件，落实监管责任，明确风险底线，保护合法经营，坚决打击违法和违规行为。

在监管职责划分上，人民银行负责互联网支付业务的监督管理；银监会负责包括个体网络借贷和网络小额贷款在内的网络借贷以及互联网信托和互联网消费金融的监督管理；证监会负责股权众筹融资和互联网基金销售的监督管理；保监会负责互联网保险的监督管理。

此外，《指导意见》还规定了互联网支付、网络借贷、股权众筹融资、互联网基金销售和互联网信托、互联网消费金融应当遵守的基本业务规则。例如，个体网络借贷业务及相关从业机构应遵守合同法、民法通则等法律法规以及最高人民法院相关司法解释，相关从业机构应坚持平台功能，不得非法集资；网络小额贷款应遵守现有小额贷款公司监管规定；股权众筹融资应定位于服务小微企业和创业创新企业；互联网基金销售要规范宣传推介，充分披露风险；互联网保险应加强风险管理，完善内控系统，确保交易安全、信息安全和资金安全；信托公司、消费金融公司通过互联网开展业务的，要严格遵循监管规定，加强风险管理，确保交易合法合规，并保守客户信息；信托公司通过互联网进行产品销售及开展其他信托业务的，要遵循合格投资者监管规定，审慎甄别客户身份和评估客户风险承受能力，不能将产品销售给予风险承受能力不相配的客户。

《指导意见》对规范互联网金融市场秩序提出了如下要求：

一是加强互联网行业管理。任何组织和个人开设网站从事互联网金融业务的，除应按规定履行相关金融监管程序外，还应依法向电信主管部门履行网站备案手续，否则不得开展互联网金融业务。

二是建立客户资金第三方存管制度。除另有规定外，要求从业机构应当选择符合条件的银行业金融机构作为资金存管机构，对客户资金进行管理和监督。

三是健全信息披露、风险提示和合格投资者制度。从业机构应当对客户进行充分的信息披露，及时向投资者公布其经营活动和财务状况的相关信息，进行充分的风险提示。

四是强化消费者权益保护，在消费者教育、合同条款、纠纷解决机制等方面做出了规定。

五是加强网络与信息安全，要求从业机构切实提升技术安全水平，妥善保管客户资料和交易信息。相关部门将制定技术安全标准并加强监管。

六是要求从业机构采取有效措施履行反洗钱义务，并协助公安和司法机关防范和打击互联网金融犯罪。金融机构在和互联网企业开展合作、代理时，不得因合作、代理关系而降低反洗钱和金融犯罪执行标准。

七是加强互联网金融行业自律。人民银行会同有关部门组建中国互联网金融协会，充分发挥行业自律机制在规范从业机构市场行为和保护行业合法权益等方面的积极作用。协会要制订经营管理规则和行业标准，推动从业机构之间的业务交流和信息共享，明确自律惩戒机制，树立诚信规范、服务实体经济发展的正面形象。

八是规定了监管协调与数据统计监测的内容。各监管部门要相互协作、形成合力，充分发挥金融监管协调部际联席会议的作用，密切关注互联网金融业务发展及相关风险，建立和完善互联网金融数据统计监测体系。

《指导意见》发布后，人民银行和其他有关部门将开展的工作如下：

人民银行将与各有关部门一道，加强组织领导和分工协作，抓紧制定配套监管规则，确保各项政策措施落实到位；组建中国互联网金融协会，强化行业自律管理；密切关注互联网金融业务发展及相关风险，对监管政策进行跟踪评估，不断总结监管经验，适时提出调整建议。

1.5.3　财税政策

2015年，国家进一步完善结构性减税政策，在减税、减费、设立专项基金、政府采购、进出口等方面，新出台了一批支持中小企业的具体财税政策。

（1）清理规范税收等优惠政策

①《国务院关于清理规范税收等优惠政策的通知》。

国务院发布通知，将全面清理已有的各类税收等优惠政策，并明确坚持税收法定原则，各地区严禁自行制定税收优惠政策。此次发布的《国务院关于清理规范税收等优惠政策的通知》肯定了近年来一些地区和部门对特定企业及其投资者等出台的税收、非税等收入和财政支出优惠政策对投资增长和产业集聚的促进作用，但也指出一些优惠政策扰乱了市场秩序，影响国家宏观调控政策效果，甚至可能违反我国对外承诺，引发国际贸易摩擦。

通知明确，清理规范税收等优惠政策旨在加快建设统一开放、竞争有序的市场体系，反对地方保护和不正当竞争，着力清除影响商品和要素自由流动的市场壁垒，推动完善社会主义市场经济体制，使市场在资源配置中起决定性作用，促进经济转型升级。

对于如何规范各类税收等优惠政策，通知提出要统一税收政策制定权限。坚持税收法定原则，除法律法规规定的税政管理权限外，各地区一律不得自行制定税收优惠政策；未经国务院批准，各部门起草其他法律、法规、规章、发展规划和区域政策都不得规定具体税收优惠政策。

同时要规范非税等收入管理。严禁对企业违规减免或缓征行政事业性收费和政府性基金、以优惠价格或零地价出让土地；严禁低价转让国有资产、国有企业股权以及矿产等国有资源；严禁违反法律法规和国务院规定减免或缓征企业应当承担的社会保险缴费，未经国务院批准不得允许企业低于统一规定费率缴费。

此外，严格财政支出管理。未经国务院批准，各地区、各部门不得对企业规定财政优惠政策。对违法违规制定与企业及其投资者（或管理者）缴纳税收或非税收入挂钩的财政支出优惠政策，包括先征后返、列收列支、财政奖励或补贴，以代缴或给予补贴等形式减免土地出让收入等，坚决予以取消。其他优惠政策，如代企业承担社会保险缴费等经营成本、给予电价水价优惠、通过财政奖励或补贴等形式吸引其他地区企业落户本地或在本地缴纳税费，对部分区域实施的地方级财政收入全留或增量返还等，要逐步加以规范。

通知要求，各地区、各有关部门要开展一次专项清理，全面排查已有的各类税收等优惠政策。对违反国家法律法规的优惠政策一律停止执行，并发布文件予以废止；没有法律法规障碍，确需保留的优惠政策，由省级人民政府或有关部门报财政部审核汇总后专题请示国务院。各地专项清理情况应于2015年3月底前报送财政部，由财政部汇总报国务院。

②国务院出台《关于税收等优惠政策相关事项的通知》。

2015年5月11日，国务院出台《关于税收等优惠政策相关事项的通知》（国发［2015］25号，以下简称“25号文”），新规明确已出台的优惠政策将在规定期限内执行，同时决定暂不执行此前颁布的《关于清理规范税收等优惠政策的通知》（国发［2014］62号，以下简称“62号文”）。

（2）减税降费

①关于对小微企业免征有关政府性基金的通知。

为进一步加大对小微企业的扶持力度，经国务院批准，现将免征小微企业有关政府性基金问题通知如下：

自2015年1月1日起至2017年12月31日，对按月纳税的月销售额或营业额不超过3万元（含3万元），以及按季纳税的季度销售额或营业额不超过9万元（含9万元）的缴纳义务人，免征教育费附加、地方教育附加、水利建设基金、文化事业建设费。

自工商登记注册之日起3年内，对安排残疾人就业未达到规定比例、在职职工总数20人以下（含20人）的小微企业，免征残疾人就业保障金。

免征上述政府性基金后，有关部门依法履行职能和事业发展所需经费，由同级财政预算予以统筹安排。

②关于取消、停征和免征一批行政事业性收费的通知。

行政性收费是指国家机关、司法机关和法律、法规授权的机构，依据国家法律、法规和省以上财政部门的规定行使其管理职能，向公民、法人和其他组织收取的费用。自2015年1月1日起，对小微企业（含个体工商户，下同）免征42项中央级设立的行政事业性收费。

③财政部、税务总局延续并完善农村金融发展税收政策。

财政部、国家税务总局联合发布《关于延续并完善支持农村金融发展有关税收政策的通知》，决定继续实施支持金融、保险机构涉农业务税收优惠政策，并提高了享受优惠政策的农户贷款限额，进一步优化农村金融市场发展环境。

国家从2009年起对金融机构5万元以下农户小额贷款给予营业税和企业所得税优惠，对保险公司为种植业、养殖业提供保险业务取得的保费收入给予企业所得税优惠。该政策充分发挥了支持金融发展、引导更多资金流向“三农”的积极作用，但现有所得税优惠政策已于2013年12月31日执行到期。

为继续支持农村金融发展，解决农民贷款难问题，财政部、税务总局在延续原有支持农村金融发展有关税收政策的基础上，将小额贷款限额从原来的5万元提高到10万元，缓解了近年来随生产生活资料价格上涨过快、农户贷款需求额度普遍提高的困难。

继续给予金融机构小额贷款税收优惠政策，有利于引导金融保险企业对农村金融市场的关注与培育，促进金融机构对农村地区网点、从业人员和信贷资源加大投入，激励金融机构面向广大低收入农户等迫切需要支持的群体提供贷款等金融服务。对保险公司为种植业、养殖业提供保险的保费收入按90%计算应纳税所得额的优惠政策，可以有效降低农村金融保险企业纳税负担，增加企业涉农金融服务的利润。

④关于进一步做好小微企业税收优惠政策贯彻落实工作的通知。

国务院2月25日常务会议决定，自2015年1月1日至2017年12月31日，对年应纳税所得额20万元以下的小微企业减半征收企业所得税，进一步释放小微企业税收优惠政策红利。为全面落实小微企业（含个体工商户，下同）各项税收优惠政策，支持小微企业发展和创业创新，税务总局最近发出《关于进一步做好小微企业税收优惠政策贯彻落实工作的通知》，要求从“全力宣传、全程服务、全年督查、全面分析”四个方面，采取10项切实有效措施，进一步做好小微企业各项税收优惠政策贯彻落实工作。

⑤中小企业信用担保机构免征营业税审批事项取消后有关问题的通知。

为贯彻落实《国务院关于取消非行政许可审批事项的决定》（国发〔2015〕27 号）规定，进一步明确中小企业信用担保机构免征营业税审批事项取消后有关备案管理事项，根据《工业和信息化部 国家税务总局关于中小企业信用担保机构免征营业税审批事项取消后有关问题的通知》（工信部联企业〔2015〕286 号），税务总局制定发布了本公告。

公告明确了中小企业信用担保机构办理营业税免税备案手续的有关事项：一是纳税人在享受税收优惠政策的首个申报期内，将备案材料送所在地县（市）地方税务局及同级中小企业管理部门备案；二是明确纳税人提交的备案材料；三是纳税人应对报送材料的真实性和合法性承担责任，并应当完整保存相关资料；四是其他有关备案管理事项，按照《国家税务总局关于发布 <税收减免管理办法> 的公告》（国家税务总局公告 2015 年第 43 号）规定执行。

⑥关于继续执行小微企业增值税和营业税政策的通知。

为继续支持小微企业发展、推动创业就业，经国务院批准，《财政部 国家税务总局关于进一步支持小微企业增值税和营业税政策的通知》（财税〔2014〕71 号）规定的增值税和营业税政策继续执行至 2017 年 12 月 31 日。

⑦《关于进一步扩大小型微利企业所得税优惠政策范围的通知》（财税〔2015〕99 号）发布。

为进一步发挥小型微利企业在推动经济发展、促进社会就业等方面的积极作用，经国务院批准，现就小型微利企业所得税政策通知如下：

一是自 2015 年 10 月 1 日起至 2017 年 12 月 31 日，对年应纳税所得额在 20 万元到 30 万元（含 30 万元）之间的小型微利企业，其所得减按 50% 计入应纳税所得额，按 20% 的税率缴纳企业所得税。前款所称小型微利企业，是指符合《中华人民共和国企业所得税法》及其实施条例规定的小型微利企业。

二是为做好小型微利企业税收优惠政策的衔接，进一步便利核算，对本通知规定的小型微利企业，其 2015 年 10 月 1 日至 2015 年 12 月 31 日间的所得，按照 2015 年 10 月 1 日后的经营月份数占其 2015 年度经营月份数的比例计算。

三是《财政部 国家税务总局关于小型微利企业所得税优惠政策的通知》（财税〔2015〕34 号）继续执行。

四是各级财政、税务部门要严格按照本通知的规定，做好小型微利企业所得税优惠政策的宣传辅导工作，确保优惠政策落实到位。

（3）“银税互动”助力小微企业发展

为进一步改进小微企业金融服务，促进大众创业、万众创新，国家税务总局和中国银行业监督管理委员会日前联合发出通知，决定建立银税合作机制，在全国范围内开展“银税互动”助力小微企业发展活动。

通知明确，各地税务机关、银监会派出机构和银行业金融机构要在 2015 年第 3 季度内建立银税合作机制，在依法合规的基础上共享区域内小微企业纳税信用评价结果，充分利用小微企业的纳税信用评价结果，改进小微企业金融服务。

通知要求，地市级税务机关要通过银税合作机制，定期向银监分局和银行业金融机构推送辖内小微企业的纳税信用评价结果，银行业金融机构也要定期向银监会派出机构提供小微企业的有关融资信息。银行业金融机构对于税务部门推送的小微企业，要主动开展尽职调查，对于符合贷款条件的守信优质小微企业，将优化贷款审批程序，简化贷款手续，提高贷款审批效率，加大信贷支持力度。

税务总局纳税服务司有关负责人介绍，“银税互动”项目将纳税信用与企业融资发展有机结合，使纳税信用成为小微企业的信用资产，提升了纳税信用的“含金量”，彰显了诚信纳税的示范作用和激励作用。下一步税务部门将尽快研究制定切实可行的工作方案，完善纳税信用评价工作，将“银税互动”服务措施落到实处，真正实现小微企业、金融、税务三方共赢。

银监会法规部有关负责人表示，通过银税合作机制，增强银企之间的信息对称，一方面，针对小微企业信用信息不全、财务信息不规范等问题，为银行业金融机构授信审批增加了依据，也为贷后管理提供可靠的信息来源；另一方面，扩大了银行筛选小微企业客户的有效范围，有利于扩大银行业金融机构服务小微企业的覆盖面。同时，“银税互动”活动还有助于提高小微企业诚信意识，助力小微企业健康发展。

（4）创新重点领域投融资机制鼓励社会投资

国务院印发《关于创新重点领域投融资机制鼓励社会投资的指导意见》（以下简称《指导意见》），部署激发市场主体活力和发展潜力，稳定有效投资，加强薄弱环节建设，增加公共产品有效供给，促进调结构、补短板、惠民生。

《指导意见》提出，为充分调动社会投资积极性，切实发挥好投资对经济增长的关键作用，要进一步打破行业垄断和市场壁垒，切实降低准入门槛，建立公平开放透明的市场规则，营造权利平等、机会平等、规则平等的投资环境。

《指导意见》针对公共服务、资源环境、生态建设、基础设施等经济社会发展的薄弱环节，提出了进一步放开市场准入、创新投资运营机制、推进投资主体多元化、完善价格形成机制等方面的创新措施。一是创新生态环保投资运营机制。鼓励林权依法规范流转，推进生态建设主体多元化，推动环境污染治理市场化，积极开展排污权、碳排放权交易试点。二是鼓励社会资本投资运营农业和水利工程。培育农业、水利工程多元化投资主体，加快水权制度改革吸引社会资本参与水资源开发利用和保护，完善水利工程水价形成机制。三是推进市政基础设施投资运营市场化。推动市政建设运营事业单位企业化管理，改进市政基础设施价格机制，支持县城和重点镇市政建设运营引入市场化机制。四是改革完善交通投融资机制。用好铁路发展基金平台和铁路土地综合开发政策，完善铁路运价形成机制，逐步建立高速公路与普通公路统筹发展机制。五是鼓励社会资本加强能源设施投资。理顺能源价格机制，鼓励社会资本参与清洁能源、电网以及油气管网和储存设施建设。六是推进信息和民用空间基础设施投资主体多元化。鼓励民间资本投资宽带接入网络建设，参与民用空间基础设施建设。七是鼓励社会资本加大社会事业投资力度。加快社会事业公立机构分类改革，完善社会事业价格和税费政策。

《指导意见》强调，要进一步创新投融资方式。一是建立健全政府和社会资本合作（PPP）机制，引入社会资本，增强公共产品供给能力。二是充分发挥政府投资的引导带动作用，优化政府投资方向，改进投资使用方式，通过投资补助、基金注资、担保补贴、贷款贴息等方式支持社会资本参与重点领域建设。三是创新融资方式，支持开展排污权、收费权、购买服务协议预期收益质押等担保贷款业务。采取信用担保、风险补偿、农业保险等方式，增强农业经营主体融资能力。发挥政策性金融作用，为重大工程提供长期稳定、低成本资金支持。发展股权和创业投资基金，鼓励民间资本发起设立产业投资基金。支持重点领域建设项目开展股权和债权融资。

（5）鼓励采用政府和社会资本合作（PPP）模式，吸引社会资本参与

国务院办公厅转发财政部发展改革委人民银行《关于在公共服务领域推广政府和社会资本合作模式的指导意见》（以下简称《意见》）。《意见》对充分激发社会资本活力，打造大众创业、万众创新和增加公共产品、公共服务“双引擎”，在改善民生中培育经济增长新动力作出了重要部署。

《意见》指出，在能源、交通运输、水利、环境保护、农业、林业、科技、保障性安居工程、医疗、卫生、养老、教育、文化等公共服务领域，鼓励采用政府和社会资本合作（Public－Private Partnership，PPP）模式，吸引社会资本参与，为广大人民群众提供优质高效的公共服务。

《意见》明确了在公共服务领域推广PPP模式的工作要求。一是明确工作原则和目标。坚持依法合规、重诺履约、公开透明、公众受益、积极稳妥五项原则，改革创新公共服务供给机制，形成有效促进PPP规范健康发展的制度体系，培育统一规范、公开透明、竞争有序、监管有力的PPP市场，着力化解地方政府性债务风险，新建项目逐步增加使用PPP模式的比例。二是构建制度体系。明确实施管理框架，健全财政管理制度，加强公共服务质量和价格监管，完善公共服务价格调整机制，健全法律法规体系。三是规范项目实施。鼓励广泛采用PPP模式，推动融资平台公司存量公共服务项目转型为PPP项目。新建项目要进行财政承受能力论证，保证决策质量。依托政府采购信息平台，依法择优选择诚实守信的合作伙伴，合理确定合作双方的权利与义务。社会资本要增强责任意识和履约能力。健全合同争议解决机制。四是构建政策保障。简化项目审核流程，建立联评联审机制，实行多样化土地供应方式，完善财税支持政策，鼓励做好金融服务。

《意见》强调，国务院有关部门要加强对地方推广PPP模式的指导和监督。财政部要会同有关部门，加强政策沟通协调和信息交流，完善体制机制。地方政府要切实履行规划指导、宣传培训、绩效评价、专家库和项目库建设等职责，建立统一信息发布平台，及时向社会公开项目实施情况等相关信息。有条件的地方政府统筹内部机构改革需要，进一步

整合专门力量，承担PPP模式推广职责，提高专业水平和能力。

1.5.4　创业创新政策

（1）培育新业态

国务院印发《关于促进云计算创新发展培育信息产业新业态的意见》（国发〔2015〕5号）（以下简称《意见》），为促进创业兴业、释放创新活力提供有力支持，为经济社会持续健康发展注入新的动力。

《意见》明确发展云计算的基本原则是市场指导、统筹协调、创新驱动、保障安全。发展目标是到2017年，云计算在重点领域的应用得到深化、产业链条基本健全、服务能力大幅提升、创新能力明显增强、应用示范成效显著、基础设施不断优化、安全保障基本健全，到2020年，云计算成为我国信息化重要形态和建设网络强国的重要支撑，推动经济社会各领域信息化水平大幅提高。

《意见》提出了六项主要任务。一是增强云计算服务能力，二是提升云计算自主创新能力，三是探索电子政务云计算发展新模式，四是加强大数据开发与利用，五是统筹布局云计算基础设施，六是提升安全保障能力。

《意见》明确促进云计算发展的保障措施。一要完善市场环境，二要建立健全相关法规制度，三要加大财税政策扶持力度，四要完善投融资政策，五要建立健全标准规范体系，六要加强人才队伍建设，七要积极开展国际合作，鼓励国内企业和行业参与制定云计算国际标准。

《意见》要求各地区、各部门要高度重视云计算发展合作，认真抓好贯彻落实，出台配套政策措施，着力加强政府云计算应用的统筹推进等工作。

（2）促进服务外包

国务院印发《关于促进服务外包产业加快发展的意见》（以下简称《意见》），提出到2020年，服务外包产业国际国内市场协调发展，规模显著扩大，结构显著优化，企业国际竞争力显著提高，成为我国参与全球产业分工、提升产业价值链的重要途径。这是国务院首次对促进服务外包产业加快发展作出全面部署。

《意见》指出，坚持改革创新，面向全球市场，加快发展高技术、高附加值服务外包产业，促进大众创业、万众创新，推动从主要依靠低成本竞争向更多以智力投入取胜转变，对于推进结构调整，形成产业升级新支撑、外贸增长新亮点、现代服务业发展新引擎和扩大就业新渠道，具有重要意义。

《意见》强调，加快发展服务外包产业要以拓展国际国内市场为导向，围绕培育竞争新优势和营造良好发展环境，坚持改革创新、突出重点、分步实施、示范集聚的原则，着力激发企业创新动力和市场活力，推动“中国服务”再上台阶、走向世界。

《意见》明确，要着力培育竞争新优势，明确产业发展导向、实施国际市场多元化战略、优化国内市场布局、培育壮大市场主体、加强人才队伍建设。要定期发布《服务外包产业重点发展领域指导目录》，拓展行业领域，大力发展软件和信息技术、研发、互联网、能源等领域的服务外包，推动向价值链高端延伸，为大学生就业创造更多机会。

《意见》强调，要强化政策措施，完善产业政策体系。通过加强规划引导，科学谋划服务外包产业集聚区布局，发挥产业集聚区引领带动作用；通过深化国际交流合作，支持企业开展知识、业务流程外包等高附加值项目，开拓新市场、新业务和营销网络；通过加大财政支持力度、完善税收政策、加强金融服务以及提升便利化水平等，培育一批创新和竞争能力强、集成水平高的龙头企业，扶持一批“专、精、特、新”中小型企业，加快推动国内服务外包产业转型升级，提升产业国际竞争力。

《意见》明确，要建设法治化营商环境，完善服务外包产业法律体系，规范企业经营行为和促进产业健康发展；要提高公共服务水平、加强统计分析体系建设，切实健全服务保障体系。

《意见》要求，各地区、各部门要充分认识促进服务外包产业加快发展的重大意义，加强组织领导，建立工作机制，强化部门协同和上下联动，切实将本意见的各项任务落到实处、取得实效。

（3）培育新动力

国务院印发《关于大力发展电子商务加快培育经济新动力的意见》（以下简称《意见》），部署进一步促进电子商务创新发展。

《意见》明确了三点原则。一是积极推动。主动作为、支持发展。积极协调解决电子商务发展中的各种矛盾与问题。在政府资源开放、网络安全保障、投融资支持、基础设施和诚信体系建设等方面加大服务力度。推进电子商务企业税费合理化，减轻企业负担。进一步释放电子商务发展潜力，提升电子商务创新发展水平。二是逐步规范。简政放权、放管结合。法无禁止的市场主体即可为，法未授权的政府部门不能为，最大限度减少对电子商务市场的行政干预。在放宽市场准入的同时，要在发展中逐步规范市场秩序，营造公平竞争的创业发展环境，进一步激发社会创业活力，拓宽电子商务创新发展领域。三是加强引导。把握趋势、因势利导。加强对电子商务发展中前瞻性、苗头性、倾向性问题的研究，及时在商业模式创新、关键技术研发、国际市场开拓等方面加大对企业的支持引导力度，引领电子商务向打造“双引擎”、实现“双目标”发展，进一步增强企业的创新动力，加速电子商务创新发展步伐。

《意见》提出了七方面的政策措施：一是营造宽松发展环境，降低准入门槛，合理降税减负，加大金融服务支持，维护公平竞争。二是促进就业创业，鼓励电子商务领域就业创业，加强人才培养培训，保障从业人员劳动权益。三是推动转型升级，创新服务民生方式，推动传统商贸流通企业发展电子商务，积极发展农村电子商务，创新工业生产组织方式，推广金融服务新工具，规范网络化金融服务新产品。四是完善物流基础设施，支持物流配送终端及智慧物流平台建设，规范物流配送车辆管理，合理布局物流仓储设施。五是提升对外开放水平，加强电子商务国际合作，提升跨境电子商务通关效率，推动电子商务走出去。六是构筑安全保障防线，保障电子商务网络安全，确保电子商务交易安全，预防和打击电子商务领域违法犯罪。七是健全支撑体系，健全法规标准体系，加强信用体系建设，强化科技与教育支撑，协调推动区域电子商务发展。

《意见》要求，各地区、各部门要认真落实本意见提出的各项任务，于2015年底前研究出台具体政策。

近年来我国电子商务发展迅猛，不仅创造了新的消费需求，引发了新的投资热潮，开辟了就业增收新渠道，为大众创业、万众创新提供了新空间，而且电子商务正加速与制造业融合，推动服务业转型升级，催生新兴业态，成为提供公共产品、公共服务的新力量，成为经济发展新的原动力。

（4）中国制造2025

国务院日前印发《中国制造2025》，部署全面推进实施制造强国战略。这是我国实施制造强国战略第一个十年的行动纲领。

制造业是国民经济的主体，是科技创新的主战场，是立国之本、兴国之器、强国之基。当前，全球制造业发展格局和我国经济发展环境发生重大变化，必须紧紧抓住当前难得的战略机遇，突出创新驱动，优化政策环境，发挥制度优势，实现中国制造向中国创造转变，中国速度向中国质量转变，中国产品向中国品牌转变。

《中国制造2025》提出，坚持“创新驱动、质量为先、绿色发展、结构优化、人才为本”的基本方针，坚持“市场主导、政府引导，立足当前、着眼长远，整体推进、重点突破，自主发展、开放合作”的基本原则，通过“三步走”实现制造强国的战略目标：第一步，到2025年迈入制造强国行列；第二步，到2035年我国制造业整体达到世界制造强国阵营中等水平；第三步，到新中国成立一百年时，我制造业大国地位更加巩固，综合实力进入世界制造强国前列。

围绕实现制造强国的战略目标，《中国制造2025》明确了9项战略任务和重点：一是提高国家制造业创新能力；二是推进信息化与工业化深度融合；三是强化工业基础能力；四是加强质量品牌建设；五是全面推行绿色制造；六是大力推动重点领域突破发展，聚焦新一代信息技术产业、高档数控机床和机器人、航空航天装备、海洋工程装备及高技术船舶、先进轨道交通装备、节能与新能源汽车、电力装备、农机装备、新材料、生物医药及高性能医疗器械等十大重点领域；七是深入推进制造业结构调整；八是积极发展服务型制造和生产性服务业；九是提高制造业国际化发展水平。

《中国制造2025》明确，通过政府引导、整合资源，实施国家制造业创新中心建设、智能制造、工业强基、绿色制造、高端装备创新等5项重大工程，实现长期制约制造业发展的关键共性技术突破，提升我国制造业的整体竞争力。

为确保完成目标任务，《中国制造2025》提出了深化体制机制改革、营造公平竞争市场环境、完善金融扶持政策、加大财税政策支持力度、健全多层次人才培养体系、完善中小微企业政策、进一步扩大制造业对外开放、健全组织实施机制等8个方面的战略支撑和保障。

《中国制造2025》强调，各地区、各部门要充分认识建设制造强国的重要意义，加强组织领导，健全工作机制，研究制定实施方案，细化政策措施，确保各项任务落实到位。

（5）互联网+新优势新动能

国务院日前印发《关于积极推进“互联网+”行动的指导意见》（以下简称《指导意见》），这是推动互联网由消费领域向生产领域拓展，加速提升产业发展水平，增强各行业创新能力，构筑经济社会发展新优势和新动能的重要举措。

《指导意见》提出了11个具体行动：一是“互联网+”创业创新，充分发挥互联网对创业创新的支撑作用，推动各类要素资源集聚、开放和共享，形成大众创业、万众创新的浓厚氛围。二是“互联网+”协同制造，积极发展智能制造和大规模个性化定制，提升网络化协同制造水平，加速制造业服务化转型。三是“互联网+”现代农业，构建依托互联网的新型农业生产经营体系，发展精准化生产方式，培育多样化网络化服务模式。四是“互联网+”智慧能源，推进能源生产和消费智能化，建设分布式能源网络，发展基于电网的通信设施和新型业务。五是“互联网+”普惠金融，探索推进互联网金融云服务平台建设，鼓励金融机构利用互联网拓宽服务覆盖面，拓展互联网金融服务创新的深度和广度。六是“互联网+”益民服务，创新政府网络化管理和服务，大力发展线上线下新兴消费和基于互联网的医疗、健康、养老、教育、旅游、社会保障等新兴服务。七是“互联网+”高效物流，构建物流信息共享互通体系，建设智能仓储系统，完善智能物流配送调配体系。八是“互联网+”电子商务，大力发展农村电商、行业电商和跨境电商，推动电子商务应用创新。九是“互联网+”便捷交通，提升交通基础设施、运输工具、运行信息的互联网化水平，创新便捷化交通运输服务。十是“互联网+”绿色生态，推动互联网与生态文明建设深度融合，加强资源环境动态监测，实现生态环境数据互联互通和开放共享。十一是“互联网+”人工智能，加快人工智能核心技术突破，培育发展人工智能新兴产业，推进智能产品创新，提升终端产品智能化水平。

（6）工业强基专项行动

为贯彻落实《工业转型升级规划（2011－2015年）》（国发〔2011〕47号）和《工业和信息化部关于加快推进工业强基的指导意见》（工信部规〔2014〕67号），促进制造强国建设，2015年3月6日，工业和信息化部印发《2015年工业强基专项行动实施方案》（以下简称《实施方案》），决定2015年继续实施“工业强基专项行动”，要求各地根据本地区产业发展实际组织开展相关工作，持续提升关键基础材料、核心基础零部件（元器件）、先进基础工艺和产业技术基础（以下简称“四基”）等工业基础能力，加快促进工业转型升级。

《实施方案》明确了专项行动的指导思想、主要目标、重点工作、进度安排和保障措施。专项行动将紧抓新一轮技术革命和产业变革机遇，深化改革，创新管理，坚持“问题导向、产需结合、协同创新、重点突破”，围绕“应用牵引、平台支撑、重点突破”，推动“四基”发展。通过 10 年左右的努力，力争实现 70% 的核心基础零部件（元器件）、关键基础材料实现自主保障，部分达到国际领先水平，建成较为完善的产业技术基础服务体系，形成整机牵引和基础支撑协调发展的产业格局，有力保障制造强国建设。

在 2014 年专项行动基础上，2015 年将加强工业强基战略研究，加快研究编制工业“四基”发展目录，引导未来 2～3 年要素聚集；开展工业强基示范应用，鼓励整机、系统和基础企业合作研发和协同攻关，推动整机和系统采用自主产品和技术；创建和认证一批产业技术基础公共服务平台，推动建立产业技术创新服务体系；组织实施工业强基示范工程，围绕重点领域发展急需，突破“四基”工程化、产业化瓶颈；开展工业质量品牌推进行动计划，促进工业质量品牌基础能力提升。

（7）促进产业集群发展

工业和信息化部印发《关于进一步促进产业集群发展的指导意见》，从 7 个方面提出了推动产业集群转型升级、进一步促进产业集群发展的 20 条意见。这是工业和信息化部成立以来，首次就促进产业集群发展方面出台指导意见，旨在贯彻落实国务院关于促进中小企业发展和“中国制造 2025”的要求，推动大众创业、万众创新。

中小企业集群式发展是近年来我国经济发展的一个显著特点。为提高产业集群信息化水平，指导意见明确要实施‘互联网＋产业集群’建设行动，建设智慧集群。这是指导意见的一大亮点。这种智慧互联型的产业生态系统，要实现系统层面的智慧互联，不仅需要少数大企业掌握智能制造技术，更需要大量中小企业实现智能化，以互联网为媒介实现大中小企业、上下游企业等的集成、协同和动态演进。

《意见》从加强规划引导、提升龙头企业带动作用、加强区域品牌建设、提高产业集群信息化水平、提升创新能力、提升公共服务能力、加强指导和政策支持等方面，进一步促进产业集群发展。

《意见》突出创新和转型升级，不但提出产业集群要与高校、科研机构建立产学研用协同创新网络、产业集群研发中心、设计中心和工程技术中心，建设产业、产品协同研发平台，还鼓励和引导企业组建产业联盟或研发联盟，强化产业链整合和供应链管理；并提出要推动建立产业集群知识产权联盟，这是产业集群保护和运用知识产权的有效模式之一，有利于‘集体维权、抱团发展’。

同时，《意见》提出推动产业集群合作交流，建立产业集群国际合作交流机制。目前国内外产业集群合作正在积极推进中，今后，产业集群将是我国中小企业“走出去”的重要形式，产业集群国际合作则将在全球更广范围、更深层次展开。

《意见》还突出加强公共服务，提出建立产业集群公共服务平台，建立健全产业集群多层次、多类别的人才培养机制；同时，加强规划引导，对产业集群进行规划布局和功能定位，并纳入所在地区发展规划；还将支持建设中小企业产业（工业）园区、小型微型企业创业创新基地、创客空间。

1.5.5 其他政策

（1）商务部关于促进商贸物流发展的实施意见

近日，商务部印发了《关于促进商贸物流发展的实施意见》（以下简称《意见》），围绕提高物流社会化、专业化、标准化、信息化、组织化和国际化水平，部署促进商贸物流发展，降低物流成本。这是商务部贯彻落实国务院部分城市物流工作座谈会和《物流业发展中长期规划》的重要举措。《意见》全文共分为八个部分。

《意见》首先确立了新形势下商贸物流的重要定位和地位，要充分发挥其在国民经济中的基础性、先导性作用，成为内贸工作“上台阶”的突破口。

《意见》提出了商贸物流发展的工作任务：一是提高社会化水平，支持商贸物流企业加强供应链管理，大力发展共同配送，支持传统仓储企业转型升级，向配送运营中心和第三方物流发展。二是提高专业化水平，大力发展电子商务物流，加强冷链物流建设，加快生产资料物流转型升级，鼓励发展绿色物流。三是提高标准化水平，创新标准宣传贯彻和实施促进的工作机制，以标准化托盘循环共用试点工作为切入点，逐步提高全社会标准托盘普及率。四是提高信息化水平，支持企业共用信息系统实现数据共用、资源共享、信息互通，支持以企业为主体的物流综合信息服务平台发展。五是提高组织化水平，鼓励物流企业做大做强、融合发展，引导共同投资建设重要物流节点的仓储设施，合理布局物流园区（中心、基地）。六是提高国际化水平，以丝绸之路经济带和21世纪海上丝绸之路沿线区域物流合作为重点，以国际商品交易中心、重点进出口口岸为依托，推进国际物流大通道建设，支持建设商贸物流型境外经济贸易合作区，鼓励有条件的商贸物流企业走出去和开展全球业务。

为确保任务顺利实施，《意见》还要求各地加强工作组织领导，做好协调服务；优化物流发展环境，加强诚信建设；落实财税土地政策，加大扶持力度；夯实统计基础，加强人才培养。

（2）关于推进国内贸易流通现代化建设法治化营商环境的意见

国务院日前印发《关于推进国内贸易流通现代化建设法治化营商环境的意见》（以下简称《意见》），系统全面部署发展现代流通业。

国内贸易流通（以下简称内贸流通）是我国改革开放最早、市场化程度最高的领域之一，对国民经济的基础性支撑作用和先导性引领作用日益增强。做强现代流通业这个国民经济大产业，有利于对接生产和消费、促进结构优化和发展方式转变，更好地服务经济社会发展。

《意见》提出今后一个时期推进内贸流通现代化的指导思想，提出以市场化改革为方向、以转变政府职能为核心、以创新转型为引领、以建设法治化营商环境为主线的基本原则，提出到2020年基本形成规则健全、统一开放、竞争有序、监管有力、畅通高效的内贸流通体系和比较完善的法治化营商环境，把内贸流通打造成经济转型发展新引擎、优化资源配置新动力的主要目标。

《意见》提出五个方面的举措：一是健全内贸流通统一开放的发展体系。加强全国统一市场建设，构建开放融合的流通体系。建设以三大流通产业集聚区、四大流通产业集聚带和若干重要支点城市为基础的全国骨干流通网络。完善流通设施建设管理体系，加强流通领域重大基础设施建设。

二是提升内贸流通创新驱动水平。推动电子商务等新兴流通方式创新，促进农产品和农村电子商务发展，鼓励引导传统流通企业利用电子商务加快转型。推动绿色循环低碳发展模式和文化培育传播形式创新。完善创新支持政策，健全支撑服务体系，推动流通企业改革创新。加强知识产权保护。

三是增强内贸流通稳定运行的保障能力。完善信息服务体系，推广大数据应用。完善商品应急储备体系，增强市场应急保供能力。构建重要商品追溯体系，形成来源可追、去向可查、责任可究的信息链条。

四是健全内贸流通规范有序的规制体系。加快推进流通立法。加强流通领域执法，提升监管执法效能。加强流通标准化建设。加快建设流通信用体系，推动建立行政管理信息共享机制、市场化综合信用评价机制、第三方信用评价机制等信用评价模式。

五是健全内贸流通协调高效的管理体制。处理好政府与市场的关系，推动建立内贸流通领域负面清单、权力清单和部门责任清单。合理划分中央与地方政府权责，完善部门间协调机制，充分发挥行业协会商会作用。

《意见》要求，各地区、各部门要切实抓好各项政策措施的落实，重要的改革要先行试点，及时总结和推广试点经验。

执笔人：董涛（中国中小企业协会政策研究部主任）

参考文献

[1] 国家工商总局. 工商行政管理统计汇编2014
[2] 中国中小企业政策研究部. 2015年一季度中国中小企业发展指数为92.3，http：//www.ca－sme.org
[3] 中国中小企业政策研究部. 2015年二季度中国中小企业发展指数为91.9，http：//www.ca－sme.org
[4] 中国中小企业政策研究部. 2015年三季度中国中小企业发展指数为91.9，http：//www.ca－sme.org
[5] 中国中小企业政策研究部. 2015年四季度中国中小企业发展指数为91.8，http：//www.ca－sme.org
[6] 国家统计局. 2015年国民经济运行情况
[7] 工业和信息化部网站，http：//www.miit.gov.cn

第 2 章

“双创”的提出及其对中小企业发展的意义

- “双创”的提出，恰逢其时
- “双创”必将进一步释放中小企业的内生动力和活力
- 国际经验是推进中小企业开展“双创”的有益参考

2.1 “双创”的提出，恰逢其时

2014年9月，李克强总理在夏季达沃斯论坛上首次提出“大众创业、万众创新”，从此这项工作在全国逐步推开。2015年政府工作报告中明确要“打造大众创业、万众创新和增加公共产品、公共服务‘双引擎’”。2016年政府工作报告中要求“发挥大众创业、万众创新和‘互联网+’集众智汇众力的乘数效应”，“充分释放全社会创业创新潜能”。为什么“双创”会受到如此重视？探究“双创”提出的背景，分析“双创”的意义，检视“双创”与当前国家重大战略举措的关系，可以帮助我们更深入地了解学习“双创”及其对中小企业发展的意义。

2.1.1 “双创”提出的背景

背景之一：中国经济发展进入新阶段，经济新常态成为显著特征

习近平总书记指出，“十三五”时期，我国经济发展的显著特征就是进入新常态。从时间上看，新常态是我国不同时期发展阶段更替变化的结果。改革开放以来，我们用几十年时间走完了发达国家几百年走过的发展历程，经济总量跃升为世界第二，制造业规模跃居世界第一，创造了世界发展的奇迹。然而随着经济总量不断增大，我们在发展中遇到一系列新情况新问题。当前，我国经济发展正处于增长速度换挡期、结构调整阵痛期和前期刺激政策消化期“三期叠加”阶段，面临着经济发展速度换挡节点，如同一个人10岁至18岁期间个子猛长，18岁之后长个子的速度就慢下来了；面临着经济发展结构调整节点，低端产业产能过剩要集中消化，中高端产业要加快发展，过去生产什么都赚钱、生产多少都能卖出去的情况不存在了；面临着经济发展动力转换节点，低成本资源和要素投入形成的驱动力明显减弱，经济增长需要更多驱动力创新。

从空间上看，我国出口优势和参与国际产业分工模式面临新挑战，经济发展新常态是这种变化的体现。改革开放以来，我们大踏步发展的一个重要特点就是对国际市场的充分有效利用，使我国快速成长为世界贸易大国。2008年国际金融危机爆发，世界经济进入深度调整期，全球贸易发展进入低迷期，导致我国出口需求增速放缓。同时，从一些世界贸易大国的实践看，当货物出口占世界总额的比重达到10%左右，就会出现拐点，增速要降下来。我国货物出口占世界总额的比重，2010年超过10%，2014年达到12.3%。这意味着我国出口增速拐点已经到来，今后再要维持出口高增长、出口占国内生产总值的高比例

已不大可能。这就要求必须把经济增长动力更多放在创新驱动和扩大内需特别是消费需求上。

从时空两方面综合来看，我国发展的环境、条件、任务、要求等都发生了新的变化，经济发展进入新常态。新常态下，我国经济发展的主要特点是：增长速度要从高速转向中高速，发展方式要从规模速度型转向质量效率型，经济结构调整要从增量扩能为主转向调整存量、做优增量并举，发展动力要从主要依靠资源和低成本劳动力等要素投入转向创新驱动。这些变化，是我国经济向形态更高级、分工更优化、结构更合理的阶段演进的必经过程。历史发展到今天，我们已经不可能依靠要素规模驱动力来支撑我国越过中等收入陷阱，要想百尺竿头更进一步，必须不断提高要素质量，更多依靠人力资本的质量和技术进步，未来中国经济增长要靠“双引擎”，一方面，改造升级传统引擎，增加公共产品、公共服务供给；另一方面，培育打造新引擎，推动大众创业、万众创新。

背景之二：全面深化改革的关键时期

全面深化改革是“四个全面”战略布局中具有突破性和先导性的关键环节。党的十八大以来，以习近平同志为总书记的党中央高举改革开放旗帜，以更大的政治勇气和政治智慧推进改革，用全局观念和系统思维谋划改革，推动新一轮改革大潮涌起。党的十八届三中全会对全面深化改革进行总体部署，吹响了改革开放新的进军号。回顾改革开放以来的历程，每一次重大改革都给党和国家发展注入新的活力、给事业前进增添强大动力。各领域改革不断提速，改革举措出台的数量之多、力度之大前所未有。简政放权，发挥市场在配置资源中的决定性作用；推进商事制度改革，“三证合一”登记制度改革；金融财税支持小微企业发展，设立国家中小企业发展基金，支持众创空间建设等，都为“双创”提供了有利的政策环境。

“双创”本身就是改革，是解放和发展生产力的过程。30 多年前，正是因为实行联产承包制，调动了亿万农民生产和经营的积极性，不仅创造出粮食生产的奇迹，而且迅速改变了中国的经济结构，加速了中国从传统农业大国向现代化工业国家的转变。也正因为允许人口流动，亿万农民工进城，极大地推动了我国城镇化进程，创造了中国经济的奇迹。联系今天，进一步解放思想就是解放和增强社会活力。人民群众作为微观经济主体，不仅是消费主体，因为拥有劳动力和资金等生产要素，也就成为了生产主体。如果有更多的人能够去创业、创新的话，将有利于改变经济结构，带动市场的需求，从而推动我国经济的增长。正如习近平总书记强调的“人民是历史的创造者，是推动改革的力量源泉。要让人民群众有更多获得感。要充分调动群众推进改革的积极性、主动性、创造性，把最广大人民的智慧和力量凝聚到改革上来，同人民一道把改革推向前进”。

我国发展走到今天，发展和改革高度融合，发展前进一步就需要改革前进一步，“双创”正逢其时。当前，不管是经济的转型发展所需，还是人民对美好未来的期盼，都在呼唤大力推进“双创”。同时，在政策环境不断优化、财政实力保障及科研投入逐年增加的基础上，社会主体也有条件、有能力来实现“双创”。这个历史性机遇千载难逢，抓住就能赢得发展转型的战略主动。

背景之三：创新驱动发展成为时代主题

从全球范围看，科学技术越来越成为推动经济社会发展的主要力量，创新驱动是大势所趋。国际经济竞争甚至是综合国力竞争，说到底就是创新能力的竞争。谁能在创新上下先手棋，谁就能掌握主动。新一轮科技革命和产业变革正在孕育兴起，一些重要科学问题和关键核心技术已经呈现出革命性突破的先兆，带动了关键技术交叉融合、群体跃进，变革突破的能量正在不断积累。即将出现的新一轮科技革命和产业变革与我国加快转变经济发展方式形成历史性交汇，为我们实施创新驱动发展战略提供了难得的重大机遇。

世界主要国家纷纷调整创新战略，抢占全球创新制高点。美国发布新版《国家创新战略》，提出要投资美国的创新基石，同时确定精密医疗、卫生保健、大脑计划、先进汽车、智慧城市、清洁能源和节能技术、教育技术、太空探索和高性能计算等九大优先发展领域。英国发布《2015—2018年数字经济战略》，倡导通过数字化创新来驱动经济社会发展，并在其国家核心科学年度预算中首次列入创新经费。日本推出《科技创新综合战略2015》，明确了“推动连锁创新的环境整顿工作”与“解决经济、社会课题的重要举措”两项重点。法国推出“未来工业”战略，旨在通过信息化改造产业模式，实现再工业化的目标。德国成立创新政策咨询委员会，进一步推动中小企业和社会大众创新。加拿大政府提出“2015经济行动计划”，并出台鼓励制造投资、支持世界级技术研究、提升航空航天业竞争力、打造物理学领域优势等方面的一系列措施。

在高新技术领域，美国、日本拥有的专利占世界总量的90%左右，包括中国在内的其他国家仅仅占有10%。由于缺少拥有自主知识产权的核心技术，中国不少行业存在产业技术空心化的危险，这成为中国产业进一步发展和进入国际市场的瓶颈。中国工业生产所需的大量技术装备，特别是高端产品主要依赖于进口。中国作为工业品出口大国，装备制造业虽然规模较大，但真正体现行业竞争力的高精尖加工工艺和重大技术装备制造能力仍然比较薄弱。市场急需的高技术含量、高附加值的技术装备和产品短缺，一些国民经济和高技术产业领域所需的重要装备，如高端医疗设备、半导体及集成电路制造设备和光纤制造设备等严重依赖进口。时至今日，对中国而言，高能耗、高污染、低效率的传统经济增长方式已难以为继，要保持经济健康可持续发展，除通过体制创新、技术创新、管理创新等来大力提升全要素生产率之外，几无他途。

2.1.2 “双创”提出的现实意义

2015年6月，国务院颁布了《关于大力推进大众创业万众创新若干措施的意见》，明确指出，推进大众创业、万众创新是培育和催生经济社会发展新动力的必然选择，是扩大就业、实现富民之道的根本举措，是激发全社会创新潜能和创业活力的有效途径。这是认真总结国内外发展实践经验和理论认识的结果，符合当今世界发展实际和创新潮流，具有重要的理论意义和现实意义。

(1) 推进大众创业、万众创新，是培育和催生经济社会发展新动力的必然选择

随着我国资源环境约束日益强化，要素的规模驱动力逐步减弱，传统的高投入、高消耗、粗放式发展方式难以为继，经济发展进入新常态，需要从要素驱动、投资驱动转向创新驱动。推进大众创业、万众创新，就是要通过结构性改革、体制机制创新，消除不利于创业创新发展的各种制度束缚和桎梏，支持各类市场主体不断开办新企业、开发新产品、开拓新市场，培育新兴产业，形成小企业“铺天盖地”、大企业“顶天立地”的发展格局，实现创新驱动发展，打造新引擎、形成新动力。

(2) 推进大众创业、万众创新，是富民之道、强国之举，有利于产业、企业、分配等多方面结构优化

面对就业压力加大形势，必须着力培育大众创业、万众创新的新引擎，实施更加积极的就业政策，把创业和就业结合起来，以创业创新带动就业，催生经济社会发展新动力，为促进民生改善、经济结构调整和社会和谐稳定提供新动能。我国有 13 亿多人口、9 亿多劳动力，每年高校毕业生、农村转移劳动力、城镇困难人员、退役军人数量较大，人力资源转化为人力资本的潜力巨大，但就业总量压力较大，结构性矛盾凸显。推进大众创业、万众创新，就是要通过转变政府职能、建设服务型政府，营造公平竞争的创业环境，使有梦想、有意愿、有能力的科技人员、高校毕业生、农民工、退役军人、失业人员等各类市场创业主体“如鱼得水”，通过创业增加收入，让更多的人富起来，促进收入分配结构调整，实现创新支持创业、创业带动就业的良性互动发展。

(3) 推进大众创业、万众创新，是激发全社会创新潜能和创业活力的有效途径

目前，我国创业创新理念还没有深入人心，创业教育培训体系还不健全，善于创造、勇于创业的能力不足，鼓励创新、宽容失败的良好环境尚未形成。推进大众创业、万众创新，就是要通过加强全社会以创新为核心的创业教育，弘扬“敢为人先、追求创新、百折不挠”的创业精神，厚植创新文化，不断增强创业创新意识，使创业创新成为全社会共同的价值追求和行为习惯。我国改革开放以来的实践也充分说明了这一点。比如，20 世纪 80 年代初以家庭联产承包制为核心的农村体制改革后，极大激发了农民的创业热情，一大批乡镇企业异军突起，成就了今天以万向集团为代表的一批创业企业。此后，随着经济体制和科技体制改革，又有一大批科研人员和国有企业职工“下海创业”，使一大批民营企业异军突起，成就了今天以华为、联想、海尔等为代表的一批创业企业。这其中许多都是“草根创业”，是大众创业、万众创新。

(4) 推进大众创业、万众创新，有利于适应新消费模式，提高供给与需求契合度

目前，我国消费模式正在发生变化，模仿、跟风式的消费逐渐减少，个性化、差别化、多样化和高端化的消费开始增多，传统供给结构不能完全满足新需求，产品和服务供给中存在一些空白和薄弱环节。新的消费模式要求新的供给模式，从而使创新发展的重要性显著提高，不仅要通过创新提升已有产品质量，还要通过创新弥补产品和服务中的空白或薄弱环节，满足日益提高的消费需求。相应地，制造业和服务业企业必须更加重视设

计、定制、个性和质量，朝着小、特、专、精的方向发展。大众创业、万众创新有利于从源头上促进供给模式与需求模式的契合，带动更多的人开办新企业、开发新产品、开拓新市场，从而更好地促进消费，拉动经济增长。

2.1.3 “双创”与国家重大战略举措的关系

（1）“双创”是实施创新驱动发展战略的关键实现途径

李克强总理在出席国家科技战略座谈会时指出，实施创新驱动发展战略，要坚持把科技创新摆在国家发展全局的核心位置，既发挥好科技创新的引领作用和科技人员的骨干中坚作用，又最大限度地激发群众的无穷智慧和力量，形成大众创业、万众创新的新局面。要依托“互联网+”平台，集众智搞创新，厚植科技进步的社会土壤，打通科技成果转化通道，实现创新链与产业链有效对接，塑造我国发展的竞争新优势。要把科技与人民群众的创造力在更大范围、更深程度、更高层次上融合起来，既要“顶天”，努力突破核心关键技术，勇攀世界科技高峰，又要“立地”，通过大众创业、万众创新将科技成果转化为现实生产力。这就要求我们必须着力提高教育质量，推进科技体制改革，强化创新发展的人才和科技基石，要深入推进大众创业、万众创新，在全社会大力弘扬创新创业精神，使创业企业不断涌现和发展壮大，包括新创办企业和现有企业的创业创新，不断为企业这部创新发动机注入新生力量和活力，汇聚形成经济发展的新动力。

要推动初创企业不断涌现和规模化发展。初创企业是创新的源泉，历史上许多重大技术和发明的商业化最初都是由这些企业完成的。同时，初创企业也是就业增加的引擎。据美国一个最新的分析报告，近年来在美国新增的20%就业中创业企业占3%。正是那些创业者不断创造出新的产品和服务，深刻改变了我们的生产和生活方式，创造了大量就业机会。当前，也正是那些在清洁能源、生物医药、先进制造、信息技术等领域的创业者，推动着新能源、生物、新一代信息技术等新兴产业发展，解决我们全球面临的资源环境健康等重大挑战。

要推进现有企业特别是大企业的创业创新。对创业理论和实践的研究表明，尽管许多创业者都是白手起家，但创业也可以在现有企业内部进行。现有企业特别是大企业更需要弘扬创业精神才能赢得更多的利润和企业长久的发展，大企业由于具备人才、技术、品牌、市场等优势，是创新发展的“野战军”，在推进大众创业、万众创新中具有举足轻重的地位，不仅表现为大企业可以通过收购中小企业使创新产品快速实现商业化，还表现为大企业本身可以培育、孵化出许多小企业。从我国看，目前许多大企业也正在积极推进创业创新，在大众创业、万众创新中发挥着重要作用。例如，腾讯、金发科技、达安基因等大型企业围绕全产业链需求，有针对性地创办孵化器，孵化培育了大量科技型创业企业并形成集聚效应。海尔提出要把企业员工由原来的雇佣者和执行者，变成创业者和合伙人，大力推进企业内部“自创业”，实现企业由出产品到出创客的转变。

（2）“双创”是推进供给创新的重大结构性改革

推进供给侧结构性改革，是当前我国经济发展的重大任务。综合来看，供给侧结构性改革，主要是指对要素投入侧和生产侧的重大改革、关键性改革。核心是要通过推进金融、土地等要素改革和生产端的改革，提升企业效益和竞争力，焕发企业家精神，创造出能够激发消费者需求的优质产品和服务，满足新需求，开拓新市场，推动新技术、新产业、新业态蓬勃发展，加快实现发展动力的转换。最重要的是通过政府体制改革，让更多社会资本参与投资，充分激发微观经济主体活力。大众创业、万众创新可以大幅增加有效供给，增强微观经济活力，加速新兴产业发展，又可以扩大就业、增加居民收入，还有利于促进社会纵向流动和公平正义，是经济发展的引擎。

要推进政府监管、投融资、科技体制等关键环节和生物医药与健康、新能源、节能环保、通用航空、文化旅游等重点领域的改革。比如，要围绕培育小微企业和促进大企业创新，大力推进投融资和资本市场的改革，着力解决企业融资难、融资贵的问题。要大力推进能源电力、物流等体制机制改革，着力降低创业创新成本。要“放水养鱼”，推动财税体制结构性改革，降低小微企业的税负水平。要放开服务业市场准入，扩大开放，使更多新企业公平进入，增强服务业发展动力作用。

要深入推进传统产业创业创新，鼓励广大企业职工积极利用“互联网+”、大数据等新技术，推进工艺创新和设备更新改造，广泛开展技术革新，加快传统制造业向中高端迈进。要适应当前新技术、新产品、新业态迅猛发展趋势，完善政府管理体制，加强人才、技术、金融等要素支撑，着力营造有利于新兴企业不断涌现和发展壮大，有利于新技术、新产品、新业态快速商业化的良好生态。

(3)“双创”是加快新型城镇化的助推器

发展改革委、工业和信息化部、财政部等10部门联合下发《关于结合新型城镇化开展支持农民工等人员返乡创业试点工作的通知》。通知要求，按照因地制宜、先行先试的原则，以新型城镇化建设任务较重，农民工、大学生、退役士兵等外出务工人员较多的输出地为主，选择一些县级城市结合新型城镇化开展支持农民工等人员返乡创业试点，着力培育和发展一批基础设施和公共服务明显改善、创业环境持续优化、返乡创业就业特色鲜明的城市，为进一步推进新型城镇化建设、支持返乡创业探索路径、积累经验。根据通知，试点要坚持问题导向，围绕农民工等人员返乡创业面临的场地短缺、基础设施不完善、公共服务不配套以及融资难融资贵、证照办理环节多等突出问题，重点做好加强园区资源整合、加强服务平台建设、加强服务能力建设等工作，强化政策支持、加强项目引导、组织渠道对接。

(4)“双创”是实现《中国制造2025》目标的加速器

金融危机后，为了实现经济的快速复苏，美国政府提出要“重返制造业”，德国政府也推出了“工业4.0”战略。2015年5月，国务院印发《中国制造2025》，提出了实现中国制造向中国创造转变、中国速度向中国质量转变、中国产品向中国品牌转变，完成中国制造由大变强的任务、重点领域和重大工程。推动“中国制造2025”是在新的国际国内环境下，中国政府立足于国际产业变革大势，作出的全面提升中国制造业发展质量和水平的重大战略部署。其根本目标在于改变中国制造业“大而不强”的局面，争取利用这十年的时间使我国迈入制造强国的行列。

“中国制造2025”旨在通过动员全社会力量参与发展先进制造业，推进中国的制造强国进程。提出要完善以企业为主体、市场为导向、政产学研用相结合的制造业创新体系。围绕产业链部署创新链，围绕创新链配置资源链，加强关键核心技术攻关，加速科技成果产业化，提高关键环节和重点领域的创新能力。同时还要重视理念创新，要摒弃对传统路径的依赖，既要能够引进和利用国际先进的技术创新成果，还要重视自主创新的技术成果的推广和产业化，形成全社会鼓励创新、重视创新的氛围，这也是“双创”所倡导和推动实现的目标。

2.2 “双创”必将进一步释放中小企业的内生动力和活力

中小企业是促进市场竞争和经济繁荣的基础力量，是经济增长的主要源泉和推动技术创新的重要力量之一，在国民经济中具有举足轻重、不可替代的地位和作用。现阶段，我国技术创新和经济发展的主要力量和重要支柱来源于具有极大发展潜力、灵活经营方式、多样投资形式并且数量众多的中小企业。党中央要求加快实施创新驱动发展战略，充分发挥市场在资源配置中的决定性作用和更好发挥政府作用，加大简政放权力度，放宽政策、放开市场、放活主体，形成有利于创业创新的良好氛围，让千千万万创业者活跃起来，汇聚成经济社会发展的巨大动能。不断完善体制机制、健全普惠性政策措施，加强统筹协调，构建有利于大众创业、万众创新蓬勃发展的政策环境、制度环境和公共服务体系，以创业带动就业、创新促进发展。

2.2.1 “双创”为中小企业提供良好的发展环境

在我国，中小企业不管是经济地位，还是政治地位都不能与国有大企业相比，导致各种资源一直都倾向国有大中型企业。虽然国家出台了一系列的政策和措施，中小企业的发展环境也有了一定的改善，但还是有诸多不利于中小企业发展的因素存在。借着大众创业，万众创新，政府通过结构性改革和创新，进一步简政放权、放管结合、优化服务，增强创业创新制度供给，完善相关法律法规、扶持政策和激励措施，营造均等普惠环境，最大限度释放各类市场主体创业创新活力，开辟就业新空间，拓展发展新天地，从多角度、全方位出发，营造更加有利于中小企业创业创新的发展环境。

（1）创新体制机制，实现创业便利化

加快出台公平竞争审查制度，建立统一透明、有序规范的市场环境；依法反垄断和反不正当竞争，消除不利于创业创新发展的垄断协议和滥用市场支配地位以及其他不正当竞争行为；建立和规范企业信用信息发布制度，制定严重违法企业名单管理办法，把创业主体信用与市场准入、享受优惠政策挂钩，完善以信用管理为基础的创业创新监管模式；深化商事制度改革，加快实施“三证合一”、“一照一码”，落实“先照后证”改革，推进全程电子化登记和电子营业执照应用，支持各地结合实际放宽新注册企业场所登记条件限制，推动“一址多照”、集群注册等住所登记改革，为创业创新提供便利的工商登记服务；把创业精神培育和创业素质教育纳入国民教育体系，完善创业课程设置，加强创业导师队伍建设，建立创业创新绩效评价机制，破除人才自由流动制度障碍，使一批富有创业精神、勇于承担风险的人才脱颖而出。

（2）优化财税政策，强化创业扶持

各级财政根据创业创新需要，统筹安排各类支持小微企业和创业创新的资金，加大对创业创新支持力度；鼓励对众创空间等孵化机构的办公用房、用水、用能、网络等软硬件设施给予适当优惠，减轻创业者负担；落实科技企业孵化器、大学科技园、研发费用加计扣除、固定资产加速折旧等税收优惠政策。对符合条件的众创空间等新型孵化机构适用科技企业孵化器税收优惠政策；修订完善高新技术企业认定办法，完善创业投资企业享受70%应纳税所得额税收抵免政策；推广中关村国家自主创新示范区税收试点政策，将企业转增股本分期缴纳个人所得税试点政策、股权奖励分期缴纳个人所得税试点政策推广至全国范围；落实促进高校毕业生、残疾人、退役军人、登记失业人员等创业就业税收政策；完善促进中小企业发展的政府采购政策，加大创新产品和服务的采购力度，把政府采购与支持创业发展紧密结合起来。

（3）加强统筹协调，完善各部门的协同机制

建立了由发展改革委牵头的推进大众创业、万众创新部际联席会议制度，加强顶层设计和统筹协调。要求各地区、各部门立足改革创新，坚持需求导向，从根本上解决创业创新中面临的各种体制机制问题，共同推进大众创业、万众创新蓬勃发展。敦促各地区、各部门系统梳理已发布的有关支持创业创新发展的各项政策措施，推进“立、改、废”工作，对初创企业的扶持方式从选拔式、分配式向普惠式、引领式转变。建立健全创业创新政策协调审查制度，增强政策普惠性、连贯性和协同性。建立推进大众创业、万众创新有关普惠性政策措施落实情况督查督导机制，建立和完善政策执行评估体系和通报制度，全力打通决策部署的“最先一公里”和政策落实的“最后一公里”，确保各项政策措施落地生根。

2.2.2 “双创”成为中小企业发展的引擎

中小企业的发展有其自身劣势，比如资金短缺、人才匮乏、管理组织能力差等。“双创”的到来，改善了创业投资环境，拓宽了企业融资渠道，为中小企业发展提供了多元化

的人力资源。

（1）创业投资环境改善

国家新兴产业创业投资引导基金和国家中小企业发展基金的设立，会逐步形成支持创业创新和新兴产业发展的市场化长效运行机制；新兴产业“双创”三年行动计划的实施、新兴产业“双创”示范基地的逐批建设，会极大提升社会资本参与新兴产业的创投热情；各地方政府也纷纷建立和完善创业投资引导基金，引导创业投资更多向创业企业起步成长的前端延伸；商业银行在依法合规、风险隔离的前提下，与创业投资机构建立市场化长期性合作，推动发展投贷联动、投保联动、投债联动等新模式，不断加大对创业创新企业的融资支持。

（2）企业融资渠道拓宽

国家支持符合条件的创业企业上市或发行票据融资，并鼓励创业企业通过债券市场筹集资金；推动在上海证券交易所建立战略新兴产业板，规范发展服务于中小微企业的区域性股权市场，推动建立工商登记部门与区域性股权市场的股权登记对接机制，支持股权质押融资；支持符合条件的发行主体发行小微企业增信集合债等企业债券创新品种；支持互联网金融发展，引导和鼓励众筹融资平台规范发展，开展公开、小额股权众筹融资试点；支持保险资金参与创业创新，依法合规推动知识产权质押融资，支持知识产权金融发展。

（3）社会各类人员的创业创新活力被激发

国家要求加快落实高校、科研院所等专业技术人员离岗创业政策；鼓励符合条件的企业按照有关规定，通过股权、期权、分红等激励方式，调动科研人员创业积极性，完善创新型中小企业上市股权激励和员工持股计划制度规则；实施大学生创业引领计划，整合发展高校毕业生就业创业基金，引导和鼓励成功创业者、知名企业家、天使和创业投资人、专家学者等担任兼职创业导师，为大学生提供包括创业方案、创业渠道等创业辅导；鼓励大学生和外出务工人员返乡创业，各地方政府要在工商注册、税收、融资等方面为其提供便利。

总之，解决了资金和人才两个堪称企业经营发展的根本动力问题，企业就会焕发出新的活力，迸发出不竭的动力，“双创”势必成为中小企业迈上发展新台阶的引擎。

2.2.3 “双创”促进了中小企业服务体系的完善

中小企业的发展离不开社会的全方位服务，包括政策引导、技术服务、信息支持、人才交流、国际交往等。目前我国中小企业服务体系尚不健全，还不能完全适应现代市场经济的需要。随着“双创”的不断推进，在促进中小企业服务体系方面的各项工作也得到有力提升和进一步完善。

（1）出台指导意见，提供法制保障

自“双创”提出以来，国务院常务会议多次研究与“双创”有关的议题，国务院相继出台了多条关于推进“双创”工作的指导意见，包括：制定金融支持实体经济特别是小微企业的各项政策，进一步减税降费措施支持小微企业发展和创业创新；研究设立国家新兴产业创业投资引导基金助力创业创新和产业升级；大力发展众创空间，培育国家小微企业创业示范基地，加快公共服务平台网络建设；以创业创新带动就业，催生经济社会发展新动力等内容。这些法规性的指导意见为中小企业的创新发展提供了法制保障。

（2）发展创业服务，构建创业生态

当前，创新工场、车库咖啡等新型孵化器如雨后春笋，各级政府部门也在积极引导要做大做强众创空间，完善创业孵化服务，包括：引导和鼓励各类创业孵化器与天使投资、创业投资相结合，完善投融资模式；引导和推动创业孵化与高校、科研院所等技术成果转移相结合，完善技术支撑服务；加快发展“互联网+”创业网络体系，建设一批小微企业创业创新基地，促进创业与创新、创业与就业、线上与线下相结合，降低全社会创业门槛和成本；积极推广众包、用户参与设计、云设计等新型研发组织模式和创业创新模式；探索通过对创业者和创新企业提供社会培训、管理咨询、检验检测、软件开发、研发设计等服务，建立和规范相关管理制度和运行机制，逐步形成可复制、可推广的经验。

（3）建设创业创新平台，增强支撑作用

对创业创新信息资源进行整合，建立创业政策集中发布平台，完善专业化、网络化服务体系，对“双创”具有重要支撑作用。政府鼓励开展各类公益讲坛、创业论坛、创业培训等活动，丰富创业平台形式和内容；鼓励和支持有条件的大型企业发展创业平台、投资并购小微企业等，支持企业内外部创业者创业，增强企业创业创新活力；建立科技基础设施、大型科研仪器和专利信息资源向全社会开放的长效机制；鼓励有条件的地方出台各具特色的支持政策，积极盘活闲置的商业用房、工业厂房、企业库房、物流设施和家庭住所、租赁房等资源，为创业者提供低成本办公场所和居住条件。

大众创业，万众创新大潮兴起，波澜壮阔。无论精英还是草根，都可以投身创业创新，驰骋于广阔空间；众创、众包、众扶、众筹不断涌现，生产方式深刻变革；如今平均每天新登记注册的企业超过万户，平均每分钟诞生8家公司；大企业也主动拥抱“双创”，传统产业改造升级，现代服务业加速崛起，大中小企业合力吹响了中国经济创新转型、迈向产业中高端的号角。

2.3 国际经验是推进中小企业开展“双创”的有益参考

二战以来，发达国家纷纷创建并实施一系列的扶植政策支持本国的中小企业开展创业和技术创新活动。对中小企业创业创新扶植体系的重视与不断完善，逐渐成为各国维持其在全球市场竞争力和保持经济可持续发展的重要支撑。

2.3.1 美国经验

美国政府对于中小企业的创新创业扶植非常全面，但是这种扶植是在一系列的法律的框架下来进行的，体现了自由的市场制度和合理的国家调节的有机结合。

（1）政策法规方面

自20世纪80年代以来，美国政府越来越认识到中小企业在技术创新方面的作用，相应制定和颁布了一系列法律法规。比如：1980年制定的《贝赫－多尔法》（第一部技术转移法）、《专利与商标修正法》；1982年的《小企业创新发展法》；1984年的《商标澄清法》；1986年的《联邦技术转移法》；1989年的《竞争力技术转移法》；1992年的《加强中小企业研究发展法》。上述各项法规明确了技术创新各行为主体的法律地位及其权利和义务，为中小企业技术创新活动提供了法律上的保障，推动了中小企业的技术创新活动。

（2）组织机构方面

美国政府为扶植中小企业技术创新提供了组织保证，分为官方机构和非官方机构。首先是官方机构，美国小企业管理局（SBA）是美国政府负责中小企业管理的专门官方机构，主管直接对总统负责。主要职责是咨询、支持、帮助、保护和促进美国中小企业的发展。小企业管理局在全国有115个办事处，其中地区办事处53个，地方办事处62个。其次是非官方机构。例如，①企业发展中心（SBDC）。以大学为基地，向中小企业提供管理和方面的咨询及培训。目前有遍布各州的53个中心及其设在地方商会和政府主管部门的延伸服务点500多处。它们每年为10多万家企业提供咨询服务，并有20万到30万家企业接受培训。②技术机构。在美国政府的支持下，全美形成了若干类以技术转移和服务为主的机构，这些机构在促进中小企业技术创新方面发挥着重要作用。③小企业投资公司（SBIC）。小企业投资公司是经小企业管理局批准由平邦政府资助的民营风险资本公司。它们向小企业的增长、扩张和现代化提供产权资本和长期的债务融资。④小企业研究所（SBI）。在520个大学设立了小企业研究所。在教师中的咨询人员的指导下组织工商管理的高年级学生和毕业生向小企业提供具体的经营管理咨询。

2.3.2 德国经验

为了支持德国中小企业的健康快速发展，德国政府制定了包括从国家立法、战略规划、机构设置、财税政策、信贷融资、培训制度等等一系列政策法规全方位的扶持了的德国中小企业的成长。

（1）法制保障

德国政府专门出台《中小企业促进法》来系统地指导和扶持中小企业的发展。另外还有其他法律支持，比如：《民法典》、《商法典》维护了市场竞争秩序，保证了合同的自由；《标准化法》确立了经济制度，为企业规范了竞争框架；《产业部门和区域经济政策原则》

规定了政府对中小企业的行为；《关于提高中小企业效率的行动计划》在减轻中小企业税赋和经济社会负担方面发挥了重要作用；《中小企业科技政策总构想》则在中小企业提高研究开发能力和技术创新方面规定了具体的扶持条件。

（2）融资扶持

①专门成立为中小企业提供融资服务的银行。比如复兴贷款银行给中小企业提供的大多是低息长期贷款，属于一般性贷款。这些贷款来源于政府的资金支持，银行从政府拿到资金后通过代理行将贷款发放给中小企业，这些贷款的利率通常比市场利率低大约两个百分点。而储蓄银行则投入大量资金支持中小企业的创业活动。②完善的信用担保体系。担保体系主要以中小企业建设为中心，重点为中小企业的发展提供融资担保服务。比如，德国担保银行作为信用担保体系的重要一环，完全独立于政府，由工商业协会、信贷机构及保险公司等出资建立，最高担保额度不少过100万欧元，服务对象主要是发展态势良好、经营业绩稳定的中小企业。③融资工具的创新。其中最有代表性的是“夹层融资”[①]、“中小企业资产证券化”[②] 和“天使投资”。

（3）专职化的职业培训

强化职业培训是德国政府促进中小企业发展的重要内容，其中最有代表性的就是“双轨制”技术培训制度。强制要求中小企业主及管理人员、创业者、各类技术工人和即将成为技术工人的年轻人在从事某种专业性技术之前，必须经过至少2~3年的专业培训，培训包括在职业学校中的理论知识学习和在企业进行的实践操作培训，理论学习与实践操作相结合并平行进行，通过“一边学一边干”的方式进行专业技术的传授。

2.3.3 日本经验

日本是发达国家中中小企业政策体系最为完备的国家之一，尤其在金融支持创业服务方面，有大量值得学习的做法。

（1）金融支持政策

①新创业融资制度。实施主体是国民生活金融公库，实施对象是准备创业的中小企业。该制度的贷款限额为550万日元，贷款期限流动资金为5年，设备投资为7年，贷款利率比基准利率高1个百分点。②创业支持无担保贷款制度。实施主体是商工组合中央金库，实施对象是具有独创性观点并正在开展新事业活动的中小企业。该制度的贷款限额为3000万日元，贷款期限为5年，贷款时无需提供担保，但原则上要求企业代表者本人充当保证人。③事业再生担保制度。设立的目的是依据《民事再生法》以接受再生计划认可并

---

① “夹层”的概念最初起源于美国华尔街，原指介于投资性债券和垃圾债券之间的债券等级，后来逐步扩展到项目融资领域。夹层融资作为一种相对新型的融资方式，如今已经演变成为一种介于股权和优先债务之间的一种融资方式，具体指企业通过夹层资本的形式来进行融资行为。

② 中小企业资产证券化指的是中小企业将其流动性差，但是能够产生一定未来现金流的资产转让给SPV（特殊目的机构），然后由SPV通过信用分离和资产重组，以其中优质资产作为担保，在金融市场上向投资者发放资产抵押证券，从而为原始资产权益人募得资金。

致力于事业再生的中小企业为对象，在其向金融机构融资时，由信用担保协会负责为其提供担保。该担保制度实施担保的比例为80%，担保费率为1.8%，担保期限为1年以内，原则上以企业的应收账款作为抵押。

（2）创业支持政策

在日本，与中小企业创业有关的法律主要有《新事业创出促进法》、《中小企业创造活动促进法》、《中小企业挑战支援法》以及《中小企业等协同组合法》等。日本政府为了鼓励大学参与创业活动还专门制定了《新事业创出促进法》。随着创业辅导机构的涌现，1999年日本企业孵化器协会即日本新事业支援机关协议会成立，这是日本第一个支持新企业创新的全国性联盟，负责总揽全国的创业辅导机构。

2.3.4 以色列经验

为了帮助中小企业克服在企业创建和创新发展过程中遇到的各种障碍和困难，以色列政府成立多种扶持机构并出台一系列的政策。

（1）成立多种扶持机构

以色列中小企业局是半官方、非营利的自治机构，主要职能是为企业的创建和发展营造有利的环境、提供教育培训服务、开展国际性合作等。中小企业局在全国设有25个小企业发展中心，主要任务是为中小企业在专业咨询、培训、协助融资、信息指导和商业网络搭建等方面提供“一站式”服务。

（2）高科技中小企业孵化器

以色列中小企业金融扶持政策中，最具特色的是高科技中小企业孵化器。以色列政府规定，在进入孵化的初始阶段企业的股权分配为：创业者持有50%，公司其他人员持有10%，政府以外的出资人获得20%，而政府的孵化器企业可得到20%的股权。在两年孵化期内，无论企业是否赢利，创业者和公司其他人员都能得到政府提供的工资。如果创业企业经过两年的孵化后仍不能看到成功的希望，政府将宣布企业解散，创业者无须向政府支付任何费用。如果创业企业获得成功，政府除享有股权外，企业还必须向政府孵化器缴纳其产品销售额3%的税金。以色列政府还规定，在创业企业获得成功后的5年内的任何时候，创业者本人或其他风险投资者都可以从孵化器企业那里购得政府所持有的股权，并解除向孵化器纳税的义务。只要企业提出购买要求，政府不能以任何理由拒绝。其次风险投资也是以色列高科技中小企业发展的重要助推器。以色列是全球风险投资最发达的国家之一，被誉为“第二硅谷”。作为最早设立政府引导资金的国家，以色列早在1992年就出资1亿美元设立国有独资的YOZMA政府风险基金，引导国内外风投对该国的“种子期”项目进行投资。

执笔人：张少苹（中国中小企业协会政策研究部主任助理）

参考文献

[1] 中共中央宣传部. 习近平总书记系列重要讲话读本（2016 年版）. 北京：学习出版社，人民出版社，2016
[2] 辛国斌. 激发“双创”活力，促进中小企业发展. 中国中小企业，2015（9）
[3] 王昌林. 大众创业万众创新的理论和现实意义. 经济日报，2015-12-31
[4] 田永根. 美国中小企业技术创新扶植政策研究. 吉林大学硕士论文，2004
[5] 张翔. 德国中小企业发展对中国的启示，武汉科技大学硕士论文，2014
[6] 苏杭. 日本中小企业发展与中小企业政策，东北财经大学博士论文，2006
[7] 曹晓蕾，吴如忠. 以色列科技孵化器发展启示，群众，2014（2）
[8] 国务院关于大力推进大众创业万众创新若干政策措施的意见，国发［2015］32 号
[9] 国务院关于加快构建大众创业万众创新支撑平台的指导意见，国发［2015］53 号
[10] 国务院办公厅关于发展众创空间推进大众创新创业的指导意见，国办发［2015］9 号

第3章

优化“双创”政策环境、促进中小企业发展的必要性和紧迫性

3.1 引言

党的十八大明确将实施创新驱动发展战略作为关系国民经济全局紧迫而重大的战略任务。2015年6月16日，国务院颁布《关于大力推进大众创业万众创新若干措施的意见》，指出大众创业、万众创新是培育和催生经济社会发展新动力的必然措施①。这些都表明了“双创”工作对于当前乃至今后中国经济社会发展所具有的重要意义，从而对与“双创”工作密切相关的“双创”政策环境进行进一步优化，不仅具有必要性而且具有迫切性。

在国家层面，为了鼓励创业创新，营造适合创业创新的政策环境和制度环境，国务院相继出台了一系列优化“双创”政策环境的文件。2015年3月2日，国务院办公厅印发《关于发展众创空间推进大众创业创新的指导意见》，提出要通过增强简政放权力度优化市场竞争环境，通过完善创业创新政策体系降低创业创新成本，通过完善股权激励和利益分配机制保障创业创新者的合法权益，还提出要以加快构建众创空间、加强财政资金引导、完善创业投融资机制、丰富创业创新活动、营造创业创新文化氛围等为重点任务推进大众创业、万众创新②。2015年3月23日，国务院发布《中共中央国务院关于深化体制机制改革加快实施创新驱动发展战略的若干意见》，提出要破除一切制约创新的思想障碍和制度藩篱，强化科技同经济对接、创新成果同产业对接、创新项目同现实生产力对接、研发人员创新劳动同其利益收入对接，营造大众创业、万众创新的政策环境和制度环境③。2015年6月16日，国务院颁布《关于大力推进大众创业万众创新若干政策措施的意见》，从9大领域、30个方面明确了96条政策措施，涉及创新体制机制、优化财税政策、搞活金融市场、扩大创业投资、发展创业服务、建设创业创新平台、激发创造活力、拓展城乡创业渠道、加强统筹协调等多方面。

响应中央关于创业创新号召，地方也积极出台了一系列有利于优化“双创”政策环境的文件和实施办法。天津市发布《关于发展众创空间推进大众创业创新的若干政策措施》，

① 参见中国政府网：《国务院关于大力推进大众创业万众创新若干政策措施的意见》（国发〔2015〕32号），载于 http：//www. gov. cn/zhengce/content/2015 -06/16/content_ 9855. htm。

② 参见中国政府网：《国务院办公厅关于发展众创空间推进大众创业创新的指导意见》（国办发〔2015〕9号），http：//www. gov. cn/zhengce/content/2015 -03/11/content_ 9519. htm。

③ 参见中国政府网：《中共中央、国务院关于深化体制机制改革加快实施创新驱动发展战略的若干意见》，http：//www. gov. cn/gongbao/content/2015/content_ 2843767. htm。

明确了对众创空间在投资建设、企业注册、资金扶持、成果转化等方面的10条扶持政策[①]；广东省出台《关于加快科技创新的若干政策意见》，在全国首个提出省市共建面向科技企业孵化器的风险补偿金[②]；四川省出台《关于全面推进大众创业、万众创新的实施意见》，着力推进科技人才、青年大学生、海外高层次人才和草根能人“四路大军”迈入创业创新主战场，激活创业创新主体[③]。5月5日，苏州工业园区发布《苏州工业园区关于发展众创空间推动大众创业创新的指导意见》，力争用5年时间将园区建成苏南国家自主创新示范区的引领区、中国开发区的“升级版”[④]。中关村国家自主创新示范区与科技部火炬中心一道启动“创业中国中关村引领工程”，进一步完善创业创新生态系统，计划将从高校“育苗”鼓励创业创新、领军企业孵化创业、鼓励创客创业、集聚创业人才、创业金融升级、创业服务提升、创业文化示范等方面形成突破，激发创业创新热情。

由于优化“双创”政策环境对于推动“双创”工作的特殊重要性，特别是对于促进中小企业发展所具有的独特作用，对当前“双创”政策环境进行更加全面、更加深入地进行评价，进一步认识优化“双创”政策环境所具有的必要性和紧迫性，仍然是非常有必要的。

3.2　“双创”政策环境对于推动“双创”工作的重要性

3.2.1　“双创”政策环境的内涵

创业创新对于中小企业具有重要的促进作用。但是，要真正激发人们的创业创新热情，就必须消除人们进行创业创新时的各种体制性障碍，千方百计减少创业创新的风险，同时要出台各种鼓励性政策降低他们创业创新的成本，努力提高其创业创新的预期收益，最终通过政策环境的优化使创业创新成为全社会的一种精神和习惯，推动创业创新活动不断走向一个又一个高潮。

那么，“双创”政策环境的改善应该从哪些方面入手呢？其实，当我们仔细考察当前创业创新遇到的主要问题，就可以得到相应的答案。创业创新是一种经济活动，也与其他

---

① 参见天津市人民政府公报网：《天津市人民政府印发 <关于发展众创空间推进大众创业创新政策措施> 的通知》（津政发〔2015〕9号），http：//www. tjzb. gov. cn/2015/system/2015/05/28/010000557. shtml。

② 参见广东省人民政府网：《广东省人民政府关于加快科技创新的若干政策意见》（粤府〔2015〕1号），http：//zwgk. gd. gov. cn/006939748/201502/t20150226_ 570220. html。

③ 参见四川省人民政府网：《四川省人民政府关于全面推进大众创业、万众创新的意见》（川府发〔2015〕27号），http：//www. sc. gov. cn/10462/10883/11066/2015/5/8/10335157. shtml。

④ 参见苏州工业园区中小企业服务中心：《苏州工业园区关于发展众创空间推动大众创业创新的指导意见》（川府发〔2015〕27号），http：//sme. sipac. gov. cn/Policy/PolicyDetail. aspx？ContentID = 12979。

经济活动一样要面对成本收益核算的约束，但它更是一种特殊的经济活动，它所要遵循的发展规律不同于一般企业的发展规律，它典型地表现为一种突变，所以风险和收益也都是巨大的，在这样的情况下，创业创新者做出创业创新的决定是很艰难的，加之创业创新之路更是充满困难险阻，创业创新活动如果得不到应有的鼓励和支持，是难以成为一种普遍经济活动的。

客观来说，只有当思想和信息充分交流，场外风险资金非常充裕，创业创新成本风险因资源共享而能被有效分散时，创业创新活动才可能日渐趋于活跃，并创造出巨大的社会经济效益。

当前，我国创业创新活动中遇到的主要问题突出表现为以下几个方面：一是创业创新面临较大的融资瓶颈。创业创新前期资金投入较大，投资回收较慢，需要长期资金支持，当前的金融环境无法为其提供足够的融资支撑。二是创业创新风险分担机制不健全。创业创新活动是一种高风险活动，创业创新者本身大多数时候难以独自承担这样高的风险，而当前分担创业创新风险的保险资金、风险资金和财政资金在数量方面还明显不足。三是创业创新产业方向引导不够。当前的创业创新活动不像过去三十年那样创业创新机会丰富多样，而是要面对更为复杂多变的经济环境，创业创新风险也变得更高，迫切需要国家在创业创新者进行产业方向选择时给予应有的引导。四是创业创新的市场环境还不够成熟。政府对市场的管制过死，审批事项和检查事项过多，知识产权的保护强度不够，垄断企业存在不正当竞争行为等问题，也都抑制了市场的创业创新热情。五是创业创新面临的环保政策约束越来越强。尽管环保政策对于改善我国的生态自然环境具有重要的作用，但是很多环保政策的规定对创业创新产生了较强的约束，不利于创业创新企业的早期发展。六是创业创新人才的自由流动受到限制。由于受到人才管理方式僵化、公共服务体系不健全和社会保障体制不完善等各方面的约束，创业创新人才难以根据需要在不同地区不同单位之间进行流动，降低了人才创业创新的主观能动性。

正是创业创新主要面临以上的问题，创业创新政策环境的优化也需要集中于以上几个方面，具体地说，就是要重点在金融政策、财政政策、产业政策、市场政策、环保政策和人才政策等方面，针对涉及创业创新活动的有关政策规定和体制设计进行调整优化，不断促进创业创新活动走向新的高潮。

3.2.2 “双创”政策环境对于“双创”工作的意义

更加完善的“双创”政策环境对推动“双创”工作具有非常重要的意义，之所以这样说，是因为“创业”和“创新”都是具有高风险的创造性经济活动，如果政策环境缺乏稳定性，甚至是政策环境对其产生一定的约束效应，都可能将这些创造性活动扼杀在摇篮里，从而一个国家将失去许多本来有可能发展壮大的企业，进而会削弱一国的整体竞争力。

一是完善的“双创”政策环境是适应发展动力和发展模式转变、引导要素资源重新进行有效配置的推进器。在新常态阶段，我国过去主要由低成本推动、规模粗放扩张的发展模式逐渐向创新引领、资源集约利用的发展模式转变，在新的发展动力和发展模式下，要素资源的重新配置机制与传统资源配置机制有很大差别，具体表现是更多体现出信息化和智本化的特征，面对的市场需求也充满更多的不稳定性，这些变化都需要相关政策及时进行调整或者予以完善，使之适应新的要素资源配置方式。

二是完善的“双创”政策环境要求进一步降低市场门槛，有利于为创业创新开拓更多市场机会。营造良好的“双创”政策环境要求消除或减轻市场垄断、行政壁垒、地方保护等不利于市场自由进出的障碍，这将使创业创新者可以按照适合自身发展定位而选择的领域进行创业创新活动，避免“望门兴叹”的尴尬和无奈，使其获得更多的市场机会，对创业创新活动发挥更大的鼓舞作用。

三是完善的“双创”政策环境对市场环境的净化提出更高要求，有利于降低创业创新的风险和成本。完善的“双创”政策环境要求简化市场审批、方便程序流程、杜绝推诿扯皮和明确政策规定，从而会推动政府管理向政府服务转型，提高办事效率，增强创业创新者的信心，降低创业创新的风险和成本。完善的“双创”政策环境还将强化对相关执法部门的监督，避免过度执法或者过度干预企业微观运营，提高企业经营活动的自主性和自由度，创业创新的时间成本和物质成本都将会有较大的节约。

四是完善的“双创”政策环境要求重塑市场价格体系，有利于增强对创业创新行为的激励。完善的“双创”政策环境强调知识产权等创新成果的市场价值，并将通过知识产权保护使这种市场价值显性化，避免市场价值无谓的流失，从而对创新行为发挥非常强的激励作用。完善的“双创”政策环境还有利于创业者通过资本运营增强产权的可交易性，提高所创办企业的市场价值，并可以从中获取足够的物质利益，从而对创业活动也会产生很强的激励效应。

五是完善的“双创”政策环境有利于培育和释放创业创新人才，为创业创新活动提供更多适用的要素资源。营造更加良好的“双创”政策环境还要求加快推进与培育创业创新人才密切相关的教育体制和科技体制方面的改革，以及束缚人才流动的户籍政策、教育医疗等公共服务体制等方面的改革，并由此对抑制人才积极性发挥的教育科研管理体制方面的改革起到推动作用。这些改革的推进，将有利于培育和释放创业人才，加快解决创业创新人才不足、创业创新精神不强的问题，为创业创新活动提供更多适用的要素资源。

3.3　“双创”政策环境的现状

改革开放后，我国并没有明显地提出创业创新政策，但是由于计划经济体制被打破，以及市场经济改革方向的确立，个体私营经济如雨后春笋一般发展壮大起来。尽管这一时期并没有明确的创业政策的鼓励，但是由于需求的长期抑制，整个社会呈现供不应求的状态，只要个体私营经济得到政府的许可，创业便会发生，而且市场的供不应求状态也大幅降低了创业风险。不过，这一时期还是有不少的鼓励创新的政策，这些政策大都是鼓励企业通过技术设备改造或者整套进口高端设备来提高生产效率，包括技改资金贴息和进口设备免关税等政策。然而，由于我国当时还处于模仿创新的阶段，鼓励创新的政策并无法改变这一状况，虽然部分企业的创新能力由于模仿创新而得到较大程度的提升，但是大部分企业的自主创新能力还是很弱的。总之，这一阶段创业没有受到特别的鼓励，但是由于商品经济大潮的初次袭来，市场主体创业的自生能力却很强，只是这些创业大都集中于规模小、附加值低的劳动密集型行业；这一阶段的创新也主要是模仿创新，虽然自主创新受到一定的程度的鼓励，但是鼓励力度不是很大，而且效果也不不明显。

2000年以后，由于全球化和城镇化的推进，我国进入了重工业迅速发展的阶段。在这一阶段，资本和劳动力等生产要素快速地被外向型企业和重工业企业吸纳消化，创业甚至创新都没有被特别重视。同时，市场机会的减少也一定程度上对创业起到了抑制作用，寻找稳定的工作机会并将“职业”作为事业的人越来越多，创业精神趋于衰弱。在创新方面，政府更多是对部分重大科学技术实施攻关，不过也有部分企业奋发图强，致力于自身创新能力的提高，也取得了重大成功。总体而言，这一阶段创业创新政策都没有特别地受到重视，普遍来说创业活动有所下降，但是由于部分企业已经发展到有能力参与国际竞争的阶段，自我创新意识有所增强，特别是信息技术产业的发展，使该领域的创业创新活动趋于活跃，所以创业创新的热点呈现出一种局部性，不过这种局部热点也为未来更高层次上的大规模创业创新活动准备了必要基础。

2008年全球金融危机的爆发，对我国经济产生了很大的负面冲击，在大规模刺激政策带来的短暂反弹后，2010年开始我国经济开始呈现深度调整的态势。2014年开始，我国开始掀起“大众创业，万众创新”的新浪潮，政府致力于通过破除对个体和企业创业创新的种种约束，来鼓励和推动“双创”工作。在这一阶段，“互联网＋”经济持续发酵，创业创新活动更多向这一领域集中。同时，各地还开始采取财政、金融和人才等政策多管齐下的方式，提高科技创新能力，大力推动新兴战略产业的发展，即使对传统支柱产业，也强调要通过技术创新和模式创新进行升级改造，试图通过创新全面实现产业的转型升级。这些努力取得了一定的成效。根据中国社会科学院民营经济研究中心“优化创业创新政策环境促进中小企业发展调研数据库（2016）”，445个中小企业关于“当前创业创新环境相对于当初创业创新时环境是否有明显改善”问题的回答中，认为“有明显改善”的有76家，认为“有一定改善”的达到235家，认为“没有改善”的仅有30家（见图3.1）。这表明在政府的大力倡导和积极改革的影响下，创业创新环境总体有了较大改善。在接下来的423家中小企业关于“如果您认为创业创新环境相对于贵企业当初创业创新时环境有改善的话，那么主要体现哪些方面”问题的回答中，认为“融资更便利些”、“人才更充裕和易于招聘”、“市场机会比过去增多”、“税费有了较大程度减轻”和“政府办事难效率低得到扭转”的中小企业分别有172家、144家、180家、86家和121家（见图3.2）。这些回答表明中小企业关于税费高低的关注显著低于融资、市场机会和政府效率，主要是政策环境而不是成本高低对中小企业创业创新有更大的影响。根据这些调查结果可以预期，随着创业创新政策环境的日益完善，创业创新活动也将更加活跃。不过，当前阶段，我国经济调整尚不到位，土地、房屋和劳动力等要素成本攀升，国外高新技术壁垒林立，都决定了创业创新也将面临更多的不可控风险。同时，相对于以往阶段，现阶段各项政策法规日趋完善，政策法规的执行也趋于严格，同时市场供求关系也发生了逆转，供过于求成为了市场常态，创业创新的市场环境在一定程度上变得更差，也都增加了创业创新的难度。通过“双创”政策环境优化来一定程度上对冲这些不利因素带来的负面影响，将是一件非常紧迫的事情。

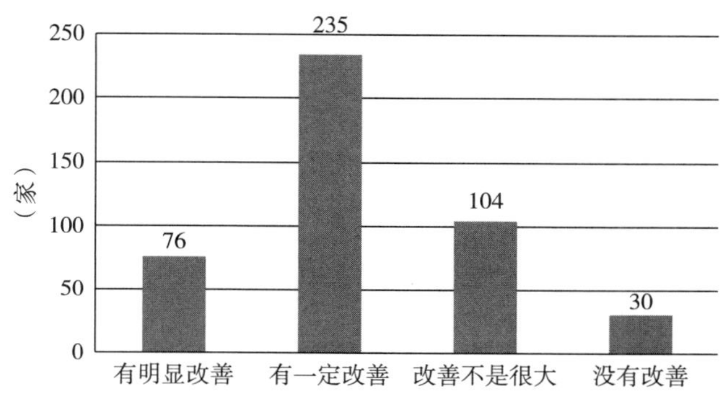

图3.1 中小企业关于“贵企业认为当前的创业创新环境相对于贵企业当初创业创新时环境是否有明显改善”问题的回答

资料来源：中国社会科学院民营经济研究中心“优化创业创新政策环境促进中小企业发展调研数据库（2016）”。

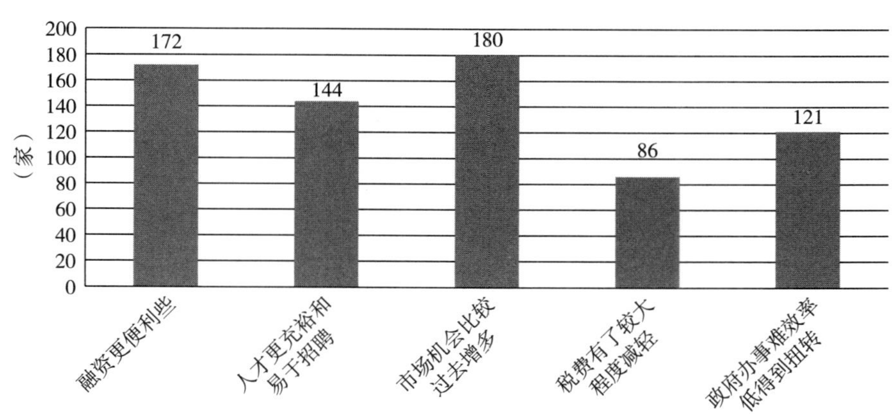

图3.2 中小企业关于“如果您认为创业创新环境相对于贵企业当初创业创新时环境有改善的话，那么主要体现哪些方面”问题的回答

资料来源：中国社会科学院民营经济研究中心“优化创业创新政策环境促进中小企业发展调研数据库（2016）”。

3.4 “双创”政策环境存在的问题

由以上论述可知，完善的“双创”政策环境对于促进“双创”工作的顺利推进具有重要意义。但是，由以上的调查结果也可推知，目前的“双创”政策环境还远远没有达到完善的程度，其中存在的一些问题甚至仍然比较严重，对于创业创新活动产生了明显的抑制。总的来说，目前“双创”政策环境还主要存在着以下几个方面的问题。

一是鼓励创业创新已经成为国家战略，但创业创新政策环境优化的具体目标还不明确。鼓励“创业”和“创新”都可以作为一项国家战略，但对于“创业”和“创新”活动本身来说，二者又是具有不同性质的经济活动。创新活动虽然具有对现有生产分配秩序破坏的一面，但更多会带来生产效率的提高，主要是一种从“自然”中获取收益的活动；与之相比，创业活动更是对现有生产分配秩序的一种填充，或者就是对现有生产分配秩序的一种破坏，它带来的主要是产业结构和就业结构的变化，并不会必然促进生产效率的提高。

由于二者的性质不同，创业创新政策的环境存在的问题也是不一样的。创业政策环境存在的主要问题是市场性质的，即垄断或非完全竞争的市场结构、不公平的市场待遇等市场性因素是妨碍创业的主要因素，这就要求创业政策环境的优化应该主要从市场环境优化着手，鼓励市场自由竞争，具体来说就是要加快推动市场发挥决定性作用的市场体制改革那些鼓励创业的政策性措施只应是短期的阶段性的产物，不能代替体制建设长期化。创新政策环境存在的主要问题是制度性质的，并不是通过市场自由竞争所能解决的，相反，它甚至需要对市场自由竞争形成一种限制，使创新本身相对于其他的市场活动获得更多的优势地位，创新政策环境的优化是一种带有战略性和倾斜性的政策体制重设，它不仅要求对束缚创新要素自由流动的因素予以消除，甚至还要求对创新要素予以一定的保护，并对创新活动给予更大的鼓励。

这些区别表明，虽然“双创”政策环境具有一些共同点，但也存在着较多的不同点，当前并没有从更高层面上对其进行区别，不利于战略目标和政策方向的制定，难以形成系统的长期发展战略。

二是“双创”政策重视具体政策的制定和推行，却缺乏对社会氛围的营造和创业创新文化的塑造。客观说，我国在冒险精神和创新文化方面并不具有优势，长期的传统农耕生活方式，以及“八股文”科举制度，以及当代的高考模式，对我国民众的创业精神都起到了严重的抑制作用。同时，中国的文化是“人”的文化，着重于人与人之间关系的感知和描绘，而对“天”和“地”的探索不足，这种文化缺乏对向“自然”索要收益的活动的鼓励，从而导致民众的创新精神比较缺乏。正是如此，要推动创业创新活动，需要首先对我国传统社会文化中不利于创业创新活动的成分进行清理，在体制、政策和思想方面进行全方位的调整或改革，重新注入新的更加活跃的社会文化成分，提倡创业创新，鼓励创业创新，包容创业创新。

当前“双创”政策还过于重视具体政策的制定和推行，对于社会氛围的营造和创业创新文化的塑造远远不够。但是，由于社会氛围的营造，特别是创业创新文化的塑造并不是一朝一夕的，而对一种社会文化的改造则更加艰难，必须有一种更符合时代发展潮流的、更具有丰富内涵的社会文化才能对另一种社会文化产生积极的改造作用，这也是短期内难以实现的。虽然制度因素和政策体制还是可以对社会文化产生潜移默化影响的，而且也能够在短时期内对创业创新活动产生一定积极作用，这也是当下政府主要试图通过具体政策的推行来鼓励创业创新活动的初衷，但是在实施这些政策的同时如果不配合以更根本的体制改革和社会文化的重塑，还是不能将创业创新精神内化为人们灵魂中，这些政策从长期来看在推动创业创新方面的作用将会逐步衰减。

三是创业创新市场环境存在较大的地区差别，创业创新政策的地区适应性仍显不足。我国是一个地域广阔的大国，不同地区所处的发展阶段、经济发展特征都存在显著差别，这导致了不同地区创业创新市场环境千差万别，从而对“双创”政策的需求也各不相同。当前大中城市或发达地区“双创”政策产生的效果较好，是因为一方面这些地区具有较好的产业条件和基础设施，另一方面支持创业创新的金融资源也相对丰富，而中小城市或者欠发达地区，基本上还处于发展的初级阶段，产业基础较差，交通条件也相对落后，制度建设严重滞后，金融资源更显不足，即使出台更多的鼓励创业创新的政策，也很难达到预期的效果。因此，创业创新市场环境的差别，决定了“双创”政策对创业创新的影响也不相同，或者说创业创新市场环境好的地方，“双创”政策的出台对创业创新活动会产生较为明显的效果，而创业创新市场环境不好的地方，“双创”政策的出台对创业创新活动并不会产生预期的效果。

创业创新市场环境地区之间的差别，表明我国不同地区发展水平的差异性，对那些发展相对落后的地区，仍应着力于通过产业转移来解决当地的发展问题，不能对创业创新活动抱太多的希冀，否则可能会影响这些地区的正常发展。但是，从长期来看，这些地区仍然应该以创业创新政策的出台为契机，营造更良好的营商环境，并且重视培育人们的创业创新精神，为将来发展水平提高后或发展阶段转换时准备必要的创业创新要素资源。

四是鼓励创业创新的具体政策措施繁多，但是这些政策措施尚缺乏系统性和精准性。尽管影响创业创新活动的因素有很多，但是所出台的“双创”政策的适宜性仍然是影响创业创新的重要因素，也是政府在短期内相对能够控制的因素。那么，当前涉及创业创新活动的政策究竟是怎样的？根据中国社会科学院民营经济研究中心“优化创业创新政策环境促进中小企业发展调研数据库（2016）”，443家中小企业在关于“贵企业在创业创新时遇到的主要困难都有哪些”问题的回答中，有248家认为缺少资金，有259家认为缺少人才，有134家认为缺少市场，有98家认为市场风险大企业抵御能力差，有88家认为政府部门税费过高，66家认为政府部门办事难效率低（见图3.3）。这些回答表明，资金、人才、市场机会和市场风险等市场供给及需求因素是影响创业创新活动的主要因素，政府税费和办事效率是相对次要的影响因素。这也表明我国降低税费的努力和简化审批及办事手续的改革都初步显现成效，未来的创业创新政策环境的优化更应该注重创业创新要素和市场机会的培育。不过，恰恰在后两个方面，政府可以操作的政策空间相对有限。尽管政府可以设立部分创业创新资金引导社会资本的投资方向，但是资本的属性仍然是逐利的，如果创业创新项目不能获得一定的预期收益率，资本是难以有效支持创业创新活动的。创业创新人才的培育，更不是一朝一夕的事情，需要通过教育和科研体制的深刻转变，历经相当长一段时期，才可能培育出足够的适应市场需要的创业创新人才。市场机会和市场风险主要取决于我国社会经济结构、经济发展水平和国际市场竞争能力，更不是短期政策调控就可以提供足够多的市场机会及有效降低风险的。

尽管我国仅仅通过政策环境的优化难以在短期内达到迅速推动创业创新活动的目的，但是毕竟还是会收到一定成效，更重要的是，这些鼓励创业创新政策的不断汇集和延续，在改变创业创新观念和社会氛围方面也会产生潜移默化的作用，对相关领域内的体制改革也会提出相应的需求，从而可能会对相关领域内体制改革起到积极推动的作用。从这些意义来说，着力优化政策环境，对于短期和长期的创业创新活动仍然会产生非常积极的影响。

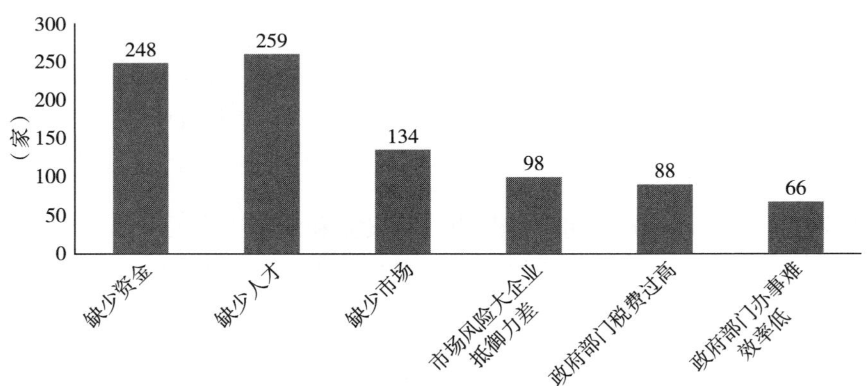

图3.3　中小企业在创业创新时遇到的主要困难

资料来源：中国社会科学院民营经济研究中心“优化创业创新政策环境促进中小企业发展调研数据库（2016）”。

3.5 优化“双创”政策环境对于促进中小企业发展的特殊重要性

3.5.1 优化“双创”政策环境的必要性

当前，优化“双创”政策环境对于促进中小企业的发展非常有必要。根据中国社会科学院民营经济研究中心“优化创业创新政策环境促进中小企业发展调研数据库（2016）”，432家中小企业关于“您认为改善‘双创’政策环境对中国的创业创新工作会有明显有利的影响吗?”问题的回答中，有99家认为作用很明显，245家认为有一定作用，认为作用不是很大或者没有作用的分别只有77家和11家。这表明“双创”政策环境的优化对中小企业创业创新活动还是非常有必要的。具体来说，这种必要性可以体现在以下几个方面。

一是优化“双创”政策环境对于鼓励通过创业创新活动设立更多的中小企业非常有必要。中小企业是最具有创新活力的经济主体，对于活跃经济和吸纳就业发挥着重要的作用，所以，促进中小企业的发展，提高市场上中小企业的数量与比重，对中国整体经济质量和经济活力的提升都具有重要的作用。优化“双创”政策环境，可以便利创业创新活动，降低创业创新成本和风险，使创办中小企业的门槛大幅降低，将能有效增加中小企业的创办数量，形成千军万马创市场的壮观景象，一方面活跃了经济，提高了人们的收入，另一方面也为未来准备了足够多的可能发展壮大成大规模企业的种子。

二是优化“双创”政策环境对于支持刚设立的中小企业成功完成创业创新活动非常有必要。虽然优化“双创”政策环境可以促使市场上设立和涌现更多的中小企业，但这只是万里长征第一步，如何保证这些初创的中小企业能够成功存活下去，并获得日益发展壮大的能力，则是更为关键的一步，而这也是需要通过优化“双创”政策环境所要解决的问题。初创的中小企业普遍抵抗能力差，实现盈利的期限相对较长，既需要社会各类投资基金的资金支持，也需要财政金融政策的扶持，更需要避免大型企业对其可能进行的各种或明或暗的打压，这些都需要在优化“双创”政策环境时所需要深入研究和考虑的重点，不能虎头蛇尾，只重开端，不重结尾，防止创立的中小企业过多过早死亡或消失。

三是优化“双创”政策环境对于发展到一定阶段的中小企业再创业和创新升级活动也非常有必要。优化“双创”政策环境不仅对于想要设立或者刚刚设立的中小企业至关重要，对于那些已经发展到一定阶段，想要开拓新的经营领域的再创业活动也非常重要。不仅如此，很多中小企业发展一定阶段，初步具有了科技创新投入的能力和意愿，也需要良好的“双创”政策环境做支撑。发展到一定阶段的中小企业的创业创新活动与大型企业不同，它们只是刚刚成长起来的具有初步规模的企业，除了活力之外在各方面还很脆弱，抗风险能力还很差，如果再创业或者创新升级失败，甚至可能直接导致该中小企业的破产消亡，所以，优化“双创”政策环境对于它们的再创业或者创新升级活动也非常有必要。

3.5.2 优化“双创”政策环境紧迫性

我国正处于经济增速换挡和经济结构调整的关键时期，创业创新活动对于促进经济结构调整具有特殊重要的活动，中小企业经营状况也需要通过创业创新活动提供改善的动力，所以，当前通过优化“双创”政策环境促进中小企业的发展还具有相当大的紧迫性。

一是通过促进中小企业的发展，来保持社会经济的平稳运行具有紧迫性。中小企业，虽然存在着抗风险能力差、破产消亡概率大的缺点，但作为一个整体仍是市场上最具有活力的经济主体。通过优化“双创”政策环境诱导更多中小企业的诞生，或者对刚诞生的中小企业予以细心呵护，再或者促进中小企业再创业或者创新升级，都会有助于增加社会就业，平衡收入分配，也有利于社会增加值总量的提高，对于保持社会经济平稳发展具有重要意义，而当前我国还正处于经济增速换挡和经济结构调整的敏感时期，促进中小企业发展更具有了紧迫性。

二是优化“双创”政策环境对于降低创业创新成本，减小中小企业经营压力也具有紧迫性。如上所言，中小企业作为个体，具有抗风险能力差，破产消亡概率大的特点，在我国连续几年的经济结构深度调整后，除了部分中小企业已经从市场上消失外，还有部分中小企业也正面临着很大的经营压力。优化“双创”政策环境，给予中小企业更多的财政金融优惠政策，将能有效降低破产消亡的可能性。同时，优化“双创”政策环境，还可以降低创业创新成本，鼓励中小企业尽快实现质的跨越，进一步增强自身抵御风险的能力和逆势发展的能力。

三是优化“双创”政策环境可以提高中小企业的存活率，增强全社会创业创新的信心和热情。优化“双创”政策环境促进中小企业发展不仅可以有助于宏观经济稳定和降低中小企业经营压力，也可以有效提高中小企业创业创新的存活率。很多人或者企业之所以对创业创新活动感到担忧甚至恐惧，就是怕创业创新失败及由此带来的惨重利益损失，而优化“双创”政策环境，为创业创新活动提供便利和帮助，将有利于降低中小企业失败的概率，这样就可以使全社会增强成功创业创新的信心，诱导更多人或者企业投入到创业创新活动中去。“大众创业，万众创新”已经成为中国当前时代的最强音，通过优化“双创”政策环境来增强全社会创业创新的信心具有较大的紧迫性。

四是利益集团对创业创新具有较强的阻碍作用，优化“双创”政策环境可以一定程度上消除利益集团的不利影响。既得利益者是改革的最大阻碍者，当前，我国部门利益、地方利益广泛存在，相关利益集团不愿意放弃自身的特权及由此带来的灰色收益，对某些创业创新活动持有逆反心理甚至是敌对心理，甚至千方百计地阻碍创业创新活动。因此，通过优化“双创”政策环境，对一切不利于创业创新活动的利益集团的阻碍行为予以限制或禁止，也具有较大的紧迫性。

执笔人：吕风勇（中国社会科学院财经战略研究院助理研究员）

第 4 章

优化“双创”金融政策环境，促进中小企业发展

- 引言
- “双创”与融资需求特殊性
- 金融创新新进展与“双创”
- 金融支持“双创”的经验及不足
- 优化“双创”金融环境的政策建议

4.1 引言

大众创业、万众创新，就是要通过结构性改革和体制机制创新，消除不利于创业创新发展的各种制度束缚和桎梏。中小微企业是创业创新的主力军，“改革开放以来，我国65%的发明专利、75%以上的技术创新、80%的新产品是由中小微企业完成的”①。但根据中国社会科学院民营经济研究中心“经济转型与中小企业发展问卷调研数据库（2014）”，2014年的被调研企业中，有高达53.90%的中小企业认为资金是制约其发展的核心因素（薛白，2014）；融资约束仍是“双创”企业面临的主要束缚和桎梏之一。

对“双创”及中小企业融资难的研究，大致可归为以下四种观点：一是银行市场结构论。大型银行在收集和处理公开信息上具有优势，而中小银行由于其地域性和专业性，更易通过长期接触获取企业各种非公开关联信息。在以大型银行为主导的金融体系中，非标准化信息在大型银行传递成本较高，使其倾向于向大型国有企业提供贷款，从而使“双创”及中小企业融资需求受到抑制；而且我国银行结构体系与企业结构中数量庞大的中小企业之间存在严重的不匹配关系（林毅夫等，2001）。二是规模歧视论。相比大型企业，“双创”及中小企业经营的波动性更大，加之银行与中小企业之间信息不对称程度相对更高，这使“双创”及中小企业通过间接融资获取贷款的难度相对偏大。三是所有制歧视论。“双创”及中小企业多属于非国有经济，基于风险控制和责任认定考虑，国有商业银行更愿意对国有企业提供贷款（袁淳等，2010）。四是外部环境缺陷论，信用环境差、信用支持体系发展不足是制约“双创”及中小企业融资的主要因素（袁增霆等，2010）。

然而，随着中国金融市场化改革加速和多层次金融市场的日渐完善，基于市场结构、企业规模和所有制的分析对“双创”企业融资困境的解释力在变弱。一方面，利率市场化加速推进使大中型银行纷纷将经营重心下沉，而互联网金融的发展和大数据的运用使银行能够获取更多的非标准化信息。另一方面，银行公司治理结构日益完善，信贷决策行为受行政化干预的影响在减弱，对“双创”及中小企业贷款决策行为多是建立在收益和风险平衡的基础上，即更看重于风险资本回报率的多寡、而非主要参考企业规模和所有制等情况。

---

① 张来明：《中小企业必须创新发展》，《光明日报》，2015年6月18日第2版。

大众创业、万众创新离不开金融的支持，消除不利于创业创新发展的融资约束，是金融改革的重要方向。在金融市场化改革的主基调下，金融市场创新层出不穷，这在一定程度上缓解了“双创”企业的融资约束；但是，信息不对称在“双创”企业融资活动中仍将持续存在的状况并未发生根本改变。如何破解“双创”企业融资难题，有效发挥政府力量对市场机制的补充作用，成为经济转型期亟须解决的重要议题。

4.2　“双创”与融资需求特殊性

为更好地考察“双创”企业的融资状况，课题组从“双创”企业融资渠道、融资成本、金融政策三个维度设置调查问卷，并最终形成“优化创业创新政策环境促进中小企业发展调研数据库（2016）问卷调研”的融资部分。其中，回收可使用问卷498份，涉及本章议题的有效问卷共计359份。本章余下部分如无说明，分析数据均源自中国社会科学院民营经济研究中心“优化创业创新政策环境促进中小企业发展调研数据库（2016）”。

4.2.1　融资渠道选择

“双创”企业经营发展过程中的资金积累可分为内源性融资和外源性融资两种方式。其中，仅通过企业自身积累和利润留存的内源式融资方式难以满足现代社会化生产活动，外源性融资已经成为企业规模扩张、竞争力培育的主要方式。

根据中国社会科学院民营经济研究中心“优化创业创新政策环境促进中小企业发展调研数据库（2016）”的数据（见表4.1），“双创”企业最常用的融资渠道是银行、亲朋借款、小额贷款公司及网络贷款公司等。在以间接融资为主导的金融环境下，银行仍是“双创”企业外源性融资的首选途径；调研数据显示，选择商业银行融资渠道的企业占比达到69.4%，选择政策性银行融资渠道的企业占比达到47.6%。由于部分企业难以通过银行贷款资质审查，亲朋借款、小额贷款公司及P2P等新型网络贷款公司成为“双创”企业融资的主要补充渠道，选择此两类渠道的被调研企业占比分别为27.3%和21.4%。此外，还有16.2%和10.9%的企业选择通过股票市场、风投进行融资。

从融资难易程度来看，对于“双创”企业，融资难度较大的渠道依次为政策性银行、商业银行、风投、债券，认为此类渠道融资难度大的被调研企业占比分别为37.0%、20.9%、18.9%和16.4%；融资难度较小的渠道依次为小额贷款公司、P2P等新型网络贷款公司、亲朋借款、地下钱庄，占比依次为29.5%、24.0%和16.4%。

表 4.1 “双创”企业融资渠道调查（%）

	最常用的三种渠道	融资难度较大的渠道	融资难度较小的渠道
政策性银行	47.6	37.0	9.7
商业银行	69.4	20.9	11.7
债券	2.5	16.4	8.6
信托	6.4	16.2	5.8
股市（含新三板）	16.2	15.0	4.2
基金、风投	10.9	18.9	9.5
小额贷款公司、P2P 等新型网络贷款公司	21.4	7.0	29.5
亲朋借款	27.3	10.3	24.0
地下钱庄	3.6	4.7	16.4

资料来源：中国社会科学院民营经济研究中心“优化创业创新政策环境促进中小企业发展调研数据库（2016）”。

4.2.2 融资成本分析

从融资成本角度来看，“双创”企业融资利率水平普遍高于基准利率，融资成本相对偏高。根据被调研企业对综合融资成本的反馈（见表 4.2），36.2% 的企业融资成本处于10% 以下，30.9% 的企业融资成本处于 11% ~15% 区间，而融资成本处于 16% ~20%、21% ~30% 及 30% 以上区间的企业占比分别为 14.2%、13.4% 和 5.3%。当前市场环境下，大型企业在融资过程中具有较强的议价能力，通过银行渠道的融资利率普遍在 10% 以下；相比而言，有高达 63.8% 的被调研企业融资成本处于 10% 以上，即融资成本显著高于大型企业。

相比 2014 年的调研结果，以“双创”企业为代表的中小企业融资成本有上升趋势，融资成本处于 10% 以上的中小企业占比由 2014 年的 56.0% 上升至 63.8%。在“三期叠加”的经济环境下，部分中小企业经营较为困难，抵御风险的在能力减弱，融资风险的溢价在提升，这使其需要支付相对更高的成本才能获得所需资金。

表 4.2 “双创”企业综合融资成本调查（%）

年份	10% 以下	11% ~15%	16% ~20%	21% ~30%	30% 以上
2014 年	44.0	38.0	10.0	7.0	1.0
2016 年	36.2	30.9	14.2	13.4	5.3

资料来源：中国社会科学院民营经济研究中心“经济转型与中小企业发展问卷调研数据库（2014）”和“优化创业创新政策环境促进中小企业发展调研数据库（2016）”。

分融资渠道来看，根据被调研企业对“各项融资渠道的融资成本”的反馈，政策性银行和商业银行融资成本较低，利率分别多在 4% ~6% 区间和 7% ~10% 区间；亲朋借款渠道次之，融资利率多在 10% ~15% 区间；而小额贷款公司、P2P 等新型网络贷款公司、地下钱庄融资成本较高，利率多在15%～25%甚至更高。

综合来看，银行是“双创”企业融资的首选渠道，虽然融资成本较亲朋借款、信托融资、网络融资、地下钱庄略低，但融资难度较大；债券和票据融资成本最低，但受其发行条件制约，较少有企业选择通过此方式进行融资；小贷公司、P2P等新型贷款方式虽然兴起时间较短，融资成本并不便宜，但凭借其低融资门槛和融资便利等优势，获得近三成的中小企业青睐，占比显著高于股票、债券等直接融资方式，“双创”企业融资行为呈现出新变化。

4.2.3 存在的问题

资本实力不足、融资难、融资贵是影响“双创”的第一个主要的拦路虎。“双创”企业融资难、融资贵问题的存在有其客观性。企业规模相对较小、存续期相对有限、完善的财务报表持续期偏短、可供担保抵押的资产相对缺乏、公司治理结构不尽完善、抵御外部冲击能力偏弱等因素的存在使其在以间接融资为主导的金融环境下难以通过银行以及附属于银行渠道的影子银行渠道获取资金支持。在信贷审核阶段，银行搜寻、甄别和处理企业财务及非财务信息需要花费相应人力物力；而在放款之后，银行仍面临较高的监督成本和执行成本（Beck和Torre，2006）。相对大型国有企业，银行与“双创”企业之间的信息不对称带来相对较多的交易费用。而且，信息不对称会引发逆向选择和道德风险问题，从而使部分“双创”企业即使愿意支付更高的风险溢价，但仍被排除在信贷市场之外（Stiglitz和Weiss，1981）。征信体系建设和征信机构发展有助于减少资金供给方和“双创”企业之间的信息不对称程度，增加企业资金可得性（Love和Mylenko，2003）；但在国内，担保手续繁琐、信用担保机构偏少、担保费用较高等因素仍然制约着“双创”企业借助担保机构获取贷款。

资本具有天然的逐利性，在企业生命周期不同阶段，主要融资渠道存在差异：在企业初创期，由于缺乏相应抵押、业务记录和经营信息的透明度，企业难以通过外源式融资获得资金支持，而是更多依赖于内部融资和利润留存；在企业成长期，随着抵押资产和商业信用的增加，企业可以通过风险资本、债券、商业银行及非银行金融机构融资获取资金；而在成熟期，企业直接融资比重上升，资金来源包括利润留存、银行融资、商业票据、公司债券、股票融资等多种方式（Berger和Udell，1998）。“双创”企业多处于初创期或成长期，与银行等资金供给方之间的信息不对称增加了资金流入的机会成本，降低了资金流入意愿；加快金融市场创新，降低资金市场信息不对称性，对“双创”企业融资环境改善显得尤为重要。

4.3 金融创新新进展与“双创”

为更好地服务于大众创业、万众创新，金融机构“双创”金融服务出现了一系列新的变化，除新型融资方式逐渐被企业认可并采用外，包括银行渠道在内的传统融资渠道也不断创新，对“双创”企业融资约束的缓解起到了积极作用。

4.3.1 银行融资服务创新与“双创”

为满足“双创”企业融资需求，银行业金融机构依据“双创”企业特性，成立专营机构和专业团队，推出专属产品、制订专业流程，以创新专属产品满足“双创”企业的金融需求，并通过专业化经营、批量作业降低“双创”企业信贷业务的成本，缓解“双创”企业贷款作业量大和单位成本高的矛盾。具体来看，银行对“双创”企业的金融服务创新突出表现在以下几个方面：

第一，银行纷纷设立为“双创”企业融资服务的专营性机构（如科技支行、小企业事业部、小企业信贷中心等），加大对科技创新和中小企业的融资支持。例如，中国农业银行绵阳高新科技支行自成立至今已为200余家科技型企业提供金融服务，累计发放贷款8.1亿元。借鉴国际比较成熟的科技企业金融服务模式（以美国的硅谷银行为代表），银行在设立科技支行等专营性机构的同时，建立科技信贷风险分担机制，除针对创新企业提供信贷资产外，还提供成长培育、行业指引、人才引进、平台打造、投资增值等特色服务。

第二，银行积极研发适合“双创”企业属性的金融产品及服务。例如，针对“双创”企业抵押物不足的问题，银行将关注的重点集中于企业技术实力、技术产业化水平和企业成长性等方面，通过风险准备金、无形资产质押等方式，扩大授信支持覆盖范围，从而有效解决高新科技企业轻资产、融资难的困局。再如，部分银行针对科技企业特点，建立了科技支行专属的产品体系，研发了知识产权质押贷款、非上市公司股权质押贷款、股东担保贷款等系列产品，满足创新企业差异化金融需求。

第三，银行主动增加“双创”企业金融服务能力，提升金融服务效率。信贷审核方面，在强化收益覆盖风险的前提下，改变过去单纯依赖企业规模和财务指标进行信贷审核的模式，转变为依据财务指标与非财务信息综合判别。信贷审批方面，简化信贷审批流程，建立专职审批模式，提高审批效率。例如，中国银行对科技企业采用绿色通道操作模式，采取标准简化申报材料及专门审批通道，单笔业务原则上3个工作日内即可完成审批。服务渠道方面，除传统物理渠道外，银行还积极通过互联网渠道对“双创”企业提供融资服务，如科技型企业可在线申请科技贷款，银行可后台系统7×24小时受理企业融资申请，并实时反馈融资申请进度。

第四，银行加大与政府、协会等机构的合作，提升“双创”企业信用，降低信息不对称性。一方面，银行努力寻求与政府共同建立科技信贷风险分担机制，实现风险共担。如中国建设银行广东省分行联合省科技厅共同发起成立“Fit粤”科技金融联盟，为科技企业提供从孵化、育成到蜕变过程中资金融通与人才培养等全流程金融服务。另一方面，银行通过与行业协会、企业同盟等的合作，由行业协会、企业同盟向银行推荐经过筛选后的优质创业创新企业，并提供信用担保，增加“双创”企业的信贷资金获取能力。

4.3.2　直接融资服务创新与“双创”

除银行业金融机构金融创新外，股权市场、股票市场、债券市场上金融创新也较为活跃，对“双创”企业融资约束起到了部分缓解作用。

(1) 股权市场融资

天使投资、VC、PE等股权投资是“双创”企业初创期最主要的直接融资方式。在国家创业创新政策支持和股权投资成功退出案例的带动下，股权投资市场迎来高速发展期。

以天使基金为例，根据私募通数据库统计，2015年中国天使投资市场共新募集完成基金124支，金额203.6亿元，分别较2014年增长218.0%和209.9%；从投资方面来看，2015年天使投资案例共2075起，同比增长170.9%，披露金额101.9亿元，同比增长214.9%；从行业分布方面来看（见表4.3），互联网、电信及增长服务、IT、金融是天使投资的主要行业，其中互联网行业天使投资数量及金额均占到全行的一半之多；从退出方面来看，新三板挂牌成为天使投资退出的主要方式，全年共发生6笔IPO退出及43笔新三板挂牌退出。

具体来看，当前股权投资市场呈现出以下特征：第一，股权投资与创新孵化相结合，为初创企业提供“金融+实业”综合服务。以中关村为例，作为国家首个自主创新示范区，现有联想之星、创新工场、微软家属器等各类孵化器130多家，除提供资金支持外，还提供厂房出租、协助招聘、后续融资等增值服务。第二，投资门槛显著降低，投资规模小型化。2014年，中国天使投资机构平均单笔投资金额为68.7万美元，较2013年同比下降42.3%。这表明，以天使投资为代表的股权投资机构投资行为日益成熟，更加关注创业创新企业成长性与风险性间的平衡。此外，股权投资企业投资主体还呈现多元化等趋势。

表 4.3　2015 年天使投资市场投资分布（前十大行业）

行业	投资数量（起）	比重（%）	行业	投资金额（亿元）	比重（%）
互联网	1030	52.2	互联网	51.0	50.1
电信及增值业务	327	16.6	电信及增值业务	13.1	12.9
IT	181	9.2	IT	9.2	9.0
金融	110	5.6	金融	7.5	7.4
娱乐传媒	61	3.1	生物医疗	3.6	3.6
生物医疗	47	2.4	机械制造	2.3	2.3
机械制造	32	1.6	物流	1.9	1.8
批发零售	25	1.3	娱乐传媒	1.7	1.7
电子及光电设备	21	1.1	房地产	1.6	1.5
物流	18	0.9	汽车	1.4	1.4

资料来源：私募通数据库（http：//www.pedata.cn）。

（2）股票市场融资

当前我国多层次资本市场体系逐渐完善，包括场内市场的中小板、创业板和场外市场的全国中小企业股份转让系统（即新三板）、区域性股权交易市场、证券公司主导的柜台市场共同对“双创”企业融资服务提供多元化服务。

在场内市场方面，截止至 2015 年底，中小企业板、创业板累计融资规模分别达到 1.4 万亿和 0.3 万亿，改善了中小企业尤其是创新型企业的融资环境，为股权投资机构提供了有效的退出渠道。

在新三板方面，2015 年，新三板挂牌企业数量达 5129 家；年度融资规模达 1216.17 亿元，超过创业板。新三板已经形成了以科技型中小企业为主体的市场，有效改善了创业创新环境。一方面，新三板的快速发展持续为创业创新企业提供融资支持，有的挂牌企业自挂牌起自今已实现了多轮融资；另一方面，新三板为科技人才等创新要素的流动提供了平台，多家挂牌公司通过实施股权激励，吸引创业创新人才加盟；通过重大资产重组与收购兼并，拓展并完善企业产业链条，实现企业竞争能力的提升。

此外，区域性股权交易市场方面，各交易中心根据区域“双创”等中小企业发展特点和融资需求，呈现出多种服务模式。

（3）债券市场融资

为促进“双创”企业融资，国家发改委制定了《双创孵化专项债券发行指引》，优化双创孵化专项债券品种方案设计，积极开展债券品种创新，对于具有稳定偿债资金来源的双创孵化项目，可按照“融资—投资建设—回收资金封闭运行”的模式，发行项目收益债券；项目回收期较长的，支持发行可续期或超长期债券；同时，支持符合条件的创业投资企业、股权投资企业、双创孵化投资基金发行双创孵化债券，专项用于投资双创孵化项目；支持符合条件的双创孵化投资基金的股东或有限合伙人发行双创孵化专项债券，扩大双创孵化投资基金资本规模。

2016年，全国首批创业创新企业公司债券在上海证券交易所开闸发行，募集资金主要用于技术创新、产品研发以及开拓新业务市场等领域，开创了创业创新企业通过债券市场实现融资的先河。双创孵化专项债券与近几年陆续推出的中小企业集合债、中小企业集合票据、中小企业私募债、小微企业专项金融债等工具，持续为“双创”企业通过债券市场融资提供资金支持。

4.3.3 新型融资服务创新与“双创”

随着政府对创业创新支持力度加大和互联网金融的兴起，“双创”企业融资服务出现一些新的模式。国务院下发的《关于加快构建大众创业万众创新支撑平台的指导意见》明确提出，要积极开展实物众筹、稳步推进股权众筹、规范发展网络借贷，拓展创业创新融资。

（1）股权众筹融资

股权众筹，即私募股权互联网化，融资者通过互联网以非公开发行方式进行股权融资互动。相比传统融资方式，股权众筹借助于互联网平台能够较快使资金需求方和供给方实现对接，融资成本高，筹资速度快，受到“双创”企业的青睐。作为传统股权融资方式的有益补充，“双创”企业可以通过股权众筹融资方式募集早期股本，有利于缓解企业初创期的融资困局。

当前，中国股权众筹平台迎来爆发式发展，京东、阿里、360等行业巨头纷纷布局股权众筹。根据私募通数据库，2015年底，中国股权众筹平台成功众筹项目达2338个，众筹金额接近百亿。以目前国内规模最大的股权众筹网站天使汇为例，融资项目涵盖社交网络、企业服务、游戏、电商及O2O、教育、健康等门类；已获得融资的项目，融资额度大多集中在100万元~500万元人民币之间，平均获得融资时间为1个月。

（2）网络贷款融资

当前，银行、P2P、网络小额贷款贷等网络贷款模式逐渐被“双创”企业所认可。“双创”企业由于贷款金额低、贷款次数频繁、信用程度低等特征难以通过传统金融模式解决其融资约束，而互联网与贷款业务的融合，实现了信用采集精细化、贷款发放批量化。

当前，网络贷款平台通过为投融资双方提供借贷信息交互、撮合、资信评估等服务，部分缓解了信息不对称等问题。例如，首批民营银行网商银行联合蚂蚁金服开发“创业贷”产品，推出“千县万亿”计划，希望在3~5年时间里在全国1000个县助推和完善“互联网+”商业、公共服务和创业金融的平台，通过蚂蚁金服的大数据、技术能力和各地基层政府大数据相结合，撬动万亿社会信贷资源共同参与县域升级，助推城乡均衡发展。微众银行也创设“微粒贷”等产品加大对创业创新企业的资金支持，截至2016年5月，累计发放贷款逾400亿元，主动授信客户3000万，现日均放贷规模在5亿元左右。此外，P2P、小额贷款公司网络贷款业务也正在加速发展；例如，截至2016年5月，P2P网贷行业贷款规模突破2万亿，较2015年10月规模突破1万亿仅历时7个月。

4.4 金融支持“双创”的经验及不足

4.4.1 金融支持“双创”的国际经验

程实等（2015）通过对发达国家创业创新金融体系的研究，将金融支持创业创新归纳成三种模式。

第一，以美国为代表的多元化创业金融体系。政策性金融机构方面，如美国联邦中小企业管理局（SBA）依据贷款规模为高科技中小企业银行贷款提供高比例担保，小企业投资公司计划（SBICs）帮助难以从银行和其他私人资本获取资金的种子期和初创期小企业获取权益资本和长期贷款。天使投资和风险资本方面，美国现已形成多元化的资金来源渠道和资金退出方式，来自于金融机构、实业、养老金、基金会、境外资本等的资金，通过股权投资具备高增长潜力的中小企业，促进企业成长，并通过资本市场转让等方式实现资本回报。资本市场方面，以NASDAQ为代表，美国现已形成较为成熟的中小企业融资服务的场内场外股权渠道。银行方面，以硅谷银行为代表的部分银行将企业服务重心由大中型成熟企业转向处于初创期的科技企业。

第二，以德国为代表的银行主导的金融服务体系。除作为银行支持创业创新的补充外，政府性金融机构、风险投资机构等多是以银行为主体为创业创新提供金融支持（Bascha和Walz，2001）。政策性金融机构方面，德国复兴信贷银行作为企业提供长期投资贷款为主业的政策性银行，不直接而是通过商业银行以转贷的方式为创业创新企业提供资金支持，由银行对贷款中小企业进行信贷审查等风险管理。再如，德国各州均成立服务于小企业的担保银行，为小企业银行贷款提供担保。风险投资方面，由政府、银行、保险等金融机构共同出资成立风险投资工作，为科技类小企业提供资金支持。

第三，以日本、以色列为代表的政府引导的金融服务体系。在商业银行支持创业创新意愿不足、资本市场不够发达的金融环境下，政府作为市场的补充，主动承担起创业创新金融支持功能。以日本为例，日本建立了较为完善的中小企业融资担保体系，其主要由信用保证协会和信用保证公库两部分构成。信用保证协会作为为中小企业提供公共信用担保的政策性金融机构，资金由地方政府预算拨款、金融机构捐款和中央及地方贷款共同构成。信用保证协会以其自身的存款作为担保，要求金融机构对缺乏合适抵押物的中小企业以略低的利率提供贷款支持。而信用保证公库由日本政府全额出资对信用保证协会进行再保险，分散信用保证协会担保风险。再如，以色列成立国有独资的YOZMA基金公司，以扶持高科技企业为主要目标，在促进创业创新企业发展中发挥了重要的引导作用。

4.4.2 我国金融支持“双创”面临的问题及不足

为推进大众创业、万众创新，政府在支持“双创”企业融资方面进行了有益的尝试。如国务院在《关于大力推进大众创业万众创新若干政策措施的意见》中提出，要通过建立和完善创业投资引导机制、拓宽创业投资资金供给渠道、发展国有资本创业投资、推动创业投资“引进来”与“走出去”等搞活金融市场，努力培育并形成小企业“铺天盖地”、大企业“顶天立地”的发展格局。同时，各地政府也纷纷通过创业服务平台、设立“双创基金”等多种方式，鼓励、扶持“双创”企业成长。

但需要注意的是，虽然政府在融资环境方面持续为“双创”松绑，但现有金融体系尚难以满足“双创”企业的融资需求。银行融资渠道方面，虽然经营重心的下沉增加了“双创”企业可贷资金规模，且银行通过设立专营机构、研发新产品等方式提高了“双创”企业的资金可得性，但商业银行作为经营风险的金融企业，客户筛选时必须平衡安全性、流动性、收益性三者间的关系，即倾向于选择财务状况良好、公司治理结构完善、信用等级优良、还款能力较强的企业，这使得不能满足良好预期且难以消除信息不对称的“双创”企业仍难以获取信贷支持。债券、股票等融资渠道方面，市场容量偏小限制了中小企业融资约束的缓解。当前中小企业类债券存量不足千家，通过交易所上市的中小板和创业板公司仅千余家，新三板挂牌企业数量达到7000多家，但这相对于超过5000万家的中小企业总量显得微不足道。而且，中小企业债券存在多头管理的问题，发行成本和制度成本的存在相应也制约着大部分中小企业通过该渠道融资。新型中小企业融资渠道方面，股权众筹、网络贷款模式尚未成熟，风险管理能力较传统金融机构仍相对偏弱，在一定时期内仍仅是传统融资渠道的补充。

因此，在完善多层次融资渠道的同时，在融资渠道有限、融资难度较大、融资成本偏高市场环境下，更需政府下功夫解决“双创”企业的融资约束问题。根据“双创政策环境与中小企业发展问卷调研数据库”，被调研企业期待政府通过为创新项目提供低息贷款或贷款贴息、建立企业信用担保机构风险补偿机制、完善多层次金融市场融资渠道等方式，为“双创”企业融资提供良好的金融支持环境。

表4.4　政府支持“双创”企业的金融政策效果调查（%）

选项	比重
为创新项目提供低息贷款或贷款贴息	39.1
建立企业信用担保机构风险补偿机制	19.3
完善多层次金融市场融资渠道	23.6
建立开放式创新（创业）风险投资基金	12.2
其他	5.7

资料来源：中国社会科学院民营经济研究中心“优化创业创新政策环境促进中小企业发展调研数据库（2016）”。

4.5 优化“双创”金融环境的政策建议

金融市场化改革深化对缓解“双创”企业融资约束起到了有力的推动作用，但却难以从根本上解决“双创”企业融资过程中的信息不对称等问题。在市场失灵背景下，健全的制度环境和完善的政府支持更有助于“双创”企业融资难、融资贵问题的缓解。

4.5.1 构建金融创新与风险分担机制

建立良好的风险分担机制，促使政府、国有企业、社会资本形成合力，是优化“双创”金融环境的首要任务，主要有以下三点。

第一，建立和完善“双创”投资的政府引导机制。一方面，鼓励各地方政府建立和完善创业投资引导基金，促进国家新兴产业创业投资引导基金、科技型中小企业创业投资引导基金、国家科技成果转化引导基金、国家中小企业发展基金等协同联动，引导金融机构、社会资金共同为“双创”企业融资提供资金支持。另一方面，加快设立国家新兴产业创业投资引导基金和国家中小企业发展基金，逐步建立支持创业创新和新兴产业发展的市场化长效运行机制；发展联合投资等新模式，探索建立政府基金、银行、社会资本等资金供给方之间的风险分担机制，实现风险与收益相匹配。

第二，发展国有资本创业投资。研究制定鼓励国有资本参与创业投资的系统性政策措施，完善国有创业投资机构激励约束机制、监督管理机制。同时，引导和鼓励中央企业和其他国有企业参与新兴产业创业投资基金、设立国有资本创业投资基金等，充分发挥国有资本在创业创新中的作用。

第三，引导社会资本参与创业创新投资。除推动商业银行、商业保险资金在依法合规、风险隔离的前提下，与创业投资机构建立市场化长期性合作外，引导社会资金支持大众创业、万众创业，扩大社会资本参与新兴产业创投计划参股基金规模，做大直接融资平台，引导社会资金更多向创业企业起步成长的前端延伸。

4.5.2 加快多层级融资渠道建设

加快多层级融资渠道建设，促进银行、股票、债券、互联网金融等渠道共同为“双创”企业融资提供支持。

第一，创新银行支持方式。鼓励银行提高对“双创”企业的金融服务专业化水平，不断创新组织架构、管理方式和金融产品；推动银行与其他金融机构的合作，对创业创新活动给予有针对性的股权和债权融资支持。同时，鼓励银行业金融机构向创业企业提供结算、融资、理财、咨询等一站式系统化的金融服务。

第二，优化资本市场。股票市场方面，积极研究尚未盈利的互联网和高新技术企业到创业板发行上市制度，加快推进全国中小企业股份转让系统向创业板转板试点，推动在上海证券交易所建立战略新兴产业板。股权市场方面，研究解决特殊股权结构类创业企业在境内上市的制度性障碍，完善资本市场规则。规范发展服务于中小微企业的区域性股权市场，推动建立工商登记部门与区域性股权市场的股权登记对接机制，支持股权质押融资。债券市场方面，支持符合条件的创业企业发行票据融资，支持符合条件的发行主体发行小微企业增信集合债等企业债券创新品种，鼓励创业企业通过债券市场筹集资金。

第三，丰富创业融资新模式。一方面，支持互联网金融发展，引导和鼓励众筹融资平台、网络贷款平台的规范发展，开展公开、小额股权众筹融资试点，加强风险控制和规范管理。另一方面，完善知识产权估值、质押和流转体系，依法合规推动知识产权质押融资、专利许可费收益权证券化、专利保险等服务常态化、规模化发展，支持知识产权金融发展。

4.5.3 加强金融基础设施建设

金融基础设施建设是“双创”企业融资的制度保障。当前，重点是要加快以下金融体系建设：

第一，建立多层次融资担保体系，完善担保机构损失补偿机制和再保险机制。除由国家、省、市三级中小企业政府担保机构外，加快以中小企业为服务对象的互助担保机构和商业担保机构建设，推动政策性担保公司和商业性担保公司的差异化金融服务，完善政策性担保公司的融资补偿机制，推动再担保业务开展。

第二，加强信息化建设，完善“双创”企业信用评级机制。完善的信息网络有助于提高中小企业经营信息透明度，降低企业融资过程中的信息不对称。一方面，中央政府应完善信用建设考核制度，引导各地各部门开展信用体系建设工作，提高“双创”企业征信数据平台的覆盖率和平台之间的信息互通与共享。另一方面，积极推动互联网征信发展，健全征信服务体系建设，鼓励信用评级企业发展，构建大中小型网布式服务体系，为企业不同成长阶段提供多样化征信服务。同时，还要加快建立创业企业、天使投资、创业投资统计指标体系，规范统计口径和调查方法，加强监测和分析，增强创业创新信息透明度。

第三，政府还应加强创业投资立法，完善促进天使投资的政策法规；按照税制改革方向和要求，对包括天使投资在内的投向种子期、初创期等创新活动的投资，统筹研究相关税收支持政策；对银行等金融机构的“双创”企业融资服务和融资创新给予鼓励、对融资过程中存在的差异化门槛进行限制，在管控风险的前提下促进中小企业融资便利化和融资成本下降推进创业投资行业协会建设，加强行业自律等。

执笔人：薛白（中信银行总行高级经济师）

参考文献

[1] 程实，罗宁．金融与创业创新国家战略．金融论坛，2015（7）

[2] 郭娜．政府？市场？谁更有效——中小企业融资难解决机制有效性研究．金融研究，2013（3）

[3] 林毅夫，李永军．中小金融机构发展与中小企业融资．经济研究，2001（1）

[4] 沈泽洋．大众创业、万众创新的制约因素与对策——基于中小微企业发展状况分析．经济研究参考，2015（65）

[5] 袁淳，荆新，廖冠民．国有公司的信贷优惠：信贷干预还是隐性担保？——基于信用贷款的实证检验．会计研究，2010（8）

[6] 袁增霆，蔡真，王旭祥．中国小企业融资难问题的成因及对策——基于省级区域调查问卷的分析．经济学家，2010（8）

[7] 薛白．经济转型：金融市场创新与中小企业发展．载于李子彬、刘迎秋主编《中国中小企业2014蓝皮书——经济转型与中小企业发展》．北京：中国发展出版社，2014

[8] 张军扩，张永伟．让双创成为发展新动能．经济日报，2016年2月25日

[9] BaschaA.，WalzU.，Financing Practices in the German Venture Capital Industry：An Empirical Assessment，University of Tubingen Working Paper，2001.

[10] Beck T.，De La Torre A.，The basic analytics of access to financial services. World Bank Policy Research Working Paper，No. 4026，2006.

[11] Berger A. N.，Udell G. F.，The economics of small business finance：the role of private equity and debt markets in the financial growth cycle，Journal of Banking & Finance，1998（22），pp. 613 –673.

[12] Love I.，Mlenko N.，Credit reporting and financing Constrains，World Bank Policy Research，Working Paper，No. 3142，2003.

[13] Stiglitz J. E.，Weiss A. Credit rationing in market with imperfect information，American Economic Review，1981（73），pp. 393 –410.

第5章

优化“双创”财政政策环境，促进中小企业发展

- 引言与文献综述
- 财政支持政策的实施现状
- “双创”财政支持政策的实施效果
- “双创”财政政策环境优化的对策建议

5.1 引言与文献综述

5.1.1 引言

我国经济在经历了30余年的高速增长后，由于受到来自外部和内部双重压力而日益呈现出可持续快速增长乏力的势头，经济增长开始步入新常态。靠要素投入驱动经济增长的发展方式已是不可持续的，只能依靠生产要素的质量改善，通过激发全社会的创新潜能和创业活力才能推动经济结构调整，为经济发展找到新的引擎，而创业创新的重要载体就是中小企业。从20世纪80年代起，中小企业就已经成为经济增长、新增就业和技术创新的重要力量，并逐渐在经济社会中成为支柱性力量，发挥着大企业难以取代的作用，其兴衰关乎一国经济活力的强弱。因此，支持中小企业发展具有全局和战略性重要意义。由于财政政策能直接体现政府的意图，通过政策的微观化，能引导和调节微观经济主体的经济行为，因此，西方一些国家为适应现代社会经济发展的态势，都加大了财政对中小企业的支持力度，许多国家建立了一个较系统、较完善的促进中小企业发展的财政支持政策体系。众多的中小企业调查结果显示，中小企业发展最大的障碍是资金问题。近年来，我国面临着宏观经济下行的压力，中小企业资金短期问题就更为严重：一方面中小企业自有资金缺口扩大，应收账款幅度加大；另一方面，企业间互相拖欠账款和借贷现象日趋严重，有些中小企业，尤其是小微企业资金链断裂而陷入破产倒闭的困境。无论是创新还是创业，都需要经营者投入一定量的资金去研发新工艺、新产品，去经营新的商业模式。资金匮乏，生存尚且不易，何来能力创新、创业？何来企业转型升级？资金的缺乏提高了个人和中小企业的创业、创新门槛，因此政府的税收优惠、财政补贴、政府采购、财政专项基金等财政支持政策对中小企业和个人的双创就具有极其重要的意义。自2015年以来，中央及各部委对从事“双创”活动的中小企业和个人密集出台了多项财政税收政策，仅国务院层面发文就达20余个，文件数量之多、密度之高前所未有，政策力度空前，让有志于创业和正在创业大潮中冲浪的人们心潮澎湃，中国初创企业数量每年以将近100%的速度增长。这些从国家层面出台的“双创”政策，从资金链、创业创新链、产业链、就业链四个维度构建起了普惠性的政策扶持体系，将中国推进“创时代”。在支持政策中，财税政策无疑占有重要地位。已颁布实施的财税政策实施效果如何？施行中产生了哪些问题？这些都亟须梳理和审视。

5. 1. 2 文献综述

财政政策是中小企业“双创”活动的重要支持力量。2015 年以来，在国务院促进中小企业发展工作领导小组的推动下，各地政府针对本地中小企业发展情况纷纷出台形式多样的财政支持政策，如对中小企业进行税收优惠，对小微企业提高征税标准，减免 42 项行政事业性收费等措施。

（1） 国外的研究与实践

财政支持中小企业创业创新活动历史悠久。历史溯源，西方国家对中小企业的态度经历了自由放任、保护和促进三个阶段。TaminBayouni 和 David T. Coe （1998） 运用多国模型分析了财政政策对内生化技术创新的影响，认为财政政策对中小企业的研发、创新、技术改造及经济增长起着十分重要的作用。安沃 · 沙赫使用加拿大数据对税收的创新鼓励作用进行了实证分析，发现研究与开发税收抵免措施对研究与开发投资有着重大的积极的影响：国库每放弃 1 美元的收入，就可以换回价值 1. 80 美元的追回研究与开发投资。这个结果的启发是，一项设计合理的税收激励措施可以有效地推动公共政策目标的实现。Gordon 和 Slemord （1998） 研究了税率与企业家创新投资之间的关系，发现降低公司所得税税率能够较显著地激励企业家进行创新风险投资。Pootctal （2003） 对荷兰的企业研发活动进行了大量的实证研究，发现每欧元的税收减免能够在短期内平均带动超过 1. 01 ~ 1. 02 欧元的研发支出。Russ （2004） 运用成本一收益的方法来分析内源性创新和劳动力供应之间的关系，结果表明所得税税收减免可以明显刺激企业的创新活动，创新活动具有外溢效应，进而促进社会的技术进步。

学术界的研究成果坚定了各国政府对中小企业进行财政激励的信心。为帮助中小企业发展，减轻其税负，各国采取了一系列的措施，如降低税率、税收减免、提高税收起征点和提高固定资产折旧率等。为保证政策的稳定性、持续性，各国还辅以法律法规为中小企业发展保驾护航。如 1981 年美国国会通过了《经济复兴法》，将与中小企业密切相关的个人所得税降低了 25% ，资本收益税下调到 20% 。1997 年，美国又颁布了《纳税人税收减免法》，规定小企业在今后 10 年中将会得到数十亿美元的税收减免。法国政府规定创业的个人可享受免缴个税政策，中小企业的财产继承税可缓缴 5 至 10 年。朱佩政府时期，政府颁布《振兴中小企业计划》，把中小企业利润税税率从 33. 33% 降至 19% ，对中小企业的注册税、公司税也相应下调。为鼓励创业创新，这些国家还对企业的研发和个人的创业进行财政补贴，形式多种多样，有直接补贴、减税优惠、研发专项基金、科技援助基金等。英国、德国、日本等其他发达国家也都采取了类似的财政支持政策。

（2） 国内学者的研究

国内也有许多学者对财政政策与中小企业创新、个人创业的关系从理论和实证两个角度进行了分析。如朱平芳、徐伟民（2003） 发现政府的科技拨款资助和税收减免促进了企业的研发投资。杨志安 （2004） 以韩国税收政策为研究对象，剖析了税收政策对创新的促进作用，并结合中国国情为我国科技创新的税收政策提出了政策建议。丁学东（2007）带领科研团队对我国政府的科技投入政策、支持创新的采购政策、科技创新的税收支持以及支持创新的金融政策进行了详尽归纳和梳理，为政策改进完善提供了数据支撑。匡小平（2007）以美国、法国、日本、澳大利亚、韩国等有代表性的创新型国家为代表，从财政收入与支出两个方面解析了政府财政政策的作用。曹雪琴（2007）放眼亚太地区，对区域内发达国家的风险投资激励模式进行了研究，肯定了政府扶持风险投资对创新体系的激励作用。李大明（2006）、赵弘（2007）用市场失灵理论解析税收政策支持企业科技创新的必要性，并论证了政府采购政策对中小企业创新水平的影响。安同良等（2009）对多地的财政政策进行研究后发现财政补贴是政府激励企业自主创新的最关键政策手段。林洲钰、林汉川（2012）利用我国制造业中小企业专利数据分析了企业自主创新与中小企业成长之间的关系，发现政府的生产性补贴的政策工具对我国中小企业自主创新具有积极效果。

财政政策应该怎样支持企业的自主创新和创业？学者们各抒己见。王飞绒，池仁勇（2005）认为经济目标不同，应该培育具有阶段性特征的创业环境：一个以促进经济增长、促进就业为目标的社会应从改善要素供给的数量入手，如提供税收优惠、贴息贷款，通过风险资本及专项基金向创业者提供创业资本，或为其筹集创业资本等方式鼓励创业；一个以促进个人全面发展为目标的社会应该从培育相对完善的创业环境入手，考虑创业者的各种需要，形成以创业者为主的创业支撑体系。美蓉等（2012）认为针对大学生创业的财政扶持政策落实不到位、宣传不到位以及政府角色缺位、错位是影响大学生创业的重要因素，这是政策需要改进的方向。王惠（2014）基于浙江大学生的创业调查数据，提出当前的创业扶持政策对大学生创业产生了巨大的影响。她进一步指出，以税费减免为核心内容的财政扶持政策并不利于大学生的创业以及创业企业生存。

5.2 财政支持政策的实施现状

自李克强总理在2015年的《政府工作报告》中首次将“大众创业、万众创新”上升到国家经济发展新引擎的战略高度后，中央及各地方政府财政已经综合运用税收优惠、财政奖补、创投基金、政府采购等手段形成了有力有效的政策组合。下文从资金链、创业创新链、产业链、就业链等四个维度分析财政扶持政策。

5.2.1 资金链维度

发挥财政政策对“双创”活动的资金链效应是最直接的政策目标，它将能够迅速提高从事创业创新活动者的财务能力。

一是优化财税政策，疏通中小微企业融资渠道。据不完全统计，2014年以来国务院、部委及地方政府共颁布了94项有余的财税政策，用于推动中小企业创新和创业。《国务院关于扶持小型微型企业健康发展的意见》（国发〔2014〕52号）、《国务院关于印发推进普惠金融发展规划（2016—2020年）的通知》（国发〔2015〕74号）、《商务部办公厅关于进一步引导和支持典当行做好中小微企业融资服务的通知》（商办流通函〔2015〕6号）、《中国银监会关于进一步落实小微企业金融服务监管政策的通知》（银监发〔2015〕38号）、《工业和信息化部关于做好推动大众创业万众创新工作的通知》（工信部企业〔2015〕167号）、《国务院关于大力推进大众创业万众创新若干政策措施的意见》、（国发〔2015〕32号）等文件的密集出台，为中小、微企业的融资难问题开了“诊治药方”。具体主要有以下几方面的措施：第一，大力发展政府支持的担保机构，引导担保、金融机构和外贸综合服务企业等为小型微型企业提供融资服务；第二，在加强监管的前提下推进民营中小银行发展，用以支持小微企业、农民、城镇低收入人群、贫困人群和残疾人、老年人的金融服务；第三，发挥典当行解决中小微企业融资难问题的作用；第四，要求商业银行、农村合作金融机构要按照小微企业贷款增速不低于各项贷款平均增速的目标，单列全年小微企业信贷计划，确保对小微企业的信贷投放倾斜。并落实小微企业流动资金贷款的无还本续贷政策，严格限制对小微企业及其增信机构收取财务顾问费、咨询费等费用。

二是实施税费减免，缓解资金紧张局面。自2015年以来，虽然财政收支矛盾较为突出，但针对中小微企业的税费减免力度却仍然在加大。2015年1月1日起，小型微利企业所得税减半，由年应纳税所得额10万元以内提高到20万元，同时继续执行小微企业增值税、营业税起征点由月销售额2万元提高到3万元的政策，约2700万户小微企业受益。2015年10月1日起，享受减半征收企业所得税优惠政策的中小微企业范围继续扩大，由年应纳税所得额20万元以内提高到30万元，几乎惠及所有小微企业。此外，为引导市场形成政策预期，政府还延长了增值税和营业税免税优惠期限，至2017年底，预计可以实现减税规模超过1000亿元。政府对小微企业还实现了普惠性的降费政策，对小微企业免征组织机构代码证书费等42项行政事业性收费和5项政府性基金，每年可减轻小微企业负担100多亿元。

三是建立中小企业专项扶持基金。文件鼓励符合条件的创业投资企业、股权投资企业、产业投资基金发行企业债券，专项用于投资小微企业；支持符合条件的创业投资企业、股权投资企业、产业投资基金的股东或有限合伙人发行企业债券，扩大创业投资企业、股权投资企业、产业投资基金资本规模。鼓励有条件的地区加快建立中小企业发展基金，引导创业投资、风险投资更多地向创业创新企业投资，满足创业初期、早中期创新型企业融资需求。鼓励发展投贷联动、知识产权质押等融资新模式，支持互联网金融机构、股权众筹融资平台规范发展，不断增强对创业创新企业的融资支持。

5. 2. 2 创业创新链维度

财政政策还具有明显的杠杆作用，通过少数财政资金可以撬动数倍于己的市场资本流向“双创”领域。

一是鼓励各级政府设立的创业投资引导基金积极支持小型微型企业。积极引导创业投资基金、天使基金、种子基金投资小型微型企业。符合条件的小型微型企业可按规定享受小额担保贷款扶持政策。

二是加大中小企业专项资金对小企业创业基地（微型企业孵化园、科技孵化器、商贸企业集聚区等）建设的支持力度。

三是通过中小企业发展专项资金，运用阶段参股、风险补助和投资保障等方式，投资初创期的科技型中小企业（战略性新兴产业和高技术产业是重点）。

四是发挥国家科技成果转化引导基金作用，综合运用设立创业投资子基金、贷款风险补偿、绩效奖励等方式，促进科技成果转移转化。

五是发挥财政资金杠杆作用，通过市场机制引导社会资金和金融资本支持创业活动。发挥财税政策作用支持天使投资、创业投资发展，培育发展天使投资群体，推动大众创业创新。

六是财政支持“双创”城市示范，营造有利于创业创新的市场氛围，以城市创业创新基地为载体促进中小微企业发展。杭州、合肥等15座城市首批入围，这些城市将享受到来自中央财政的直接资金支持，重点支持创业创新的公共服务平台建设，以降低示范城市的创业创新成本，增加信息透明度。

七是财政支持建立大型创客基地，推广社区型创客示范服务。各级政府对创客示范服务平台给予了一定的财政支持，支持搭建产学研合作平台，搭建企业、科研院所和创客的交流平台。其中，“创业导师辅导和专业孵化”是财政重点支持的项目，满足了中小型企业对技术、市场、融资等方面的服务需求，有力地扶持着中小企业的成长。

5. 2. 3 产业链维度

财政政策还能够为“双创”活动提供更加公平的产业环境和更完善的市场环境。

一是鼓励大中型企业带动产业链上的小型微型企业，实现产业集聚和抱团发展。

二是大力推进小型微型企业公共服务平台建设，为小型微型企业免费提供管理指导、技能培训、市场开拓、标准咨询、检验检测认证等服务。

三是中央及地方财政在政府采购中实施了向中小企业倾斜、扶助困难中小企业的政策，通过预留采购份额等措施，提高对中小企业特别是小微企业政府采购的比重；以发展代理记账服务为重点，加强对小微企业的专业化服务。“十三五”时期，中央国家机关政府集中采购将更多关注政府采购政策功能，在鼓励采购国货、支持中小企业民营企业、扶持不发达地区和少数民族地区发展、加强制度建设方面加大力度。

四是财政支持“双创”公共服务平台网络建设。中央及地方财政出资补贴“双创”公共服务网络平台项目，各地陆续建成综合服务窗口，提供基于线上到线下全方位的创业服务，包括网络媒体、SaaS 应用、开发组件、项目展示、创业 MOOC、创客空间、孵化加速、会议活动、投融资对接等一系列创业扶持工作。

5.2.4　就业链维度

财政政策还具有引导就业的功能。为激励就业机会创造，财政部实施了积极的促进就业创业的税收优惠政策，将企业吸纳就业税收优惠的人员范围，由失业一年以上调整为失业半年以上的人员。

高校毕业生到小型微型企业就业的，其档案可由当地市、县一级的公共就业人才服务机构免费保管；大学生有创业意向的，由国家和各地教育机构的就业创业基金支持为大学生提供创业场所、公共服务；高校毕业生、登记失业人员等重点群体从事个体经营的，可依法享受税收减免政策。

鼓励科技人员创业，改革科技人员创业股权激励机制，增加科技人员在科技成果使用、处置的收益比重。

5.3　“双创”财政支持政策的实施效果

5.3.1 积极成效

“双创”财政支持政策产生了较多的积极成效，比如大众创业热情被点燃、创业创新环境得到改善、国家创新能力持续提升等。

（1）大众创业热情高涨，中小企业发展比较平稳

受层层叠加的税收优惠和财政补贴政策激励，我国每年新增企业 3 万个，青年人创业热情高涨，大学生、高级知识分子占同期创业人数比重 30%，科技人员创业占比 3.25%，海归创业占比为 2.13%。大众创业热情如火如荼，有人评价“这是中国创业创新最好的时代”。

中小企业发展比较稳定。中国中小企业协会的季报显示：2016 年一季度中国中小企业发展指数（SMEDI）为 92.2，比上季度上升 0.4 点，是自 2014 年二季度以来首次反弹。分行业指数 6 升 2 降，分项指数 7 升 1 降，下降的面有所收窄，分行业和分项指数的升降幅度都不大。多数行业的资金状况相对改善，劳动力的供求状况有所改善。但受世界经济

不景气影响，国内经济下行压力比较大，中小企业投资谨慎，生产经营的活力不足。预计中小企业发展指数低位趋稳态势仍将继续。表5.1是中国中小企业协会的季报数据，描述了中小企业发展指数变化情况。

表5.1 中小企业发展指数变化

分项指数	2016Q1	2015Q4	涨幅	（Q1－Q4）
总指数	92.2	91.8	⬆	0.4
宏观经济感受指数	105.1	104.9	⬆	0.2
综合经营指数	103.4	102.8	⬆	0.6
市场指数	89.7	88.9	⬆	0.8
成本指数	101.6	102.3	⬇	－0.7
资金指数	98.4	97.8	⬆	0.6
劳动力指数	107.8	107.2	⬆	0.6
投入指数	91.1	90.6	⬆	0.5
效益指数	70.3	70.1	⬆	0.2

资料来源：中国中小企业协会，发布时间：2016年4月11日。

表5.1数据显示，中小企业发展形势趋于稳定，资金指数、劳动力指数与效益指数较上季度有所提升，这些指标与财政支持政策之间的关联度较高。中小企业发展受多因素制约，虽然无法证明这与中央及各地财政支持政策之间的必然联系，但至少可以说明财政支持的政策效果是非负的，政策是中性的还是正效应需要进一步验证。

（2）中小企业创业创新环境有所改善

中国社会科学院民营经济研究中心于2016年初对来自全国各行业的498个中小企业进行了问卷调研，对于本章有效的中小企业数目为487家。调查数据显示，财政支持政策对中小企业创业创新有积极效果。约有85%的被调查者认为现在的创业创新环境较企业创立创新初期有改善，其中18%的被调查者认为有显著改善（见图5.1）。

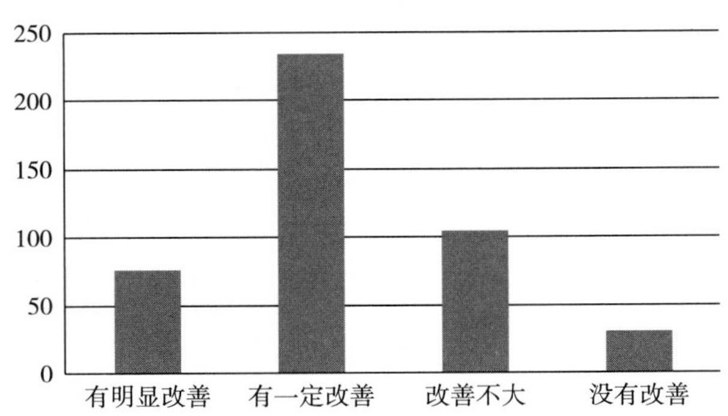

图5.1 中小企业创业创新环境调查

资料来源：中国社会科学院民营经济研究中心“优化创业创新政策环境促进中小企业发展调研数据库（2016）”。

进一步的调查发现，有24%的被调查企业认为创业创新环境改善源于融资环境的改善，企业的融资门槛有所降低；20%的被调查企业认为招聘人才的摩擦成本降低，企业招募人才更加容易；有26%的被调查企业则认为近年来市场机会较过去有明显的增加；有12%的被调查企业认为企业缴纳的税费降低是“双创”环境改善的主要体现；17%的被调查企业则认为“双创”环境改善主要得益于政府办事效率的提高。财政支持政策主要表现为政府对中小企业创业创新税费的降低、公共服务平台的完善，因此以上调查数据可合并归纳为：约57%的被调查企业认为财政支持政策是有明显效果的。

问卷对影响中小企业创业创新的因素进行了调查，共提炼出六个显著影响因素，分别是：财政支持政策、企业研发投入、企业的劳动力素质、知识产权保护、专家团队、科研院所的技术转移六大因素。统计结果显示，中小企业普遍认为政府的财政支持政策是其中最重要、最关键的影响因素（见图5.2）。2015年以来，中央及地方政府针对中小企业创业创新的密集政策出台，无疑可以改善中小企业的投融资环境，降低企业经营门槛，增加企业经营效益。中小企业发展的劳动力指数提升说明财政支持的创业效果还是比较显著的。

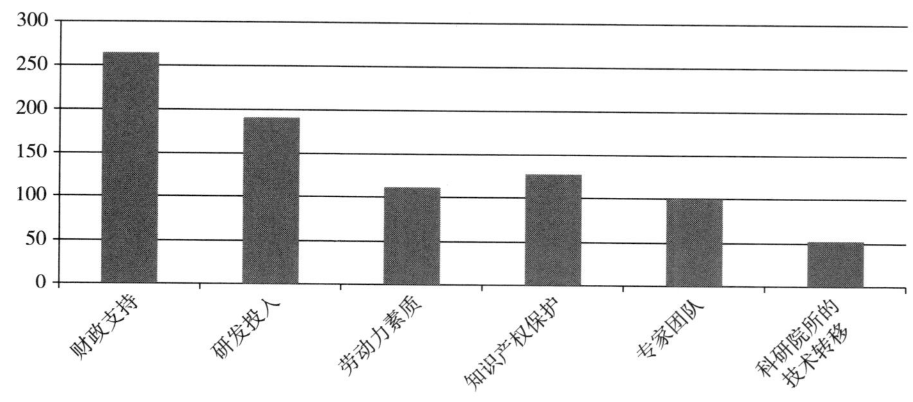

图5.2　中小企业创业创新影响因素调查

资料来源：中国社会科学院民营经济研究中心“优化创业创新政策环境促进中小企业发展调研数据库（2016）”。

（3）创新指数排名有所提升，向创新型国家迈进

中国科学技术发展战略研究院发布的《国家创新指数报告2015》数据显示，世界创新格局基本稳定，美国、日本、瑞士和韩国依然位居前四，中国排名有进步，已提升至第18位，比上年提高0.2分，与创新型国家的差距进一步缩小，如期实现了国家“十二五”科技规划提出的发展目标。国家创新指数涵盖5项一级指标，分别是“宏观经济环境”、“政府采购对技术创新影响”、“政府规章对企业负担影响”、“企业创新项目获得风险资本支持的难易程度”、“知识产权保护力度”。其中前三项指标排名仍然稳居前列，分别为第4、第4和第9位，这表明中国具有良好而稳定的市场和政策环境。

以上分析表明，中央及各级财政税费优惠政策的出台和实施，有效帮助中小企业拓宽了融资渠道，降低了创业创新成本与门槛。公共服务平台建设的财政支持则帮助企业更加便捷地获取技术、人才信息以及培训等服务，中小企业在宏观经济下行压力下保持了稳定

的发展态势。

5.3.2　财政支持政策的问题与不足

财政支持政策的问题与不足主要表现在政策落实率不高、“运动化”特征渐显、财政支持资金使用效率低下等方面。

(1) 政策落实率不高

为促进中小企业创业创新，2015年以来地方各级政府陆续出台了与《中小企业促进法》相应的政策。但是，这些政策、条例政出多门，各类涉及中小企业的政策和资金分别归多个政府部门管理。许多扶持中小企业发展的政策和资金还呈现碎片化，省级层面扶持资金大多分散在多个部门，导致企业多头申报、重复使用、效率低下。此外，企业普遍反映政策的知晓率不高、落实率低（见图5.3）。

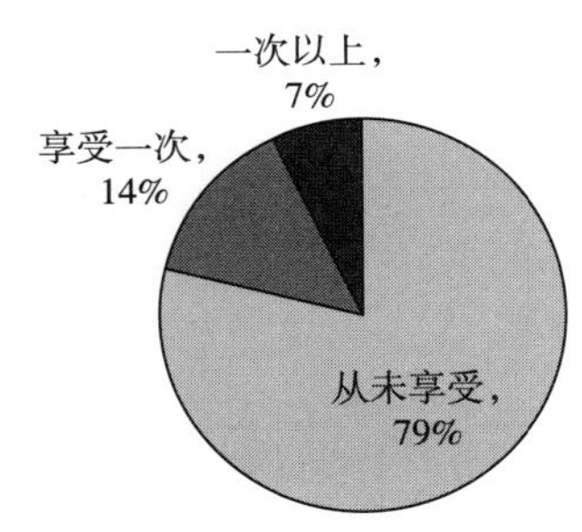

图5.3　中小企业创业创新影响因素调查

资料来源：中国社会科学院民营经济研究中心“优化创业创新政策环境促进中小企业发展调研数据库（2016）”。

图5.3数据是针对中小企业是否享受过国家缓缴社会保险缴费缓缴或缴费补贴政策而进行的调查结果。统计结果表明，近八成的企业没有享受过该类财政支持政策，说明政策的落实率低或者宣传不足。

自中央提出“双创”以来，有关部门和地方陆续出台的一系列支持“双创”的政策措施已超过2000余条，但政策落实率堪忧。中国科协受国务院委托所做2015年《“大众创业、万众创新”政策措施落实情况第三方评估》（以下称双创评估报告）指出，近两年国务院出台的文件达22个，涉及创业创新的体制机制、财税政策、金融政策、就业政策等多个领域。其中，国发〔2014〕7号文件、国发〔2015〕9号文件、国发〔2015〕23号文件三个涉及注册资本登记制度改革、发展众创空间推进大众创业创新、做好新形势下就业创业工作的重要政策，各省（区、市）政府的落实比率分别是81%、42%、48%。

为了解小微企业的生存状况，工商总局联合统计局等部门，对北京、上海、广东、成都、山东等7个省市的小微企业进行了跟踪调查。发现2014年新设小微企业周年开业率为70.1%，即有三成企业没有即时开业。其中一个原因就是工商部门与税务部门之间的衔接“有缝”，手续多、程序复杂，增加了企业的注册时间成本。另据南方周末、大粤网和腾讯2015年底对全国1310个创业团队进行的《创业优惠政策实施现状问卷调查》，结果显示

89.8%的调查者对政府出台的创业扶持政策“完全不了解”，90.5%的调查者没有申请过创业扶持，89.2%的调查者觉得申请创业扶持的过程很难，57.0%和25.3%的调查者分别认为“政府宣传力度小，自己没有途径得知”和“政策内容复杂难懂，看了不明白”。个中缘由既有政出多门问题，也有基层官员的工作方式问题。再好的政策，宣传不到位、落实不到位，与无无异。

（2）“运动化”特征渐显，有揠苗助长的不良倾向

肩负地方经济转型发展重任，一些地方政府具有深切的“双创”战略紧迫感，层层出台了风险补偿类的财政补贴政策，搅乱了正常的投资秩序。有些地方政府则一味迎合口号，在缺乏对现实调查、考量的条件下对税收减免、财政补贴等“双创”鼓励政策层层加码，有条件要上、没有条件的创造条件也要上的大跃进式创业创新缔造了我国“最好”的创业创新时代。一哄而上、揠苗助长之下，各地中小微企业如雨后春笋破土而出，一个又一个创业创新孵化基地建成。为完成上级安排的任务，有些地方政府甚至规定每个县市必须设立若干数量的创业创新孵化基地等，以致孵化器数量增长之快几乎来不及统计，已经高于“双创”的需求，且质量良莠不齐，孵化出的多为短平快项目，真正有科技含量的颠覆性创新项目凤毛麟角。高校的创业创新也存在严重的重“量”轻“质”现象。据调查，高校大学生创业高度集中在影视制作、打字复印、网络销售甚至外卖等科技含量较低的项目，轰轰烈烈，同质化倾向明显。许多政府忽略了政府的作用只能是市场规则、环境的缔造和维护者，依赖于财政补贴和税收减免造就的“双创”盛世质量高低还有待市场和时间的检验。

（3）财政支持资金使用效率低下，依然存在诸多缺陷

一是财政支持资金力度小、手段单一。目前中央支持中小企业的资金是以财政补贴、贷款贴息、专项资金、政府购买四种方式设置的，用于支持中小企业产业升级、技术进步，或改善中小企业的融资环境，支持期限为1～2年。调研结果表明，短期的资金支持无法解决中小企业发展过程中的规模扩张、技术研发和转型升级等多元资金需求。实践证明，在经济发展初期政策应着重解决创业过程中的要素瓶颈，从金融支持政策和财税政策两个方面解决初创企业的生存问题。但在经济较发达阶段，中小企业向更大规模和沿产业链扩张时，应急性、单一性的财税政策是无法满足企业需求的，此时政策应统筹考虑创业环境的全面发展，应从单纯提供资金支持向提供创业帮助和改善创业环境转变。

二是用于鼓励中小企业发展的专项资金覆盖范围窄，形成了差异化的财政资金支持格局。当前中央财政为鼓励中小企业发展而设立的专项资金主要包括五种类型：科技型中小企业创新基金、中小企业发展专项资金、中小企业信用担保资金、中小企业服务体系专项补助资金、科技型中小企业创业投资引导基金等。各地方政府根据当地实际情况另设地方性的专项资金。从专项资金的类型和设置初衷评价，中央对中小企业的鼓励是具有普惠性的。但从投入情况观察，资金主要用于支持科技型企业，受惠的企业类型少。2015年7月，财政部发文《中小企业发展专项资金管理暂行办法》，适当调整了专项资金使用范围，

要求资金使用公开透明、公平公正，结果如何有待检验。从地域角度观察，财政专项资金大部分侧重于对基地内中小企业的扶持，覆盖面较窄。各地区经济发展、财政收支情况差别较大，东中西部间形成了差异化的财政资金支持格局。

三是财政资金的引导作用不明显，资金使用效率低下。对中小企业发展的财政资金扶持具有普惠性质，客观上容易造成扶持政策和资金使用的碎片化，侧重对初创小微企业的资金扶持，那些处于发展期、转型期的中小企业则需要更大力度的财税支持和全面的创业服务，因此财政资金只能发挥有限的创业引导作用。一系列财税支持政策“政出多门”，资金分散在如发改委、科技、经信、商务、国资、农委等多个部门，知晓率不高、难以落实，难以形成政策合力。企业申请扶持资金时还常常会发生多头申报、重复使用情况，进而降低了财政扶持资金的使用效率。从理性人角度分析，财政扶持资金因其补贴性质而被大量经营者追逐。资金本应流向需要扶持的中小企业，发挥财政配置社会资源的功能，但却极可能被追求个人收益最大化的不符合资助对象的经济主体获得，从而背离财政政策初衷。从资助对象的抗风险角度分析，中小企业的规模、结构、抵抗风险能力都天然地处于劣势地位，其发展具有很大的不确定性和脆弱性。在信息严重不对称情况下，有限的财政扶持资金很难对抗未知的市场，无法实现辅助中小企业创新、发展的政策设计目标。

四是对财政扶持资金的使用缺乏有效的监管。监管是提高财政扶持资金使用效率的重要手段。但财政支持中小企业专项资金本就具有补贴和无偿的性质，因此在绩效评价过程中，在评价指标选取、绩效考核制度等方面存在客观困难。财政资金绩效评价体系的缺失，不仅降低了财政资金使用的透明度和效率，而且影响相关机构对财政资金使用的有效监督，客观上造成监管部门在监管方面存在漏洞。

5.4 “双创”财政政策环境优化的对策建议

5.4.1 提高政策落实率

财税支持政策落实率高低受三个方面因素的影响：一是政策的执行者存在懒政、怠政情况，对政策的宣传不到位；二是缺乏监管，基层政府部门从思想上对政策缺乏重视；三是政策有问题。“双创”财政政策工具涉及税收优惠、政策性投融资、专项转移支付、财政补贴、会计制度、经费使用的管理规则等，也涉及部门间的协调。有些政策规定过于复杂，缺乏可操作性。以科技企业孵化器优惠政策为例：符合政策支持的孵化器必须满足三个条件，符合七个要求，导致政策覆盖面过窄。有些政策需要各相关行政部门去甄别哪些企业才能享受优惠，自由裁量权大，容易造成不公平竞争和寻租设租。有些政策存有空白地带，如对众创空间、天使投资的税收优惠没有操作细则。涉及部门间协调合作的政策更容易形成扯皮、推诿，从而影响了政策的落实率。针对以上三个影响政策落实因素，可以从以下几个方面着手改进：一是对懒政、怠政者进行问责。李克强总理曾表达对官员懒政、怠政的态度“不作为的懒政也是腐败”。令出法随，政策才有效力。尸位素餐本身就是腐败，不作为的“懒政”也是腐败，对庸政懒政不作为行为决不能听之任之，必须严肃问责。要加大对庸政懒政不作为问题的督查力度，借助人大、政协、媒体和社会的力量参与监督。二是对难以落实的“双创”财政支持政策重新进行审视，反思优化后务求政策简洁明白，有可操作性。三是对“双创”财政支持政策执行部门权利进行甄别、定性，力求有所限制约束，办理流程务必阳光化，将“设租寻租”的可能性尽量压低。四是积极填补政策空白，落实操作细则和配套措施；五是改革行政部门架构、转变职能，增加部门间的协调性，减除扯皮、推诿现象。

5.4.2　转变政府职能，明确政府行为边界

“双创”如火如荼，政策推手功不可没。为防止“双创”战略走向政治运动化道路、抑制创业投资泡沫，必须对政府职能进行重新界定，明确政府的行为边界。“双创”战略背景下，政府的职责应该是“降门槛、清障碍、搭平台、聚合力”，为“双创”构建一个有利的发展环境。可以考虑以下改革方案：一是在思想上重新认识创业创新的相关制度建设是个系统工程，具有基础性、长期性、综合性、协调性等特点。这些特点决定了财政支持政策不是短期刺激性政策，而应该是着眼于全局的、长期的战略举措。那种短期的、强刺激性的政策，如行政命令受助企业达到一定数量、资助金额达到一定规模等政策措施不具有可持续性，政策效果是暂时的，应予以摈弃。二是财政支持政策应努力降低企业的综合成本，优化税收结构，降低企业 税费负担、融资成本。

5.4.3　提高财政支持资金的使用效率

提高财政支持资金的使用效率是充分发挥财政政策支持“双创”活动作用的保障。主要应从以下几个方面予以重视：

一是加大财政资金支持力度，优化财政专项资金支持结构。要进一步加强对科技成果转化、拥有自主知识产权等拥有高科技含量中小企业的财政资金支持。财政资金要加大对中小企业创业辅导、中小企业技术创新、中小企业结构调整的支持力度。国家级中小企业财政支持应当对中西部欠发达地区中小企业实行扶持其发展的专项资金，并适当增加规模与倾斜力度，根据当地产业发展状况给予特殊政策扶持。

二是增加财政专项资金类别，创新财政资金支持模式。目前，中央财政设立的支持中小企业专项资金为九种，分属于科技、农业、国际市场、服务体系建设等方面，大多设立于中小企业发展之初。这样的专项资金结构已经无法满足当前中小企业的发展需求。应该

适当拓宽专项资金支持的力度、规模、内容和范畴。范围不仅仅是针对科技创新、服务体系和服务平台类的专项资金，既要支持新兴产业部门如“互联网＋产业”，也要支持传统产业优化升级，拓宽中小企业创业路径，整体提升中小企业在社会经济中的竞争力。

三是发挥财政专项资金引导作用，提升财政资金整体使用效率。财政专项资金的功能不仅仅在于解决中小企业在初创和发展时面临的资金不足问题，它还负有引导职能，即采用政府引导基金方式，吸引社会出资和引导投向，积极推动社会资源效率最大化。政府可以考虑建立风险共担机制，通过财政专项资金，引导企业风险投资基金、企业互助基金等社会资本的进入，支持中小企业发展。为提高资金使用效率，对中小企业的财政资金使用必须坚持公平、科学原则。为防范财务风险，可以引入竞争性资金分配方法，即在资金分配环节，采用招投标等竞争方式，由资金申请对象公开答辩、资金审批主体公开评审、集体决策支持项目。这种分配方法打破了传统资金分配制度漏洞造成的找熟人、拉关系的路径依赖，按照事先确定的支持范围、评价指标和绩效管理要求，对申报项目分门别类地实行差额选择，把有限的专项资金用于最应该扶持的对象和环节上，可以有效提高政府资源配置的效益。

四是建立财政支持资金使用的评价、监督机制。积极推进以经济性、效率性和效果性为主要内容的财政支持中小企业专项资金绩效评价体系，不仅需要考虑绩效评价指标选取的科学性，绩效评价程序与方法的合理性，更要结合中小企业的客观情况，统筹经济效益与社会环境效益，兼顾效率与公平，一方面督促中小企业合理利用自然资源、人力资源与经济资源，另一方面有助于在宏观层面评价项目达到预期目标的程度，强化政府职责，及时发现漏洞与问题，改善政府治理和决策水平。为保证评估效果，可以由财政部门引入资产评估独立第三方机构，在中央项目上报中央之前、地方项目下拨企业资金之前，核实企业投资经营情况和项目的真实性，评估项目的财务可行性，将财务评估通过的结果作为资金分配的依据。

执笔人：赵三英（华夏幸福基业股份有限公司 副教授）

参考文献

［1］聂颖．中国支持科技创新的财政政策研究．辽宁大学，2011（6）

［2］王鹏程，于明奎．西方国家中小企业财政支持政策．国际劳动，2008（1）

［3］林洲钰，林汉川．产业环境、自主创新与中小企业成长的政策工具．产业经济，2012（9）

［4］王飞绒，池仁勇．发达国家与发展中国家创业环境比较研究．外国经济与管理，2005（11）

［5］美蓉，丁三青，王希鹏．大学生创业中地方政府角色定位缺失与对策．企业经济，2012（5）

第6章

优化“双创”产业政策环境，促进中小企业发展

- 引言
- “双创”与中小企业产业布局
- “双创”企业发展的驱动因素
- 优化“双创”产业环境的政策建议

6.1 引言

2016年中央经济工作会议将产业政策与宏观政策、微观政策、改革政策、社会政策并行作为供给侧结构性改革的五大政策支柱，并从产业政策层面将结构性改革方向定位于"推进农业现代化、加快制造强国建设、加快服务业发展、提高基础设施网络化水平等，推动形成新的增长点"，通过"坚持创新驱动，注重激活存量，着力补齐短板，加快绿色发展，发展实体经济"。大众创业、万众创新已经成为我国实现创新驱动、打造新增长引擎的重要途径之一。随着我国资源环境约束日益强化，要素的规模驱动力逐步减弱，传统的高投入、高消耗、粗放式发展方式难以为继，经济发展进入新常态，需要从要素驱动、投资驱动转向创新驱动。从要素配置结构角度来看，创新对经济增长的影响突出表现为土地等资源、劳动、资本等投入要素生产能力的提升和生产配置效率的改善，如劳动技能的提高、劳动配置结构的优化、传统设备和工艺的改造、新材料的使用、新技术的推广等。创业创新过程中所涵盖的各种形式的知识增量和效率改善，是经济增长方式转变的动力和源泉。Schumpeter（1912）的技术创新理论认为，经济循环（即静态均衡）和经济发展（即动态均衡）是经济增长的两种模式，其中实现经济动态演进的根本动力是技术创新。新增长理论延伸这一思路，将技术进步内生化增长模型中，指出知识积累和效率改善对增长起到主导和决定性作用，如Romer（1990）、Lucas（1988）等。

创业创新通过三种途径影响产业增长。第一，创业创新能够促进劳动技能的提升和人力资本的积累，其突出表现在劳动生产率方面，自20世纪中叶以来，世界主要国家的劳动生产率得到极大提高，这主要得益于技术和知识增量在劳动者之间的创新、模仿与普及。第二，创业创新能够提高资本要素质量与使用效率。一方面，创业创新通过知识增量的使用促进物质资本的技术含量和质量、生产效率的提高，实现资本对劳动和自然资源的替代。以ICT（信息通信技术）为例，在近30年内其所提供的服务增长迅猛，如美国、日本的ICT资产服务增长率①平均在10%水平波动，中国ICT资产服务增长率甚至高达30%。这些先进技术的物化可以直接转化为生产用资产，在其他要素投入固定的情况下，增加行业产出水平。另一方面，创业创新还能够提高原有物质资产的使用效率，提升原有物质资产对产出增长的贡献。第三，创业创新能够通过要素配置方式（如新工艺、新生产组织方

① ICT（信息通信技术）资产服务的增长率指由ICT资产提供的生产性服务的资产流动变化。其中，ICT资产主要包括计算机硬件设备、通信设备和计算机软件及服务。资本存量采用永续盘存法计算。数据来源于CEIC。

式的采用能够改变企业内部不同生产要素的投入比重）促进产业增长。近30年来，英美等欧美国家和中国、韩国等亚洲国家的全要素生产率（TFP）均得到不同程度的提升，其TFP增长率在大部分年限内均处于0以上。

创业创新带来的技术进步和效率改善在不同产业并非是同步进行的。创新源的出现首先影响到本行业各投入要素生产效率的提高和配置方式的改变，再通过投入产出关联逐渐传导到相关产业部门的投入要素上。这种非同步、非平滑式技术进步与技术扩散，会导致不同产业发展的差异（主要表现为产业之间增速和就业结构的差异）。从劳动生产率角度来看，三次产业劳动生产率的变化会在一定程度上反映到不同国家的产业结构演变上。服务业方面，其内部不同部门劳动生产率的增长速度呈现不同趋势。长期以来，批发零售、住宿餐饮业的劳动生产率均低于各国平均水平，占全部产业增加值的比重浮动较小；而金融、保险与不动产业的劳动生产率高于平均水平。汽车，制造业方面，其劳动生产率均高于各国平均水平，且制造业劳动生产率的提高对各国经济平均劳动生产率的提升具有较强拉动作用，这在日本、韩国这两个追赶型工业化国家表现得尤为明显。

产业结构变动是经济增长的主要影响因素之一（H. Chenery，1986）。产业结构优化是通过生产要素在企业之间的合理流动而体现出来的。一般认为，产业结构优化包含合理化和高级化过程。产业结构合理化是在现有技术水平下，通过要素流动使不同产业之间、中间供求与最终供求之间的比例结构组合达到一个投入产出平衡；当需求结构发生变动时，这种产业结构必然转向新的内部供求平衡状态。产业结构高级化则是通过高级生产要素（如技术、制度等）的创造或引入，使投入要素在不同产业间流动以达到整体配置优化和使用效率提高的过程，此过程伴随着产业的更替和竞争优势的转变。产业结构合理化和高级化是经济增长方式转变的主要特征之一；其中，产业结构合理化仅是转向先进增长方式的基础，而产业结构高级化却伴随增长方式质的变化。为更好探究创业创新对产业结构优化的作用，本章在对创业创新现状分析的基础上，对“双创”企业发展的驱动因素进行研究，以期通过产业政策更好促进中小企业发展与产业结构升级。

6.2 “双创”与中小企业产业布局

6.2.1 “双创”企业发展现状

为更好考察，课题组对“双创”企业现状、创新路径、转型升级等情况进行了调研，并形成了“优化创业创新政策环境促进中小企业发展调研数据库（2016）”。回收可使用问卷498份，涉及本章议题的有效问卷共计394份；其中，科技类企业占比20.3%，生产加工类企业36.3%，服务贸易类企业32.2%，工程施工类企业2.8%。

从“双创”企业成长的外部环境来看，随着政府对“双创”的扶持力度加大，非市场化因素的束缚在逐步减弱。当前，人才和资金是“双创”企业发展面临的主要制约。根据课题组对“企业创业创新时遇到的主要困难”的调查，有58.4%的企业选择“缺少人才”，56.6%的企业选择“缺少资金”，而认为“政府税费高”、“政府办事效率低”的被调查企业为20.3%和15.0%。这表明，创业创新门槛的行政门槛正在降低，行政审批制度、商事制度等改革极大地激发了市场主体的创业创新热情。2015年平均每天新登记企业数量1.2万户，比2014年日均新登记企业数量提升了20%。同时，国家已设立400亿元新兴产业创业投资引导基金，要整合筹措更多资金，为产业创新加油助力。

分行业来看，新兴产业和新兴业态是“双创”企业的竞争高地。新兴产业方面，高端装备、信息网络、集成电路、新能源、新材料、生物医药、航空发动机、燃气轮机等重大项目正在加速布局；新兴业态方面，“互联网+”正在对传统行业进行改造，移动互联网、云计算、大数据、物联网等与现代制造业的结合，电子商务、工业互联网和互联网金融的互联互通，推动新兴业态快速增长。

从创新企业创新路径来看，合作创新、模仿创新仍是企业创新的主要方式。根据课题组对“企业通过何种方式获取创新技术”的调查，有38.1%的被调查企业选择合作创新方式，26.9%的企业选择模仿创新方式，而选择自主研发和市场引进方式的被调查企业分别为21.9%和13.1%。分行业来看，科技类企业自主研发实力相对较强，选择该方式进行技术创新的科技类企业占比达到34.1%，比全部企业自主研发占比高出12.2个百分点；生产加工类企业和服务贸易类企业多以合作创新方式进行创新，选择该方式的企业占比分别为41.1%和38.6%，比全部企业合作创新占比分别高出3.0和0.5个百分点；工程施工类企业由于行业属性，更多选择模仿创新方式进行创新，选择该方式的工程施工类企业占比达到45.2%，比全部企业模仿创新占比高出18.3个百分点。

表6.1　　“双创”企业创新路径选择：分行业（%）

行业	自主研发	模仿创新	合作创新	市场引进
科技类	34.1	17.9	36.6	11.4
生产加工类	21.7	25.7	41.1	11.4
服务贸易类	12.3	33.3	38.6	15.8
工程施工类	25.8	45.2	19.4	9.7
其他	23.3	18.6	41.9	16.3
被调查企业	21.9	26.9	38.1	13.1

资料来源：中国社会科学院民营经济研究中心“优化创业创新政策环境促进中小企业发展调研数据库（2016）”。

从创业企业产业布局来看，第三产业尤其是科技类产业创设企业的数量快速增加。2014年3月至2015年2月一年间，三类产业新设企业数量同比增速分别为40.46%、

33.92%和54.26%，第三产业增幅高于第二产业20.34个百分点；其中，全国新登记信息传输、计算机服务和软件业企业16.45万户，同比增长117.25%；教育业企业8042户，增长113.24%；文化、体育和娱乐业企业7.22万户，增长101.71%；科学研究和技术服务业企业28.10万户，增长87.14%。

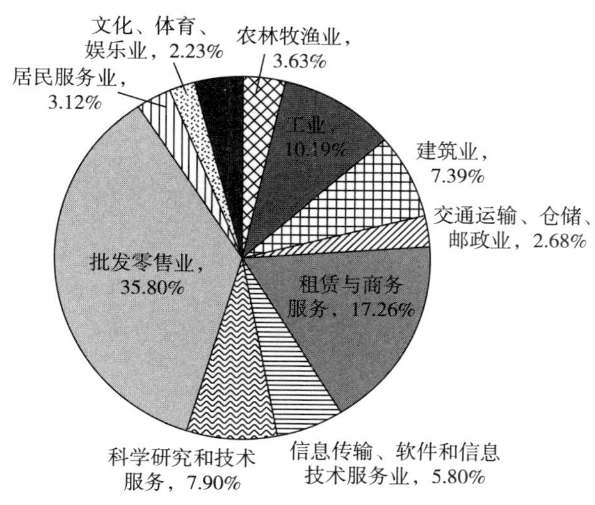

图6.1　新登记小微企业行业分布

资料来源：国家工商总局。

6.2.2　“双创”与农业现代化

随着现代信息技术在农业生产、经营、管理和服务中的运用，为满足居民消费多元化的诉求，部分企业、农民工甚至大学生凭借资金、技术等优势，在农村建立特色农业基地，改变传统农业生产和服务方式。农业发展呈现工厂化、智能化、个性化趋势。

第一，工厂化为农业“双创”活动开辟了道路。工业工厂化是现代生物技术、现代信息技术、现代环境控制技术和现代材料不断创新和在农业上广泛应用的结果。通过工厂集中生产、立体空间布局放松地形、气候、水温、土壤等自然因素对传统农业生产的制约，通过高度机械化、自动化装备，先进技术和科学管理方法与手段来调节和控制动植物生长、发育、繁殖过程中所需要的光照、温度、水分、营养物质等，同时提高了劳动生产率和农业生产水平，实现农业现代化。例如，四川三台县创新土地使用方式，鼓励承包地使用权入股和土地有偿使用，促进全县耕地、“四荒”地有序合理流转，形成资金、技术、管理、市场和土地等要素的紧密结合的农业工厂，一方面有利于当地农业结构调整和规模化经营，另一方面为农民就近务工增收提供了渠道，2015年全县各类经营主体带动农民人均增收400元以上。

第二，智能化为农业“双创”活动提供了契机。突出表现为“互联网+现代农业”，即采用大数据、云计算等技术，对农业生产、服务提供监测统计、分析预警；采用物联网技术，推进农业生产、市场流通体系与储运加工布局有机衔接。例如，以山东寿光为例，作为国内首个智慧农业示范基地，将农业产业链中的选种、育苗、种植、流通、销售各环节纳入云数据和物联网管理，并与现代企业管理、物流配送、电子商务等应用结合，为农业生产端提供了规模化、标准化、产业化发展的新模式。

第三，个性化为农业“双创”活动拓展了市场。为满足多元化需求，农业“双创”企业还积极将科技、人文等元素融入农业，发展农田艺术景观、阳台农艺等创意化、定制化农业。以四川玉丰村为例，通过与商贸公司合作，创建了定制农业“5432”法则：“五步定制”即订单定制、溯源生产、加工监测、包装物流、成品反馈生态定制流程；“四步定价”确定了产品价格是在综合考虑市场基准、当年减产、额外投工、当年浮动因素下的定价，保障了定制农户的利益；“三步支付”明确了公司与农户签订订单时支付30%定金，获得成品时支付全部余款，根据产品品质浮动奖励的货款支付方式，为定制农户吃了定心丸；“两步销售”确定了生态农产品的市场，通过众筹、微信、网站等现代互联网电商平台方式销售，或是通过企业在成都、北京、深圳等大城市开设的实体店销售。

6.2.3 “双创”与制造强国建设

新一代信息技术正在与制造业进行深度融合，形成新的生产方式、产业形态、商业模式和经济增长点，在3D打印、移动互联网、云计算、大数据、生物工程、新能源、新材料等领域取得新突破。当前，发达国家纷纷实施“再工业化”战略，我国也提出“中国制造2025”，以促进制造业创新发展为主题，以提质增效为中心，以加快新一代信息技术与制造业深度融合为主线，以推进智能制造为主攻方向，以满足经济社会发展和国防建设对重大技术装备的需求为目标，强化工业基础能力，重塑制造业竞争优势。

（1）向新兴产业转型为“双创”活动开辟了主战场

相对于传统制造行业，新兴产业的行政准入壁垒相对较低，具有技术资源的“双创”企业凭借其生产要素优势和市场敏锐度，更易在竞争环境中脱颖而出。当前，“双创”企业在新一代信息技术、高端装备、智能机器人、新材料、生物医药等新兴行业领域较为活跃，通过科技成果的转化和产业化，为制造业结构升级和经济增长提供新的引擎。2015年，新型、智能化、自动化设备和高端信息电子产品成为新增长点，新能源汽车产量比上年增长161.2%，工业机器人增长21.7%，智能电视增长14.9%，智能手机增长11.3%，自动售货机、售票机产量成倍增长，太阳能电池（光伏电池）、光纤、光缆、光电子器件、动车组、城市轨道车辆、安全自动化监控设备、电子工业专用设备等产品产量均实现两位数快速增长。

在新兴制造业领域，“双创”企业发展呈现以下特征：第一，数字化、网络化。“双创”企业将制造和新一代信息技术深度融合，利用数字网络，在产品设计、制造与生产管理等活动乃至企业整个业务流程中充分享用有关资源，即快速调集、有机整合与高效利用有关制造资源，具体表现为以设计为中心的数字制造，以控制为中心的数字制造和以管理为中心数字制造。第二，精密化、集成化。一方面，制造企业对产品、零件的精度要求越来越高，如精密加工技术、细微加工技术、纳米加工技术在生产中的应用；另一方面，通过新的生产方式的应用，生产、管理的集成化趋势日益凸显，规模效应逐渐显现。第三、智能化、虚拟化。新兴产业的制造系统正由原先的能量驱动型转变为信息驱动型转变，以计算机支持的仿真技术为前提，对设计、加工、装配等工序统一建模，形成虚拟的环境、虚拟的过程、虚拟的产品、虚拟的企业，主要包括虚拟环境技术、虚拟设计技术和虚拟制造技术。第四，绿色化、环保化。为减轻资源环境约束的压力，“双创”企业加大先进节能环保技术、工艺和装备的研发力度，加快制造业绿色改造升级；积极推行低碳化、循环化和集约化，提高制造业资源利用效率；强化产品全生命周期绿色管理，努力构建高效、清洁、低碳、循环的绿色制造体系。

(2) 推动传统制造业升级为“双创”活动提供了新内容

创业创新在助力新兴产业发展的同时，也在对传统制造业进行改造，推动传统制造业再振兴。当前，以钢铁、煤炭、有色为代表的传统产能过剩行业产能利用率逐年下滑，资产周转效率缓慢，经营现金流不足甚至亏损加剧，对经济增长、金融资产质量、就业环境等带来负面影响。

创业创新通过以下两个渠道对传统制造业进行改造：一方面，通过新技术、新材料、新工艺在传统制造业的应用，带动钢铁、石化、工程机械、轻工、纺织等产业向价值链高端发展，提高传统行业的生产技术水平和效益。例如，京津冀三地科技部门整合钢铁企业、科技服务企业、高校院所、金融机构，推动成立了京津冀钢铁行业节能减排产业技术创新联盟，通过技术创新、技术转化、技术运用等助推钢铁产业向产业链条向高科技、高附加值方向转型。另一方面，通过关停并转等供给侧结构改革，促进劳动、资本等生产要素在不同企业、不同产业、不同区域之间的流动。如通过失业人员再就业和生活保障以及转向奖补等政策，鼓励传统制造业就业人员创业或流动、资本要素得到更合理的配置，从而有利于工业产业结构的优化和工业竞争力的提升。

6.2.4 “双创”与服务业发展

(1) “双创”推动了服务模式重构

依托于信息通讯技术的蓬勃发展，“双创”企业正在对商务服务业、金融业、现代物流业等现代服务业和旅游、商贸等传统服务业的服务模式进行重构，提高要素配置效率和服务范围。以生产性服务业为例，部分“双创”服务企业大力发展面向制造业的信息技术服务，提高重点行业信息应用系统的方案设计、开发、综合集成能力，通过致力于与制造业企业的无缝对接，创新业务协作流程和价值创造模式，提高对制造业转型升级的支撑能力。再以互联网金融为例，依托互联网渠道和数据分析技术，“双创”企业加强与传统金融业的融合，通过服务方式便捷、客户渠道下沉等手段，形成与传统金融业竞争与互补并存的局面，当前已形成网络供应链金融、电商信贷、POS 网贷、P2P 融资、众筹、互联网基金、第三方支付、货币电子化/去中心化、移动支付等多种金融服务模式。

（2）“双创”刺激了服务平台发展

大众创业、万众创新热潮激发了以众创空间等为代表的创业创新服务平台的发展。当前，我国已形成创客空间、创业咖啡、创新工场等新型孵化模式，充分利用国家自主创新示范区、国家高新技术产业开发区、科技企业孵化器、小企业创业基地、大学科技园和高校、科研院所的有利条件，发挥行业领军企业、创业投资机构、社会组织等社会力量的主力军作用，构建一批低成本、便利化、全要素、开放式的众创空间。2015 年，各类众创空间已超过 2300 家，与现有 2500 多家科技企业孵化器、加速器，11 个国家自主创新示范区和 146 个国家高新区，共同形成完整的创业服务链条和良好的创新生态，在孵企业超过 10 万家，培育上市和挂牌企业 600 多家，吸纳就业人数超过 180 万人。创业创新服务平台促使人才、资金等资源集聚，促进创新资源的共享与溢出，促进了创新成果与社会需求、社会资本的有效对接，降低了“双创”企业的创业创新的边际成本，对“双创”企业的培育与成长起到积极作用。

专栏 6.1　创业创新服务平台类型

根据创业创新服务平台类型，可将其大致分为以下几类。

第一，企业主导型，即由企业联合金融机构、研究机构共同成立服务平台，促进企业创业创新。以“2025 创业创新联盟”为例，其由海尔集团等 30 余家大中型企业联合高校和金融机构成立，以《中国制造 2025》为背景，将着力推进制造业技术革新和新兴技术背景的创业，同时设立多种类型的创客空间和创业创新基金，推动产学研合作及协同创新平台建设，注重共性技术难题的联合攻关。“联盟”初期将在北京中关村核心区域建设“E－DO 空间”孵化器，为各地政府在中关村打造异地孵化器的集束点，盘活各地孵化器等存量资源，促进高校科研成果的快速、高效转化，助力中国从制造大国向制造强国的转变；目前，“2025 创业创新联盟”已有 13 亿创投基金、1328 家风险投资机构及 98 家孵化器资源。再如云计算产业孵化器、诺基亚体验中心、微软云加速器等专业服务型平台，依托行业龙头企业建立，以服务移动互联网企业为主，提供行业社交网络、专业技术服务平台及产业链资源支持，协助优质创业项目与资本对接，帮助互联网行业创业者成长①。

第二，政府主导型，即由政府聚集企业、金融机构、科研机构等，共同促进企业创业创新。其典型模式为地方政府依托国家新型工业化产业示范基地、国家级经济技术开发区、国家高新技术产业开发区等产业集聚区，完善人才、资本等政策环境，充分运用互联网，积极发展创客空间、开源社区等新型众创空间，结合“双创”示范基地

① 科技部：《发展众创空间促进大众创业、万众创新》，2015 年 2 月 6 日，http：//www.most.gov.cn/kjbgz/201502/t20150206_118084.htm。

建设，培育一批支持制造业发展的“双创”示范基地。

第三，金融机构主导型，即由天使投资人、投资机构为主导，以资本为核心和纽带，建立孵化器等创业创新服务平台，吸引汇集优质项目，并为其提供融资或对接配套资金资源，典型代表如创新工场、天使汇等。

此外，还有以媒体、教育机构为主导的创业创新平台，依托媒体资源优势和教育资源，为创业创新企业提供宣传、信息、培训等综合型创业服务，典型代表如创业家（媒体企业主导型）、北大创业训练营（教育机构主导型）等。

6.3 “双创”企业发展的驱动因素

推进大众创业、万众创新，是培育和催生经济社会发展新动力的必然选择。围绕创业创新，政府在产业政策领域进行了一系列有益的尝试，如深入推进简政放权，实行负面清单制管理，着力增强市场微观主体活力；加强政策引导，制定制造业、服务业等产业规划，深化产业、财税、金融体制改革，为产业优化升级营造适宜的政策环境。但当前，“双创”产业环境仍主要面临以下问题：一是“双创”市场环境有待完善，企业家精神仍需进一步激发；二是自主创新的配套产业政策不足，创业创新体制机制有待完善；三是“三去一降一补”仍需深入推进，过剩产能退出相对缓慢，产能过剩行业就业人员创业、再就业机制仍不顺畅，创业创新成本仍相对较高；四是“双创”企业服务体系不健全，创业场地难、创业成本高等问题仍较为普遍，创业创新平台建设有待加强。这需要政府加大扶持力度，采取有效措施，为“双创”企业营造良好的政策氛围和创新环境。

6.3.1 “双创”企业发展的内在驱动力

（1）企业家精神的差异性是导致不同企业发展差异的核心驱动因素

企业家精神的核心是创新，其包括不断追求技术创新的精神、不断追求产品创新的精神、不断开拓和创新市场的精神、敢于和善于进行组织和制度创新的精神、团队合作与不断进取的精神（周志强和孟庆红，2004）；而其中，善于发现新技术、勇于引入新技术、不断创新改善生产方式，是企业家精神的核心。而产权安排的方式决定了不同类型企业的企业家精神发挥；产权结构决定了企业资源分配方式、所有者控制方式、所有者与经营者合作方式等一系列治理结构问题（Jensen 和 Meckling，1976）。以大型国有企业为例，从所有者角度来看，国有资产由国家代表全民行使所有权职能，但需依托于政府行政体系的力量来实现，这使委托人存在层级多、定位不清晰、权限模糊等现象；从经营者角度来看，国有企业管理者多直接附属于或间接依附于政府体制，激励和考核机制存在非市场因素，这使企业经营管理者的决策行为存在短期化可能，“不求有功、但求无过”成为部分国企管理者推崇的经营理念，这使其决策行为相对保守，缺乏足够动力进行创新，或者是技术创新的效率相对偏低。而对于“双创”企业，企业经营绩效的好坏与所有者休戚相关，这使其有更强的动力去推动生产方式的优化与创新，进而表现出相对较高的创新效率。

（2）生产要素配置方式的差异直接影响企业经营效率和竞争实力

生产要素配置的变动是厂商利益动机作用的结果，其主要体现在传统生产要素、技术、企业组织结构的变动三个方面。首先，传统生产要素，即资源、劳动、土地要素。传统生产要素的数量、质量、和组合方式的改变可以通过提高或降低企业的生产效率，并影响到产业结构变动。例如，相比传统企业，创新企业的劳动者素质相对更高，这使其拥有相对更好的劳动生产率。其次，技术要素。创新是“双创”企业的核心。企业生产活动即是在技术约束下进行的生产行为；技术可以通过改进生产设备及生产环境、提高劳动力素质、开拓新产品及新产业等引起生产配置方式和生产组织的变革，是企业的核心竞争力。

（3）企业经营管理方式的差异性是导致不同企业成长差异的另一因素

资源控制、决策机制、激励机制等都会对企业技术创新产生影响。从资源控制来看，相比“双创”企业而言，大中型国有企业所能掌控的资源相对较多，突出表现在以下几个方面：资金雄厚，能够较为便捷地从银行等金融机构获得持续性资金进行独立研发或引进先进技术；人员齐备，具备独立的研发部门，且拥有较强的集聚能力，能够吸引或引入各种技术人才加盟；社会资源丰富，能够较为容易获得政府、高效等机构的创新支持；风险承受力强，能够承担技术创新带来的不确定性。这些优势使其企业能够投入大量资源开展各种技术创新活动，甚至造成部分资源的过度投入、使用效率偏低等现象。而“双创”企业在资金等投入要素方面面临相对较强的约束，这使其难以承受规模大、周期长的技术创新。从决策机制来看，“双创”企业决策流程相对较短，能够根据市场需求和同业竞争的变化，迅速调整其经营方式和技术创新方向。而大型企业（尤其是国有企业）由于机构设置层级相对复杂，从项目立项，到评审、执行往往需要经历较长的时间周期，这不利于市场响应能力和技术创新效率的提升。从激励机制来看，大型企业通常在行业中占据主体地位，基于经营的稳定性和连贯性，更易采取相对保守的经营风格。而“双创”企业为获得相对更大的市场份额、相对较快的收入增长，或仅仅是为了企业生存下去，通常会更易采取相对激进的激励机制，这使其更有动力进行技术创新。

6.3.2 “双创”企业发展的外在推动力

（1）市场环境的差异是导致不同企业成长差异的外在推动力之一

从市场需求环境来看，随着消费者对产品或服务的数量、偏好发生变化，企业在利润目标下需要相应的或提前对生产经营活动进行调整，如是否采用新的生产技术、是否开拓新的市场或产品等。在此过程中，“双创”企业相对更接近市场，市场敏感度相对较高，这使其能够更快地对市场反应做出决策。从行业竞争环境来看，垄断性行业和竞争性行业环境下，企业技术创新的能动性存在差异。李长青（2014）通过微观企业数据研究发现，在竞争性行业中，中小民营企业相比国有企业具有更强的技术创新倾向；而在垄断性行业，国有企业技术创新投入实力更强。因此，处于竞争性行业的“双创”企业更易在市场竞争中脱颖而出。

（2）政府对“双创”企业的扶持力度对其成长起到重要推动作用

政府对“双创”企业的影响主要是通过市场需求、生产要素配置、创业创新平台建设三方面影响企业成长。首先，政府对市场需求的影响突出表现在以下方面：政府对“双创”企业产品或服务的购买规模（即财政支出）增加与缩减影响企业需求；通过对“双创”企业产品进出口贸易的政策调整来（如增加贸易壁垒、加大政府补贴等）影响外部需求；通过对消费者偏好等购买行为产生影响等。其次，政府通过对市场机制（尤其是产权）的完善程度、资源要素的流动程度和可得性等方面的作用，影响“双创”企业要素投入和配置方式。具体包括基础设施的完善、融资支持、技术推广、信息平台与培训机构的设立等政策措施。根据课题组对“影响企业创业创新的产业政策的效果”的调查，为“双创”企业提供资金支持仍是其最重要的诉求，如选择“科技发展资金资助企业科研开发”、“设立高新技术产业专项补助资金”、“设立专利申请资助专项经费”、“为企业的创新投入提供信用担保”的被调查企业占比分别高达55.0%、48.95、44.8%和34.1%（见表6.2）。最后，政府通过搭建创业创新平台，提升企业、金融机构、科研机构的集聚效应，促进集群区域或平台内“双创”企业与关联机构的沟通与协作，降低其生产的外部经济和交易成本，增强企业的活力和市场竞争力，进而影响着“双创”企业的成长。

表6.2　“双创”企业对产业政策效果的反馈（%）

	比重
科技发展资金资助企业科研开发	55.0
设立高新技术产业专项补助资金	48.9
设立专利申请资助专项经费	44.8
为企业的创新投入提供信用担保	34.1
实施科技产业引导性投资	24.9
帮助企业增加在政府采购合同中所占比重	20.9
对自主创新型企业减税或返还	43.0
特许权使用费实行免征或减征	11.5

资料来源：中国社会科学院民营经济研究中心“优化创业创新政策环境促进中小企业发展调研数据库（2016）”。

6.4 优化“双创”产业环境的政策建议

推进大众创业、万众创新，是培育和催生经济社会发展新动力的必然选择。围绕创业创新，政府在产业政策领域进行了一系列有益的尝试，如深入推进简政放权，实行负面清单制管理，着力争强市场微观主体活力；加强政策引导，制定制造业、服务业等产业规划，深化产业、财税、金融体制改革，为产业优化升级营造适宜的政策环境。但当前，“双创”企业发展基础和风险抵御能力相对较弱，这需要政府加大扶持力度，采取有效措施，为“双创”企业营造良好的政策氛围和创新环境。

第一，完善创业创新体制机制，提升产业增长动能。行业层面，进一步放开行业市场准入，营造公平竞争的环境，推动传统产业向专业化转变、向价值链高端延伸，向精细化和高品质提升；加快制定高端装备制造等新兴产业带发展规划，推动产业集群式发展。企业层面，构建对企业创业创新活动的普惠性政策支撑体系，完善高新科技企业、中小微企业的税收优惠政策；明晰技术创新专项支持经费的申请流程和条件，提高经费申请的透明度和经营管理的效率；同时，通过专项补贴、贷款贴息、税收减免、提高折旧等方式对“双创”企业技术创新进行补贴。企业家层面，研究制定进一步激发和保护企业家精神的指导意见，充分发挥企业家精神在创新驱动和产业转型升级等方面的重要作用。

第二，加快推进“三去一降一补”，促进产业优化升级。“三去”方面，制定并实施推动产业重组、处置“僵尸企业”的方案，优化存量、引导增量、主动减量，完善企业退出机制，引导产能过剩行业的就业人员创业、再就业。推进以满足新市民住房需求为主要出发点的住房制度改革，建立购租并举的住房制度，促进房地产去库存，并为创业创新降低生产、办公、居住成本。“一降一补”方面，进一步正税清费，清理各种不合理收费，加快社会保障体系、社会信用体系建设，健全市场公平竞争保障机制，为“双创”企业成长创造良好的外部环境。

第三，加快创业创新平台建设，完善“双创”企业服务体系。地方政府可以充分利用经批准的各类工业园区或闲置厂房、楼宇等建设创业基地，完善公共服务设施，提高服务质量，切实缓解创业场地难、创业成本高等问题；鼓励有条件的创业基地积极构建低成本、便利化、全要素、开放式的创业创新平台，为创业创新者提供良好的工作空间、网络空间、社交空间和资源共享空间。同时，要以国家中小企业公共服务示范平台和中小企业公共服务平台网络建设为重点，进一步完善中小企业服务体系，发挥示范平台服务质量好、带动作用强、公信力高和平台网络覆盖广、触角长，以及贴近企业、了解需求的优势，带动社会服务资源，创新服务模式，拓宽服务领域，提高服务效率，为中小企业提供找得着、用得起、有保障的创业创新服务。此外，支持服务机构和公共服务平台为创业创新企业提供免费或低收费服务。

第四，加快互联网与创业创新行业的融合。互联网与各行业各领域的融合，不仅能促进新技术、新产品、新业态的培育发展，也能为“双创”提供肥沃的土壤。地方政府在继续抓好中小企业信息化推进工程和中小企业两化融合能力提升行动的基础上，可以支持引导信息服务商通过云计算、大数据和移动互联网、物联网等信息技术，为小微企业的财务管理、生产过程、采购与营销、质量检验、人力资源管理、客户服务和物流等核心业务发展提供信息化应用服务。此外，还要积极推广电子商务在小微企业中的应用，鼓励依托中小企业平台网络构建电子商务平台。

第五，强化创业创新培训。利用各类创业创新培训资源，创新培训模式，开发针对不同创业创新群体、创业创新活动特点的创业创新培训项目，帮助创业者提高创业创新能力，提升知识产权、质量品牌意识，使其敢于创业创新、能够创业创新。同时，建立健全创业辅导制度，培育一批专业创业辅导师，建立一支创业辅导师资队伍，加强创业辅导，开展贴身帮扶，提高创业创新成功率。鼓励有条件的地区组织军转民技术培训及政策解读，支持中小企业运用军转民技术创业创新发展。

执笔人：薛白（中信银行总行高级经济师）

参考文献

[1] 龚轶，顾高翔，刘昌新，王铮．技术创新推动下的中国产业结构进化．科学学研究，2013（8）

[2] 洪银兴．产业化创新及其驱动产业结构转向中高端的机制研究．经济理论与经济管理，2015（11）

[3] 金碚．高技术在中国产业发展中的地位和作用．中国工业经济，2003（12）

[4] 林春艳，孔凡超．技术创新、模仿创新与技术引进与产业结构转型升级．宏观经济研究，2016（5）

[5] 沈丽萍．风险投资对中小企业自主创新的影响——基于创业板的经验数据．证券市场导刊，2015（1）

[6] 薛白．基于产业结构优化的经济增长方式转变——作用机理及其测度．管理科学，2009（5）

[7] 薛白．混合所有制经济发展与中小企业技术发展．载于李子彬、刘迎秋主编《中国中小企业2015蓝皮书——混合所有制：中小企业发展的机遇与选择》．北京：中国发展出版社，2015

[8] 杨春学等．增长方式转变的理论基础和国际经验．北京：社会科学文献出版社，2012年

[9] 易信，刘凤良．金融发展、技术创新与产业结构转型——多部门内生增长理论分析框架．管理世界，2015（10）

[10] H. B. Chenery，Syrquin，M. Industrialization and Growth ［M］. Oxford University Press，New York，1986.

[11] PM. Romer，Endogenous Technological Change ［J］. Journal of Political Economy，1990，Vol. 98（5）：pp. 71－102.

[12] Lucas，R.. On the mechanism of economic development ［J］. Journal of Monetary Economics，1988，Vol. 22（1）：pp. 3－42.

[13] UtterbackJ.. Innovation and Industrial Evolution in Manufacturing Industries，in Guileand Brook（eds.）：Technology and Global Industry：Companies and Nations in the World Economy，National Academy Press，1987，16－48.

第 7 章

优化“双创”环保政策环境，促进中小企业发展

- 引言
- 低碳绿色发展是未来我国经济发展的必然趋势
- 环保政策与“双创”的关系
- “双创”与环保政策在协调方面存在的问题
- 优化“双创”环保政策环境的相关建议

7.1 引言

我国经济发展已经进入一个新的发展阶段，经济发展的动能开始进入传统动力衰减和新动力培育的接续阶段，而推进大众创业、万众创新，是培育和催生经济社会发展新动力的必然选择。2015年6月，国务院颁布了《关于大力推进大众创业万众创新若干措施的意见》（以下简称《意见》），做出了具体部署。而与此同时，长期以来的高投入、高消耗、高排放、低效率的粗放型经济发展，加之资源禀赋的原因，使得我国的资源供需形势较为严峻，很多关系国计民生的重要战略性资源的对外依存度非常高，给资源保障带来较大的风险。在环境保护方面，由于过去一直没有足够的重视，致使大量的废水、废渣、废气以及固体废弃物超标不合理排放，使得我国的空气、水、土地等都受到了不同程度的污染，严重影响到人民的日常生活。目前资源环境利用与保护，面临着国际和国内两方面的压力，因此，可以明确的是，我国资源环境约束将会日益强化，环保政策的约束将会逐步增强，因此，我国推进大众创业、万众创新战略也必须在这样的大背景下进行。

党的十八届五中全会通过的《中共中央关于制定国民经济和社会发展第十三个五年规划的建议》更是明确将创新发展和绿色发展列为指导“十三五”时期我国经济社会发展的重要理念。习近平总书记在2016年5月30日召开的全国科技创新大会、两院院士大会、中国科协第九次全国代表大会上，明确提出“依靠科技创新破解绿色发展难题”的要求。推进大众创业、万众创新是落实创新发展战略的具体举措，在促进创新发展中起着重要的推动作用，而环保政策则是对绿色发展战略的直接体现，优化环保政策，也是落实绿色发展战略的内在要求，因此，在未来一段时期，正确处理好环保政策与“双创”的关系，不仅是促进中小企业发展的重要方面，也是中小企业未来发展中必须面临的客观环境，更是事关我国经济社会可持续发展的关键问题。

7.2 低碳绿色发展是未来我国经济发展的必然趋势

7.2.1 能源、矿产资源的对外依存度较高，资源保障压力增大

从国内能源、矿产资源的供给侧来看，尽管我国的能源矿产总量相对丰富，矿种也较为齐全，但是我国人口众多，矿产资源人均探明储量占世界平均水平的58%，位居世界第53位，石油、天然气人均探明储量分别仅相当于世界平均水平的7.7%和8.3%，铝土矿、铜矿、铁矿分别相当于世界平均水平的14.2%、28.4%和70.4%；镍矿、金矿分别相当于世界平均水平的7.9%、20.7%。同时矿产的资源总体呈现“三多一难”的特点，即贫矿多、中小型矿床多、共伴生矿床多，开发利用难。另外，结构不理想，事关国计民生的战略性矿产储量相对不足。已发现的171种矿产资源中，有探明储量的159种。但是结构不理想，我国部分用量不大的矿产具有较强竞争力。如稀土矿、钨矿、锡矿、钼矿、铌矿、菱镁矿、萤石、重晶石、膨润土、石墨、滑石、芒硝、石膏等矿产，不仅已探明储量可观，人均占有量居世界前列，且资源质量高，开发利用条件好，在国际市场具有明显的优势。一些事关国计民生的用量较大的战略性矿产储量偏低，如石油、天然气、铁、锰、铬、铜、铝、金、银矿、钾盐等需求量较大的矿产品的保有储量占世界总量的比例较低。

从国内资源需求来看，未来10～15年将是我国矿产资源消费的快速增长阶段。在经济结构方面，如图7.1所示，进入工业化阶段以后，对资源的消费开始持续增长，并在以重化工业主导的工业化中后期达到历史最高水平，此后，随着重化工业增速放慢，比重减小，服务业增长速度加快，单位产出的资源消耗强度因此进入持续回落状态，并在一个较低水平保持较长的稳定状态。从经济发展水平来看，对金属的需求与整个经济的发展水平是密切相连的。整体而言，在人均GDP达到5000～10000美元之前，大多数金属的人均消费量增长都比较缓慢；达到5000～10000美元后，人均金属消费量几乎呈对数增长。

综合来看，从供给侧来看，国内大宗矿产资源储量不足的现实状况，矿产资源的勘探开发水平在短期内难以有大的提升，资源的利用效率水平相对较低等多种因素，决定了国内资源的供给能力不可能短期内有较大的提升，同时，我国资源消费的迅速增加的趋势不会变化，因此，继续加大进口，依靠国际资源的态势不会改变，即矿产资源的对外依存度将进一步上升，据预测，到2020年石油的对外依存度将超过60%，铁矿石的对外依存度在40%左右，铜和钾的对外依存度将维持在70%左右。另外，也从少量矿种向全面发展。

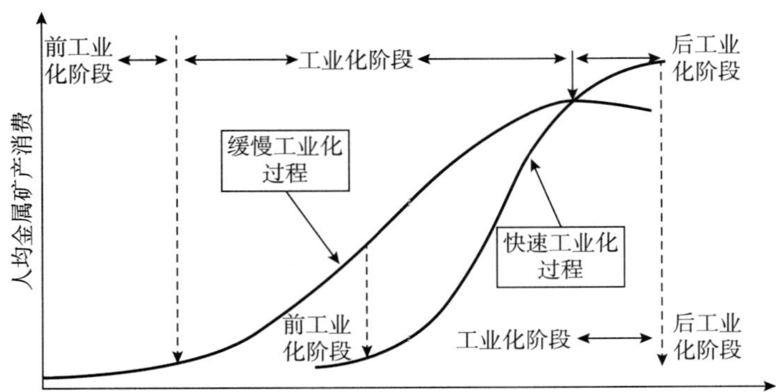

图7.1 人均金属矿产消费量与工业化推进的关系

7.2.2 土地、水资源等硬约束作用更加凸显

第一，土地资源约束将会持续增强。一方面，从需求侧来看，未来十年我国城市建设用地总量继续缓慢增长。2000～2014年期间，我国的城市建设用地从22113.7平方公里增加到49772.6平方公里，年均增长5.86%。结合发达国家的经验，2016～2025年期间我国城市建设用地总量还将继续增长。不过，考虑我国以前城市建设用地增长较快，城区蔓延较快的现实状况，新增建设用地供应将面临严格控制，政策的着力点是优化建设用地结构，因此预计未来十年建设用地总量增速可能会逐步放缓。另一方面，从供给侧来看，从2013年以来，全国国有建设用地供应总量持续减少。2015年，通过强化耕地保护政策和节约集约用地政策，鼓励盘活利用存量土地，开展低效工业用地调查清理，规范节地评价考核制度体系，用地效率有了一定的提升，全国国有建设用地供应总量继续下降。2015年全国国有建设用地供应53.4万公顷，同比下降12.5%。其中，工矿仓储用地12.5万公顷，同比下降15.2%；房地产用地12.0万公顷，同比下降20.9%；基础设施等其他用地28.9万公顷，同比下降7.1%。

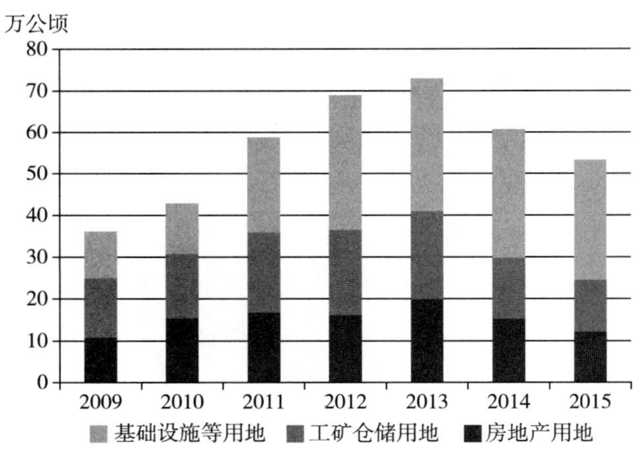

图7.2 2009～2015年全国国有建设用地供应结构情况

资料来源：Wind资讯。

第二，水资源约束持续趋紧的局面不会改变。一方面，从需求侧来看，未来十年总用水量将会继续缓慢增长。尽管随着国家最严格水资源管理制度的严格落实和“三条红线”控制指标省、市、县三级全覆盖，并且已开始严格考核，同时国家全面进行节水型社会建设，用水总量将得到严格控制。现行国家的经验来看，我国仍然处于用水增量增加的阶段，仍然未达到用水的峰值。同时，从近几年的用水总量来看，总体呈现小幅上升态势。结合国内外情况来看，未来十年，这一缓慢上升态势不会发生改变。另一方面，从供给侧来看，短期内海水淡化、再生水利用等非常规水资源的供给不会有大的提升，从而致使我国的水资源供给不会有大幅的增加，同时，环境污染带来的水质型缺水问题却更加严重。随着我国经济的发展，各种工业废料、农业化学物质大量排放，造成水资源严重污染。目前由于水质型缺水引致的水危机现象也逐渐增多。国际经验表明，城镇化率超过50%以后，将是水污染危机的高发期，也将是水污染治理的关键时期。根据全国人大有关资料显示，一些地方产业布局不合理，约80%的化工、石化企业布设在江河沿岸，带来较高环境风险隐患。2014年，环境保护部直接调查处理的重大及敏感突发环境事件中，超过60%涉及水污染。同时，饮用水水源保护区制度落实不够到位。全国329个城市中，集中式饮用水水源地水质全部达标的城市为278个，达标比例为84.5%。86个地级以上城市141个水源一级保护区、52个水源二级保护区内未完成整治工作，且缺乏明确的考核制度和责任规定。

7.2.3　环境污染问题日益突出

尽管政府已经在环境治理方面做了许多努力，但是我国生态环境总体恶化趋势仍然未得到根本扭转。一是水资源污染仍然较为严重。一方面，地表水污染较为严重，根据环境保护部的统计，2014年，全国地表水总体为轻度污染，部分城市河段污染严重。如海河流域劣Ⅴ类水质断面达到61.7%。另一方面，地下水严重污染的态势进一步恶化。2014年，全国202个地级及以上城市的4896个监测点中，61.5%的监测点位水质较差甚至极差，其中较差的监测点比例为45.4%，极差的监测点比例16.1%。二是空气质量总体呈改善趋势，但污染程度仍较高，部分地区冬季雾霾天气频发高发。细颗粒物和可吸入颗粒物作为首要污染物的超标天数占总超标天数八成多。三是全国土壤环境状况方面，总的点位超标率为16.1%，耕地土壤点位超标率为19.4%。长三角、珠三角、东北老工业基地等部分区域土壤污染问题较为突出，西南、中南地区土壤重金属超标范围较大。

7.2.4　国际气候变化引致碳减排压力增加

在温室气体减排成为全球关注的焦点问题后，主要国家均对未来二氧化碳的减排目标做出了承诺，中国也不例外，2009年中国政府做出了自主减排的安排，即到2020年单位GDP的二氧化碳排放比2005年降低40%～45%，为了完成这一承诺目标，原来粗放式发展的方式已难以为继，必须走低碳发展的道路（见表7.1）。

表7.1 主要国家的二氧化碳减排承诺

国家和地区	减排目标
中国	至2020年比2005年减排40%～45%
美国	至2020年比2005年减排17%
欧盟	至2050年温室气体减排80%～95%
俄罗斯	目前温室气体排放较1990年低30%
日本	至2020年在1990年基础上减排25%
澳大利亚	在2000年基础上减排25%
挪威	至2020年在1990年基础上减排40%
巴西	至2020年温室气体减排40%
印度	至2020年比2005年减排20%～25%
墨西哥	至2030年温室气体减排42%

资料来源：21世纪网，http：//www.21cbh.com。

7.3 环保政策与"双创"的关系

7.3.1 "双创"面临着较为严格的环保政策约束

如前所述，目前以及未来一段时期，我国经济发展过程中，将面临比以往更加严峻的资源环境形势，以前的高投入、高排放的粗放型发展的模式已经难以为继，我们的经济发展也不会再走先污染、后治理的传统路线，这就决定未来的经济发展将会面临着更加严格的环保政策的约束，并且这种约束的刚性将会越来越强，即污染物排放等环境方面的监管标准只会越来越严格。习近平总书记在谈到环境保护问题时指出："我们既要绿水青山，也要金山银山。宁要绿水青山，不要金山银山，而且绿水青山就是金山银山。"这生动形象表达了我们党和政府大力推进生态文明建设的鲜明态度和坚定决心。未来"双创"过程中，必然会面临着更加严厉的环境监管、更高的环境准入门槛，更为严格的排放标准，这就要求企业必须加大环境方面的投资，从经营个体而言，必然会直接增加其投入成本。特别是对已有的传统产业，这种投入引致的成本上升更为明显。根据欧洲相关调查估测数据显示，在2003～2010年间，欧盟钢铁业环保投资额累计值达到36亿～58亿欧元之间，年投资额在3.05～6.40亿欧元，环保投资额占钢铁业总投资额的5%～9%。

7.3.2　严格的环保政策也为“双创”带来更多的机遇

《意见》明确提出，推进大众创业、万众创新，就是要通过结构性改革、体制机制创新，消除不利于创业创新发展的各种制度束缚和桎梏，支持各类市场主体不断开办新企业、开发新产品、开拓新市场，培育新兴产业，形成小企业“铺天盖地”、大企业“顶天立地”的发展格局，实现创新驱动发展，打造新引擎、形成新动力。习近平总书记明确指出，“绿色发展是生态文明建设的必然要求，代表了当今科技和产业变革方向，是最有前途的发展领域。”未来随着环境保护政策的不断严格，环保产业将会迎来更加快速的发展。据有关统计，我国环保行业产值从2012年的3万亿元增长到2014年的3.98万亿元，年复合增长率为15.2%。欧洲、美国、日本等国环保产业投资占GDP的比重一般介于2.5%～3.0%，而我国2010年环保产业投资占GDP比重只有1.5%，与发达国家相比，我国环保行业具有较大的提升空间。2014年，一般公共预算支出用于节能环保的支出达到3815.64亿元。具体来看，环保政策的加强，会带来对环境保护技术以及环保设备的需求不断增加，而目前从事环保产业的大部分都是中小企业，进入的门槛相对不是很高，大众创业、万众创新在这一领域具有较大的空间。根据课题组的调研，421家有效样本中，在“您认为更为严格的环保政策是机遇多一些还是挑战更多”问题中，有60.8%的调查者认为机遇更多一些。

7.3.3　优化环保政策将成为促进推动“双创”的重要内容

在环保方面的要求成为硬约束，并且标准只会越来越高，这样的背景下，企业必须积极应对，否则将没有出路。一方面，创新主体必须主动适应环保政策的变化。对于目前的一些传统产业而言，如果不能够提前谋划、合理应对，很多企业必将在由环境保护引起的行业洗牌中被淘汰出局。从事创业的主体而言，必须提前做好预判和评估这种环保政策变化对行业的影响，不能简单仿效过去一些中小企业靠偷排乱放等违法乱纪的行为来维持企业的生存，一旦加强环境监管，这些企业将难以生存，并且面临较高的处罚成本，创业过程中必须积极适应，将环境保护投资列为重要的成本项目，或者在筛选投资行业中，要将清洁型行业作为重要的投资重点。

另一方面，对于环境保护政策而言，必须逐步优化，建立利于企业创新的政策机制，不能制定对于创新主体的限制门槛和歧视政策，建立健全环保政策实施的方式，注重调动主体的参与大众创业、万众创业的积极性，积极创新主体的活力。

7.4 “双创”与环保政策在协调方面存在的问题

7.4.1 企业主体绿色发展的意识有待进一步树立，主动适应环保政策的能力以及寻求政策机遇的能力有待加强

从现实状况来看，当前我国的中小企业有很多在环境保护方面做得仍然不够，对环境保护认识认识不够，或者环境意识较为淡薄，认为环境保护与自己无关，违规排放现象仍然普遍存在。加之目前违规排放的惩罚执行的标准仍然较低，更加加剧了这些企业的偷排乱放。这些企业主要还是以政策规避为主，在怎样逃避环境监管方面花费较大精力，只是将环保政策当作成本或限制来考虑，若严格执行合法的污染物排放标准，这些企业毫无利润空间可言，因而在主动适应环保政策方面做得不够 ，更谈不上在积极利用环保政策变化带来的机遇的能力。这就要求不论是对于当前存在的中小企业，还是参与大众创业、万众创新的主体而言，都必须在适应环保政策，寻求政策机遇方面做出更大的努力。

7.4.2 现有环保政策中，限制性、惩罚性政策较多，激励性政策较少，不利于增强创新的积极性

为了加强应对日益严峻的资源环境形势，我国颁布和制定了较多的环境保护的政策措施，但总体来看，目前的环保政策主要是以限制性、惩罚性政策为主，包括从行业的准入标准、对违法行为的惩罚等，仍然是行政限制手段使用的较多，激励性政策的比例较少，特别是对于一些先进水平的案例的奖励性政策较少，主要是对落后于标准的案例主体的惩罚。对于参与大众创新、万众创业方面的主体，往往更加重视对于先进水平的追求，很多都是通过技术创新，或者将先进的技术产业化等多种手段进行创业，这些一般都会符合国家规定的基本环保标准，其中，许多的成功案例对于环境保护具有较强的正向作用，带来较好的环境收益，他们更多关注于对一些先进技术的激励或支持政策，从而在初创期获得较多的奖励，一定程度上解决开始阶段的资金不足问题。

7.4.3 市场化的制度尚未建立，影响了民间资本的参与

投入不足是目前制约环保行业发展的主要因素之一，目前的很多投资主要是各级政策的财政投资，但目前以政府投入为主的模式，致使产业资金缺口巨大，直接影响了环保产

业的发展。据有关部门测算，单就落实“大气十条”和“水十条”每年投资需求约2万亿元，而各级财政只能提供10%～15%的资金，其余85%～90%的资金都需要社会资本进入。因此，积极开拓新的资金来源，主要是民间资本，将成为今后发展我国环保产业的关键。民间资本参与不足的原因是多方面的，但其中的很重要的一个原因便是市场化的制度建设不够，特别是一些诸如环保相关的市场交易制度尚未完全建立，如碳排放权交易、水权交易等制度都未全面建立，使得民间资本缺乏盈利的渠道，缺少参与的积极性。

7.4.4　参与环保领域技术创新等支持政策有待进一步落实

环保领域是技术创新的重要领域，技术领先是环保产业发展的重要基础。2016年5月，中共中央、国务院印发的《国家创新驱动发展战略纲要》，将生态环保作为科技创新的重点领域之一，并进一步指出要发展资源高效利用和生态环保技术，建设资源节约型和环境友好型社会。具体要求为建立大气重污染天气预警分析技术体系，发展高精度监控预测技术；建立现代水资源综合利用体系，开展地球深部矿产资源勘探开发与综合利用，发展绿色再制造和资源循环利用产业，建立城镇生活垃圾资源化利用、再生资源回收利用、工业固体废物综合利用等技术体系。同时，也提出了多渠道增加创新投入的政策要求，目前对于环保领域的技术创新政策较为零散，同时，一些政策的操作性有待增强，应加强对于环保领域技术创新的支持政策的进一步落实，制定更加切实可行的具体举措，提升环保技术创新能力。

7.5　优化“双创”环保政策环境的相关建议

7.5.1　树立绿色发展理念，增强机遇意识

坚持绿色发展是未来经济的必然方向。党的十八届五中全会《建议》明确提出“坚持绿色富国、绿色惠民，为人民提供更多优质生态产品，推动形成绿色发展方式和生活方式，协同推进人民富裕、国家富强、中国美丽。”当前的中小企业，或者参与大众创业、万众创新的主体，必须高度重视环境保护的重要性，必须清醒认识到，随着环保政策的实施力度不断加大，环境监管的更加严格，单纯利用违规排放已经没有空间，必须积极适应这种政策变化，树立绿色发展的理念，走清洁化发展的道路。具体来看，参与大众创业、万众创新的主体，要抓住环保产业快速发展的重要机遇，针对日益扩大的环保技术的需求，加强环保技术方面的创新，争取在这一领域的技术上有所突破，同时，在从事创业过

程中，增强对环保产业方面的关注，将其作为重要的投资点。另外，对于目前的一些中小企业，也可以积极参与到大众创业、万众创新中，主动适应政策变化，抓住政策机遇，提前谋划布局，做好自身企业的转型改造，寻找契合未来发展的利润增长空间。

7.5.2 建立奖励先进的政策机制激励创新

环境保护具有较强的外部性，限制性政策必不可少，也是环保政策发挥功效的重要基础，但在未来的政策制定中，对于一些激励性政策的制定也较为重要，特别是从激励创新的角度来看，参与大众创新、万众创业的主体，相比于从事传统行业的企业而言，一般处于技术的前沿，目前制定的一些基本的环保准入标准，并不会限制其进入，或者说对其产生的影响并不够大，但是，通过制定一些奖励先进的一些政策机制，通过补贴或奖励等形式，增强从事创业创新的积极性，既会产生更大的环境效益，同时，解决创业创新的投入不足的问题，另外，也可以产生较好的示范效应，鼓励其他主体参与到大众创新、万众创业中去。但必须说明的是，必须严厉打击通过采取虚假创业创新活动骗取财政补贴或奖励的行为。

7.5.3 加快包括碳交易、水权交易、排污权交易等市场机制建设

建立市场交易机制是吸引民间资本进入的重要前提，也是民间资本实现市场化收益的重要平台，因此，必须加快发展环保市场。党的十八届三中全会通过的《中共中央关于全面深化改革若干重大问题的决定》已经明确提出“发展环保市场，推行节能量、碳排放权、排污权、水权交易制度，建立吸引社会资本投入生态环境保护的市场化机制”。目前碳排放权、排污权、水权交易制度都在加紧推进中，应在深入总结各地地方试点经验的基础上，借鉴国际相关经验，加快出台相关的配套措施，推进制度的落实。

特别需要指出的是，在加快交易市场建设的同时，特别是在配额管理相对宽松或者还未实行强制交易的背景下，避免陷入“有场无市”的不利局面，应该建立一些激励机制，激励企业参与到市场交易中，如以碳交易为例，在缺乏强制性减排约束的前提下，企业没有总量减排指标，因而缺乏主动通过碳交易获得排放额度的动力，参与交易的积极性不高。我们建议实行碳信用累计制度（详见专栏7.2），并将碳信用积分作为远期受益凭证、即期受益凭证、项目准入或优先进入的资格凭证、参评荣誉称号的优先权，从而提高企业进行碳交易的积极性。

专栏7.1　我国碳排放权、排污权、水权交易的推进情况

水权市场交易方面：2014年7月，水利部提出在宁夏、江西、湖北、内蒙古、河南、甘肃和广东7个省区开展水权试点，试点内容包括水资源使用权确权登记、水权交

易流转和开展水权制度建设三项内容，试点时间为2～3年。根据水利部水资源司的统计，7个水权试点取得阶段成果，如，内蒙古水权收储转让中心与7家用水企业签订交易合同，完成投资3亿元；河南出台南水北调水量交易管理办法，平顶山与新密签署2200万立方米/年的南水北调水量交易意向书；宁夏建立区市县三级水权分配体系，推进水资源使用权确权登记。

碳市场交易方面：2011年底，2011年10月底，国家发改委办公厅发布《关于开展碳排放权交易试点工作的通知》，文件批准北京市、天津市、上海市、重庆市、湖北省、广东省及深圳市首批启动试点。截至2014年9月，上述7个试点共纳入控排企业2000余家，每年发放配额约12亿吨。国家发改委2014年12月正式公布了《碳排放权交易管理暂行办法》，并表示全国统一碳排放权交易市场有望于2016年试运行。2015年9月，中美两国再度发表《气候变化联合声明》，中国将承诺到2017年启动全国碳排放交易体系。

排污权交易方面：从2007年开始，财政部、环保部和发改委批复了江苏、浙江、天津、湖北、湖南、内蒙古、山西、重庆、陕西、河北和河南11个地区开展排污权有偿使用和交易试点。到2013年底，11个试点省份排污权有偿使用和交易金额累计将近40亿元。其中，有偿使用资金20亿元左右，交易金额也将近20亿元。2014年8月，《国务院办公厅关于进一步推进排污权有偿使用和交易试点工作的指导意见》提出到2017年，试点地区排污权有偿使用和交易制度基本建立，试点工作基本完成。

专栏7.2 碳信用累计制度介绍

碳信用累计制度是将各个企业自愿进行的碳交易，按照一定标准折算成碳信用分值，通过累加得出每个企业的碳信用积分，并将积分作为企业获取某些资格或收益的重要凭证，让参与碳交易企业切实获得收益，增强企业自愿参与碳交易的动力。

碳信用累计制度应至少包括以下四个基本环节：首先，建立独立核算账户，将每笔交易结果直接记入到各自账户中。其次，进行项目注册登记。再次，折算项目碳信用值。遵循减排量较大项目赋予更多积分的基本原则，明确项目碳信用折算标准，折算出每笔碳交易的碳信用分值。最后，开展交易电子结算。利用电子结算系统，使每笔交易获得的碳信用分值自动记入参与交易企业的账户中。

为了保证碳信用累计制度有效运行，有必要建立两个基本制度：一是碳信用积分递增制度。针对我国当前尚未实行强制减排的现实，为了鼓励企业在当前进行碳信用累计，必须提高碳交易信用积分的远期收益，实行碳信用积分递增制度，即确定一个合理的递增率，使碳信用积分逐年递增。二是碳信用积分交易制度。为了使企业能够及时兑现碳信用积分的收益，以有效激励企业进行碳信用累计，有必要建立碳信用积分交易制度，即允许碳信用积分能够以一定价格由买卖双方自行商定进行交易或转让。

为了提高企业参与碳交易并进行碳信用累计的积极性，可将碳信用积分作为一种重要的受益凭证，获取以下几方面的收益：一是远期受益凭证，即企业可以根据碳信用积分获得抵消未来一定数量排放额度的权利凭证。二是即期受益凭证，即允许碳交易积分以合理价格进行交易或转让。相比远期收益而言，获得即期收益对于企业的激励作用更加明显。因此，保证碳信用积分能够及时兑现收益，可以更大程度地增强企业进行碳信用累计的动力。三是某些项目准入或优先进入的资格凭证。规定当碳信用积分到达一定标准，可以获得一些优惠项目或支持资金的优先申请资格。如将企业产品纳入政府采购的优先备选名单；优先获得商业银行信贷资金等。四是将碳信用积分与企业品牌形象塑造挂钩。当前国内企业进行自愿碳减排交易的重要出发点是提升企业品牌形象。因此，为了提高企业进行碳交易的积极性，可以将碳信用积分作为主要参考指标，定期发布碳减排或社会责任的排行榜，并给予碳信用积分较高企业参评荣誉称号的优先权。

资料来源：张亮、李佐军：《实行碳信用累计制度 鼓励企业积极参与碳交易》，国务院发展研究中心调查研究报告，2012年第53号。

7.5.4 加快构建环保领域支持创业创新的政策体系

为了促进环保领域相关的大众创业、万众创新，需要在以下五个方面对环保政策体系进行调整。

一是要加强对于环保的价值引导。通过强化大众创业、万众创新环保氛围，使得创业创新主体深刻认识到环境保护的重要性，为大众创业、万众创新注入更丰富的环保内涵，加强创业创新过程中的规范指导，加强环保标准比照，促进大众创业、万众创新沿着绿色环保路线前进。

二是加强对于从事环保领域的创业创新的主体给予财政税收等优惠政策力度。通过帮助企业拓宽融资渠道，通过贴息贷款等多种方式，加大资金扶持力度。

三是尽可能为从事环保技术的创业创新活动，提供免费的宣介平台。

四是通过政府采购等多种方式，支持这一领域的创业创新活动。

五是要加大对环保较差的企业的惩罚力度，为真正环保型企业和从事环保行业的企业主体创造合理的成长空间。

7.5.5 全面加强环境监管，为环保型企业发展创造良好环境

由于长期以来，环境监管较为滞后，违规排放问题较为普遍，即使被相关部门发现，

处罚成本相对较低，使得一些高污染企业能够依靠偷排偷放生存，不仅直接对环境造成的严重不利影响，同时，也使得真正环保型企业的利益因为不公平竞争受到损害，产生了极为不良的示范效应。未来全面加强环境监管具有重要意义，十分迫切。国务院办公厅印发的《关于加强环境监管执法的通知》明确要求，针对一些地方监管执法不到位等问题仍然十分突出，环境违法违规案件高发频发的问题，“坚决纠正执法不到位、整改不到位问题。坚持重典治乱，铁拳铁规治污，采取综合手段，始终保持严厉打击环境违法的高压态势。”未来应该严格落实通知要求，加大环境执法力度，建立相关的责任追究制度，通过经济和法律手段，真正提高违法排放的成本，从而为真正环保型的企业的发展创造更好的环境。

执笔人：张亮（国务院发展研究中心社会发展研究部研究室主任）

参考文献

[1] 张亮．水资源：制度完善与效率提升．载刘世锦主编：中国经济增长十年展望（2015－2024）——攀登效率高地．北京：中信出版集团，2015

[2] 张亮．土地资源：存量挖潜与效率提升．载刘世锦主编：中国经济增长十年展望（2015－2024）——攀登效率高地．北京：中信出版集团，2015

[3] 张亮，杨建龙．中国资源的供求格局及其前景展望．当代经济管理，2013（9）

[4] 张亮，李佐军．实行碳信用累计制度 鼓励企业积极参与碳交易．国务院发展研究中心调查研究报告2012年第53号，2012年4月20日

[5] 张亮．推进我国绿色经济发展的政策建议．中国经济报告，2012（2）

[6] 王安建：《认识资源消费规律把握国家资源需求》［OL］，http：//www.sciencenet.cn/skhtmlnews/2012/2/1680.html。

第8章

优化“双创”市场政策环境，促进中小企业发展

- 引言与文献综述
- “双创”市场政策的实施现状
- “双创”市场政策的实施效果
- “双创”市场政策的优化建议

8.1 引言与文献综述

8.1.1 引言

中小企业是创业创新的重要载体和源泉。众所周知，无论是国内还是国外，发明、技术创新、新产品大部分都是由中小企业完成的。目前，我国的中小企业广泛参与了电子信息、生物医药、新能源、新材料以及创意设计、信息咨询、现代物流等高新技术产业和新兴服务业领域的技术创新活动，对创业创新的贡献还会不断提升。转变经济增长方式，加速实现我国要素、投资驱动的旧增长模式向创新驱动的新增长模式转变，离不开中小企业的成长。打造经济新引擎，需要形成大企业“顶天立地”、小企业“铺天盖地”的发展格局。但中小企业由于市场调节缺陷，普遍面临着创新资金缺乏、技术获取成本高、信息不充分和高素质人才不足的尴尬局面。尤其突出的障碍是我国针对中小企业的扶持政策存在诸多缺陷，导致中小企业在市场准入、竞争、融资、人才、技术等多方面的困顿，阻碍了中小企业的创业创新。中小企业多为民营经济，国家统计局网站数据显示：2016 年 1 到 5 月，民营投资只增长了 3.9%，比去年全年的 10.1% 下降了 6.2 个百分点，国民经济增长的推动力在减弱。有学者认为（周天勇，2016），企业的经营环境还存在改进空间：有企业家反映，虽然自十八大反腐以来权力部门的吃拿卡要行为有所减少，但政府和行政事业性机构及办事人员的办事效率也在降低。从中小企业经营成本的角度考察，由于农民工工资上涨较快，社保资金费率高，直接拉高了企业的经营成本，劳动密集型企业首当其冲。地方政府在土地出让收入回落，税收受经济下行而任务加重等因素的影响，对中小民营企业的税费罚款也在悄然提高。随之而来的是国内中小民营企业家的大规模海外移民潮，缩小生产和服务规模，向国外转移生产能力，或者将利润转移国外，有的企业家甚至将企业向金融投资机构抵押套现后离开。以上这些情况意味着我们企业的经营环境仍需要进一步优化，保护企业产权、减少审批环节、减税降费等政策需要落到实处。全国人大代表李武章就曾明确表示：相对于资金和税收扶持，中小企业更需要的是公平的发展环境和公正的权益保护。自“大众创业、万众创新”被写入 2015 年政府工作报告以后，中央及各地方政府都密集出台了关于优化企业经营环境的政策，着力推动中小企业“双创”。这些政策实施以来的效果如何？还存在哪些问题需要进一步梳理。

8.1.2 文献综述

国际文献研究表明政府对中小企业的创业创新作用不可或缺。政策对创业创新的作用已经国内外许多学者论证或实践所证实。Romer（1986）认为，为鼓励创新，政府对创业创新的适度干预是必要的。因为，若无政府的干预，知识、技术的溢出效应会降低企业的创新投入收益率，从而降低创新的积极性。因此，政府的作用就在于激励。Patel and Pavitt（1994）进一步验证了Romer的观点，指出：政府对竞争秩序的维护可以弥补创新过程中的市场失灵，促进创新环境的改善。Tassey（2004）也认为技术和知识具有公共产品的溢出特性，技术创新活动不可避免地会遇到市场失灵和投资不足的问题。

“双创”的核心是人才，必须最大限度调动和释放人的积极性和创造性，“双创”的目的才能真正实现。到底是哪些因素导致了创业活动的差异？许多学者认为环境是影响战略、结构和过程等任何有组织的努力行为的最重要因素。Aldrich和Wiedenmayer（1993）也认为，社会政治环境具有非常强的影响力，足以推动或阻碍一个国家的创业活动。Covin和Slevin（1989）则认为，环境对于解释任何创业现象都是一个合理的出发点，而政策环境则是创业环境的重要内容（Devi R. Gnyawali和Daniel S. Fogel，1994；loogood和Sapienza，1995；Fred，2000）。全球创业观察（Global Entrepreneurship Monitor，GEM）认为，影响创业活动的创业环境因素主要是：金融支持、政府政策、政府项目支持、教育与培训、研发转化效率、商业和专业基础设施、进入壁垒、有形基础设施、文化和社会规范等九大方面。Kihlstrom和Laffont（1983）指出，政府政策以及政府所制定的税制和法律毫无疑问会影响创业活动。Fonseca等人（2001）指出，在创建企业成本高的OECD国家中，个人成为创业者的可能就很小。Klapper、Laeven和Rajan（2003）也指出官僚主义的规章制度抑制了欧洲一些国家企业的进入。而保护投资者和知识产权以及扩大进入机会的规章制度，会对创业产生积极的影响（Gompers、Lerner和Scharfstein，2002）。

国内的文献研究表明我国中小企业的创业创新需要更多政策支持。许多学者对我国中小企业创业创新环境进行了实证分析。Gill（2007）等指出，经济转型的发展中国家（如中国），由于技术评价体系与信息披露机制都存在着一定缺陷，企业技术能力的信息并不透明，各种寻租行为增加了企业创新的难度和成本。李平等（2007）运用我国1985～2004年专利数据发现，我国较低的人力资本和知识产权保护水平对国内企业的自主创新活动具有明显的抑制作用。张杰等（2011）使用2001～2007年我国工业企业样本分析后发现，寻租活动对企业研发投入产生了较明显的挤出效应：寻租人为抬高了要素价格和行业进入门槛，寻租产生的超额收益进一步吸引更多社会资源转移到非生产的寻租活动，实体经济的研发投入资金和动力进而受到削弱。李薇薇（2011）发现我国企业面临着“有技术无专利，有专利无创新”困境，创新激励机制不健全。中央及各级政府为推动企业创新，习惯采用补贴手段对企业进行激励（安同良，2009），科技拨款和税收减免也被证实是促进企业增加研发投资的重要工具和手段（朱平芳、徐伟民，2003）。然而，政策支持的力度以及信息不对称等问题的存在还是对中小企业的创新形成了制约因素。庄子银（2007）指出，要推动技术创新以及经济增长，就必须通过政治经济、法律等方面创新，促使企业家更多地从事生产性的创新活动。林洲钰、林汉川（2012）利用我国制造业中小企业专利数据，研究了我国制造业中小企业创新特征与决定机制，发现政府的生产性补贴的政策工具对我国中小企业自主创新具有积极效果，而要素市场和法律保护环境的改善营造了有利于中小企业创新的区域环境。

全国人大代表、山西省工商联主席李武章则建议修改《中小企业促进法》，希望将着力点放在更加注重“保护中小企业合法投资收益和营造公平竞争交易的市场环境”上。企业家代表彭小枫、庄聪生（2016）认为，应该厘清政府与市场的边界，继续推进政府简政放权，尤其要加大取消后置审批项目的力度，才能从根本上不断优化“双创”生态环境。钱颖一（2016）为打造众创经济提出五条建议，涉及税收、知识产权、商事制度等。他认为，在互联网时代需要运用互联网思维审视法律和条例，新的互联网技术带来了过去不可能的准入机会。

《全球创业观察中国报告》数据显示，近年来我国的创业活动9项指标中，“创业商务环境”和“创业教育与培训”这两项的评分较低。也就是说，继续完善有利于创业创新的良好生态环境仍是政府下一步的工作着力点。

大学生是创业方面的重点扶持群体，有许多大学生创业者曾表示：虽然近年来中小微企业不断收获政策“大红包”，贷款、税收等各项扶持政策为其发展提供了帮助，但他们更希望建立一个公平竞争的市场环境，希望能与外资、国企、大型民企获得相同的市场待遇。王惠（2014）通过对浙江省大学生的创业调查，发现政府创业扶持政策对大学生创业虽然产生一定的绩效，但从理论上说还有很大差距：零首付政策不仅没有减少，反而增加了创业失败的风险；政策资源浪费严重；政策重置引发了对某些创业群体的政策性歧视等等情况。

朱星（2016）认为，小微企业大都面临着创新能力薄弱、高水平研发人才缺乏等障碍，急需与来自高校和研究所的创新成果与人才形成优势互补。这要求政府应及时修改不符合当前推动“双创”精神的政策条文，制定促进科技成果转化的具体管理细则，如专利技术、软件、核心技术转让、科技成果所有权、成果发明人在转化中的利益保证等。李彦宏（2016）则呼吁应尽快建立统一的社会信用体系，建议政府部门继续加大数据开放和共享力度，政企优势互补，共同建设服务全社会的信用体系。谭颖、陈晓红（2009）基于12个城市的企业调查问卷，对企业的创业环境进行了分析。研究表明中部、西部、东北地区与东部创业环境存在明显差距，政府支持与社会资本能有效营造良好的创业环境。

以上来自国内外的研究文献证明，市场政策对中小企业的创新活动有着非常重要的意义。若刺激中小企业创业创新，必须改善中小企业的市场竞争环境。

8.2　“双创”市场政策的实施现状

在发布《国务院关于大力推进大众创业万众创新若干政策措施的意见》前后，相关部门针对中小企业发展进行了许多市场政策改革，这些政策措施对改善中小企业市场竞争环境，保护中小企业成长，激励中小企业创业创新发挥了重要作用。

8.2.1　放宽市场准入条件

2014 年 6 月，国务院出台《国务院关于促进市场公平竞争维护市场正常秩序的若干意见》，要求放宽企业市场准入：凡是市场主体基于自愿的投资经营和民商事行为，只要不属于法律法规禁止进入的领域，不损害第三方利益、社会公共利益和国家安全，政府不得限制进入。为落实政策，2015 年国务院又签发《国务院关于加快构建大众创业万众创新支撑平台的指导意见》（国发〔2015〕53 号），文件指出，为推动众创、众包、众扶、众筹等大众创业万众创新支撑平台快速发展，政府将完善完善市场准入制度。一方面，落实《关于鼓励和引导民间投资健康发展的若干意见》（“新 36 条”），进一步细化市场准入政策，消除体制性障碍，民营中小企业有望在基础设施，石油石化、电力通讯、社会事业等领域获得准入资格。另一方面，政府拟在交通出行、无车承运物流、快递、金融、医疗、教育等领域的准入制度创新，通过分类管理、试点示范等方式，依法为众包、众筹等新模式新业态的发展营造政策环境。针对众包资产轻、平台化、受众广、跨地域等特点，放宽市场准入条件，降低行业准入门槛。

迄今为止，国家已经实施放宽市场准入的政策主要是出台了《注册资本登记制度改革方案》和制定市场准入负面清单制度。国务院批准的《注册资本登记制度改革方案》于 2014 年 3 月 1 日正式实施，中小企业创业创新门槛降低。3 月 1 日起，有限责任公司取消最低 3 万元注册资本限额，一人有限责任公司取消最低 10 万元注册资本限额，也就是说“一元钱即可注册公司”。《方案》还取消了货币出资最低限额。企业可以用实物、知识产权、土地所有权等可以用货币估价并可以依法转让的非货币财产作价出资，并取消了货币出资不低于注册资本 30% 的最低比例。2016 年 4 月，由发展改革委、商务部会同有关部门汇总、审查形成的《市场准入负面清单草案（试点版）》通知形式印发，并在天津、上海、福建、广东四个省、直辖市试行。《草案》共 328 项，包括禁止准入类 96 项，限制准入类 232 项。按照《草案》规定，今后“凡是法律法规未明确禁入的行业和领域，都应允许各类市场主体进入；凡是已向外资开放或承诺开放的领域，都应向国内民间资本放开；凡是影响民间资本公平进入和竞争的不合理障碍，都要统统打掉”。

8.2.2 减少行政审批环节

减少行政审批环节已经成为创业创新活动的重要推动力。在这方面的主要举措包括以下两个方面。

一方面，新修订了政府核准的投资项目目录，终结了非行政许可审批制度。两年来，中央大幅度地对行政审批制度和项目进行改革，终结了非行政许可审批制度，连续两次修订政府核准的投资项目目录，中央层面核准的项目数量累计减少约76%，95%以上的外商投资项目、98%以上的境外投资项目改为网上备案管理。商事制度改革力度较大，工商登记由“先证后照”改为“先照后证”，前置审批精简85%。个人和企业资质资格认定事项压减44%，中央政府定价项目减少80%。

另一方面，用制度规范政府部门的行政审批行为，降低企业的交易成本。2015年2月，国务院发布了《国务院关于规范国务院部门行政审批行为改进行政审批有关工作的通知》，进一步规范了行政审批行为，减少了权力寻租空间，为企业营造了公平竞争的市场环境，降低了中小企业创业创新的成本和门槛。2015年4月，《国务院办公厅关于清理规范国务院部门行政审批中介服务的通知》发布，重点解决中介服务事项环节多、耗时长、收费乱、垄断性强、一些从事中介服务的机构与政府部门存在利益关联等问题，整治中介服务乱象，规范和引导中介服务。该政策降低了中小企业参与市场竞争的交易成本。

为减少寻租空间，推行“阳光政务”，打造“透明政府”。《政府信息公开条例》、《关于进一步加强政府信息公开回应社会关切提升政府公信力的意见》等政策文件先后出台，中央及地方政府还借助政府网站、微博、微信、App、政务服务自助终端机等信息媒介，提高政府信息公开的广度和深度，更方便社会公众获取政府信息，政务更加公开、透明。

8.2.3 优化中小企业竞争环境

优化中小企业竞争环境是鼓励创业创新活动的前提条件。在这方面的主要举措包括以下四个方面。

一是落实了知识产权保护制度。为保护和刺激中小企业的创业创新动力，2015年12月国务院发布了《关于新形势下加快知识产权强国建设的若干意见》（下称《意见》）。该文件提出，我国虽然从2008年就已经开始启动国家知识产权战略，但是对知识产权的保护不够严格、侵权易发多发，企业研发风险大。该《意见》提出要实行严格的产权保护，加大对知识产权侵权行为的惩治力度，加强知识产权行政执法与刑事司法衔接，加大涉嫌犯罪案件移交工作力度。

二是扶持小微企业，为小微企业减负，支持重点群体的创业。先后出台了《国务院关于扶持小型微型企业健康发展的意见》，《国务院关于进一步做好新形势下就业创业工作的意见》等文件，扶植创办小微企业，打造众创空间。2014 年 6 月，国务院办公厅出台了《关于进一步加强涉企收费管理减轻企业负担的通知》（国办发〔2014〕30 号），明确建立支持小微企业的长效机制，全面落实已出台的各项收费减免措施，将暂免小微企业管理类、登记类和证照类行政事业性收费改为长期措施。工业和信息化部还印发了《关于推动大众创业、万众创新工作的有关通知》，把大学生创业作为提升小微企业创业水平和改善中小企业结构的重要举措，为大学生提供创业服务，引导和扶持大学生自主创业。

三是支持小企业创业基地的建设。政府出台了《国家小型微型企业创业示范基地建设的管理办法》，优化小型微型企业创业创新的环境。《办法》鼓励各地利用闲置的厂房和土地，以及在现有的工业园区等建立小企业创业基地，目前经省级中小企业主管部门认定的中小企业创业基地已经有 1700 多个，基地入驻了企业 12 万家以上，提供就业岗位 420 多万个。为帮助小微企业创业，政府相关部门还建立了创业辅导师制度。如工业和信息化部从 2003 年始开展了创业辅导师的培训工作，培育形成了一批创业辅导师队伍，近年来累计举办了 14 期培训班，培育了 500 多名创业辅导师，这些辅导师在各地举办了创业的培训和创业辅导活动，为创办小微企业提供一些精准的服务，极大地提高了创业的成功率和小微企业的存活率。

四是降低高新企业受惠的门槛。2015 年 11 月，《高新技术企业认定管理办法》出台，该法案更多向中小企业倾斜，中小企业的认定条件适当放宽，大大降低了高新技术企业享受税收优惠的门槛，为中小企业享受高新技术企业优惠政策提供良好机会，众多科技型中小企业获益。《办法》将小企业的研发费占比由 6% 调整为 5%，大中型企业仍分别采用 3%、4% 的要求不变。体现了对中小企业的倾斜扶持，使更多中小企业享受到高新技术企业政策优惠。

8.2.4　建设公共服务平台

建设公共服务平台是为创业创新活动集中提供优质服务的重要途径。在这方面的主要举措包括以下两个方面。

一是认定和建设中小企业公共服务平台。为中小企业创业创新发展提供多层次、全方位网络化的服务，使中小企业找得到、用得起、可信赖，工业和信息化部认定了 500 多家国家中小企业公共服务的示范平台，这其中创业服务和技术服务的示范平台将近 400 家。政府实施了中小企业公共服务平台网络建设工程，全国一共建设了 800 多个网络窗口平台。2014 年这些平台开展了创业创新服务达到 600 多个，提供了创业服务达到 32 万人次，同时，还组织开展了服务机构能力的培训与交流，提升创业创新服务的能力。

二是推进“互联网 +”行动，建立公共信息资源开放共享制度。中小企业创业创新离不开信息。2013 年，《国务院关于促进信息消费扩大内需的若干意见》提出要“制定公共信息资源开放共享管理办法，推动市政公用企事业单位、公共服务事业单位等机构开放信息资源”。2015 年 7 月，《国务院关于积极推进“互联网 +”行动的指导意见》提出“推动数据资源开放。建立国家政府信息开放统一平台和基础数据资源库，开展公共数据开放利用改革试点，出台政府机构数据开放管理规定。推进政府和公共信息资源开放共享”。目前，北京、上海、浙江等地方政府已经开通了政府数据网站，通过互联网开放公共数据资源供社会公众下载使用。有关职能部门需在保护市场主体商业秘密和个人隐私的前提下，向社会开放与消费者权益密切相关的市场主体信息，如：登记注册或备案信息、证照信息、资质信息、信用记录等，保障消费者的知情权；向社会开放相关政策法规、行政执法、抽检和检测检验报告等信息，便于社会监督。2015 年 8 月，国务院常务会议通过《关于促进大数据发展的行动纲要》（以下简称《行动纲要》）。信息社会，产业升级、社会转型、改革创新对数据信息的开放、共享与安全产生了强烈的需求。政府信息系统和公共数据的互联共享，有利于消除消息孤岛，加快整合各类资源，避免重复投入、重复建设，可以提高资源使用效率。尤其是交通、医疗、就业、社保等民生领域的数据将首先向公众开放，这对城市建设、社会救助、质量安全、社区服务等方面将发挥积极意义，有利于社会治理水平的提高。《行动纲要》将有助于推动政府公共数据的开放与共享，为促进创业创新提供新动力，还能增强政府公信力，促进社会信用体系建设。

8.2.5 强化市场监管

商事制度改革以来，企业的经营环境得以改善。年检、验资、评估等法定要求陆续取消，“三证合一”、“一址多照”等政策的施行，为中小企业创业创新提供了宽松的市场和自由的成长环境。但伴随而来的是因活而乱的诸如金融理财诈骗、平台吸金跑路等事件。市场不是自由王国，市场经济首先是法治经济。在依法放宽市场准入，降低行业门槛的同时，必须对市场主体的经营行为进行依法监管。

2015 年 1 月，国务院发布了《国务院关于“先照后证”改革后加强事中事后监管的意见》，明确了监管原则，强调了“谁审批、谁监管，谁主管、谁监管”。《意见》明确了“照”和“证”衔接过程中部门的监管职责，消除了监管的真空，避免出现监管“灰色地带”，构建了以信息归集共享为基础、以信息公示为手段、以信用监管为核心的新型监管制度。《意见》要求建立部门协同联动机制，对违法失信企业和个人在招投标、出入境、政府采购等方面给予限制或者禁止。工商总局建成了全国统一的经营异常名录数据库，被列入经营异常名录的企业和经营者信息将被公布，信息公示，接受全社会的监督。即使恢复移出了经营异常名录，曾经被列入经营异常名录的痕迹仍将伴随“终生”。由于名录信息与税务、社保部门信息共享，所以一旦被列入经营异常名录，企业和经营者将面临严重的社会信用约束，面临“一处违法，处处受限”的不利处境。目前，全国有 24 个省（区、市）建立了部门间企业信用信息共享机制，实现信息共享，其中有 17 个地方以工商部门为主导。工商部门累计向其他部门提供相关信息 31.6 亿条。失信联合惩戒也有很大进展，37 个相关部门签订了合作协议，实现了对企业跨部门、跨地区、跨行业的信用约束和联合惩戒，约 132 万名“老赖”受到任职限制。

8.3　“双创”市场政策的实施效果

8.3.1　“双创”市场政策的积极效果

从李克强总理在 2013 年国务院第一次全体会议上提出要大力推动创业创新，到 2015 年政府工作报告把“大众创业、万众创新”提升到国家经济发展新引擎的战略高度，中国的创新和创业正在迎来一个快速发展期。伦敦咨询公司 UHY 国际最新报告称，自 2010 年来中国初创企业数量每年以将近 100% 的速度增长，到 2014 年达到 161 万家，每 7 分钟就会有一个创业公司诞生，是全球第二大创业公司市场。这一速度几乎是排在第二名的英国的两倍，也远远高于美国，说明政策的激励效果比较明显。“双创”市场政策的实施效果主要体现在以下几个方面。

一是中小微企业数量扩张快。“双创”市场政策实施以来，我国新登记企业数量屡创新高。2015 年，平均每天新登记企业 1.2 万户，比 2014 年提升 20%，远高于改革之前的 6900 家。特别是政策改革举措中的“一址多照、一照多址、商务秘书公司、电商集群注册”等，促进了众创空间、创客工场等新产业、新业态、新模式的发展，极大地推动了双创的繁荣。2015 年全国新登记企业 443.9 万户，比 2014 年增长 21.6%，注册资本（金）29 万亿元，增长 52.2%，均创历年新登记数量和注册资本（金）总额新高。据统计，新登记企业中有 96% 的属于小微企业，说明政府推出的众多的创业创新市场政策激励效果非常明显。

二是中小企业经营效益有所提升。中国中小企业协会发布的经济检测报告显示：2015 年，创业板和中小板的逾 1170 家上市公司营业收入和净利润均实现了显著上涨，创业板和中小板分别实现归母净利润 617.6 亿元、1641.9 亿元，同比增长 28.52 % 和 21.44%，二者均创历史新高。其中，创业板上市公司 2015 年平均实现营业收入 11.19 亿元，同比增长 29.4%，平均实现净利润 1.25 亿元，同比增长 27.8%，营业收入和净利润增长速度为近五年最高。中小板上市公司中有 721 家（截至 2016 年 3 月 2 日）发布了业绩快报，有 433 家企业的净利润实现了净利润同比增长，企业比重约为 60%。此外，2015 年创业板和中小板的市盈率分别为 56.7 倍和 42.2 倍，都已经下降到 2014 年初的水平，处于历史较低位置，投资价值提升。

三是中小企业的经营环境有所改善。改革降低了创业的制度成本，改善了我国的营商环境。根据世界银行营商环境报告显示，商事制度改革这两年，中国营商环境排名每年提升 6 位，目前在 189 个经济体中排名第 84 位。去年上半年中国科协组织了第三方评估，显示2015年商事制度改革推动GDP增长0.4%。来自中国社会科学院民营经济研究中心的微观调查结果亦显示，约57%的被调查企业认为创业创新的市场环境得到了明显改善，其中贡献较大的因素如图8.1所示："市场机会增加"得票率最高，其次是"融资环境改善"、"人才易得"、"政府办事效率的提升"和"税费的降低"。

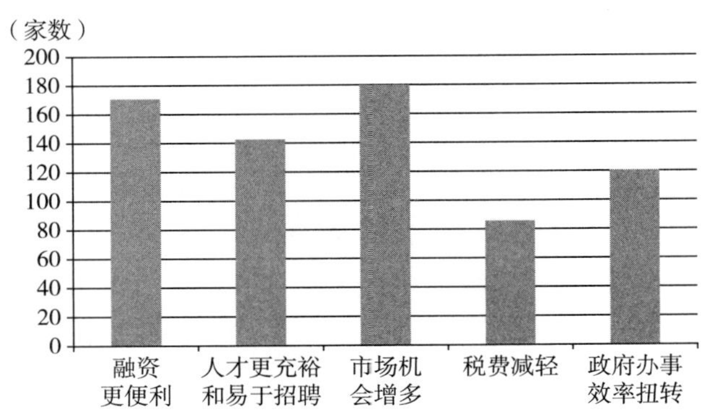

图8.1 关于创业创新市场环境的调查

资料来源：中国社会科学院民营经济研究中心《优化创业创新政策环境促进中小企业发展调研数据库（2016）》。

四是新兴产业扩张较快。市场政策改革降低了企业入市的门槛，激发了市场主体的活力。新增企业中，服务业企业占比80%左右。截至2015年底，第三产业实有企业1635.7万户，占企业总数74.8%，所占比重比2014年提高了1.5个百分点。照此趋势发展，我国产业结构将迎来大的转变，第三产业将成为带动国家经济总量发展的重要力量。这些新增产业体现出鲜明的创新性，大多数集中在信息技术和文化、金融等行业。据统计，2015年我国新登记信息传输、软件和信息技术服务业企业24万户，比2014年增长63.9%，文化、体育和娱乐业企业10.4万户，增长58.5%。

此外，本轮市场改革的一个重要的作用是还改变了人们的传统就业观念，从"要就业"到"要创业"，大众创业、万众创新的氛围已经开始深入人心。人们不再过多的依附国有企业和事业单位，选择私营企业、自己创业的人口比重占同期新增就业岗位的90%。

8.3.2 "双创"市场政策实施中的问题

市场政策环境的改善对中小企业创业创新扫清了障碍，降低了门槛，大众创业、万众创新蔚然成风。然而，诸多政策"催大"下的中小企业在发展中还是暴露出一些问题。

一是"双创"活动浮躁化倾向明显。政策多管齐下，市场升温过快。中小企业由于自身资金规模小，抗风险能力差，对政策走向非常敏感。在近两年政府多方利好政策的刺激下，创业创新呈现出"大跃进"苗头，体现为五个特征。

创业创新"浮躁化"。创新和创业者心态浮躁，希望能借政策"东风"，迅速"长大"。创业创新是一种长期行为，需要企业家和创业者比拼恒心和耐力，"双创"是"长跑"，需要脚踏实地、精耕细作，需要市场经验的积累和企业文化的积淀。

创业创新“运动化”。自上而下的市场政策改革，原本是降低市场主体的交易成本和入市门槛，通过政府的放权、让利激活市场主体的活力。但在执行时，放权让利变成各级政府的政治任务，并层层加码，上级压下级，创业创新演变成全民大炼钢铁式的大跃进。创业创新是“成三败七、九死一生”的高风险的创造性活动，不是每一个人都能成功创业，不是所有地方都适合发展高科技创业。有些不具备条件的企业和创业者在政府的鼓励下盲目进场，陷入“一热就进，一进就死”的怪圈。

创业创新“投机化”。政策红利汹涌而至，有些投机者企图浑水摸鱼，想借创业创新实现“一夜暴富”，认为“风口上的猪都能飞起来”，利用各种“故事”进行炒作，项目估值一再被吹高，大量创业空心化。

“互联网+”创业创新的过度“网络虚拟化”。互联网的普及，帮助企业突破了地域、组织、技术的界限，整合了政府、企业、协会、科研院所的优势资源，打破信息垄断，降低创业门槛。不可否认，“互联网+”推动产业创新，催生了大数据、云计算等新兴业态，创造了大量的创业机会，受到社会热捧，其功能已经被神话。任何经济形态发展都不能离开实体经济，实体经济是基石。脱离现实、背离实体经济的盲目去“+”，过度“神化”互联网，不是健康的创业。以营销模式为例，“互联网+”改变了传统的营销模式，从金字塔式向网状结构进行转化和模式的重构，该功能被神话到人们认为完全可以消除传统的经销商，消灭中间环节，“互联网+”可以完全颠覆旧有的经济模式。实践证明，经销商渠道是大中型品牌企业营销体系中社会化分工的重要环节，电商渠道份额的上升并不意味着可以消除所有经销商渠道。互联网除了对传统行业营销模式进行颠覆外，还在金融领域急速扩张，互联网金融产品密集上线，余额宝、全额宝、收益宝、活期宝、现金宝、易付宝、盈利宝等不一而足。尽管模式尚不成熟，但互联网金融还是吸引着各大巨头趋之若鹜，互联网行业估值泡沫让人瞠目结舌。2015年，资本泡沫逐个破裂，曾经红极一时的咚咚健身、爱拼车、看房网、摇摇招车、菜谱网、Q点外卖等等全部倒闭，而像美团、滴滴这样的大公司也都委曲求全通过合并的方式来谋求生存的话语权，用“九死一生”形容互联网创业恰如其分。

创业教育的“功利化”。创业教育是一种通识教育，其精髓重在培养学生创造能力、创业精神、创新意识、冒险精神、独立意识，使其能在各行各业工作中创造性地解决职业发展中的问题。几乎所有的大学都开设了与创业有关的教育、培训、指导，高校在创业创新发展之路中扮演愈发重要的角色。然而，功利化倾向日益明显，一些高校开始追求学生的创业率，为创业而创业，创业具有盲目性。事实上，创新比创业更为根本，必须将创新理念融入创业教育中。高校的创业教育，应该以创新理念的培养、灌输为核心，而不是单纯的创业技巧传授。

政府的创业扶持政策效果如何？许多学者进行了问卷调查，一些学者的调查结果显示：各地出台的零首付创业政策增加了创业失败的风险。政策确实解决了大学生创业者创业初期的资金缺乏困难，刺激了大学生创业激情，但忽视了创业者的素质和条件。由于降低了创业的资金准入门槛，致使创业队伍“泥沙俱下”，实质上降低了创业企业信誉度，使创业成为无源之水、无本之木，加大今后的经营困难，增加失败的风险，不利于创业企业生存和创业活动的良性循环。调查结果显示，即使是在创业情况最好的江浙地区，大学生创业的成功率也是低的，创业企业的死亡率高于70%。换言之，绝大多数大学生创业不仅会失败，有可能还要承担一定的法律责任，内心的自责与外界的歧视会给创业者带来比较严重的心理创伤，其本人和家庭有可能陷入生存与发展的危机中，从而部分抵消了创业扶持政策的功效。

二是中小企业创业创新后劲不足，外延式发展仍是主要模式。

一方面，以互联网为基础的模式创新成为创业创新活动过度集中的领域。美国等发达国家的青年人创业多从擅长的技术、产品、服务创新入手，主要在互联网、生物制药等领域发挥创意，打破行业旧格局。而我国的青年人创新、创业则多从应用着手，扎堆于互联网，不太注重创新创造，重视乘势而为，借政策“风口”起飞。在此理念下，创业创新呈现出商业模式创新多，知识和技术密集度高的创新相对较少，高成长性的创业项目稀缺的局面。好项目难求是风投和孵化器普遍反映的问题，一些地区孵化器供大于求的现象比较严重，孵化器空置的现象开始出现。因此，这些新经济部门仍处于幼苗期，远未成长为经济的主力。

另一方面，在宏观经济下行大趋势下，中小企业的扩张速度在不断放缓。一个表现就是，部分传统行业持续低迷，导致企业内生发展滞缓、转型压力加剧；另一个表现就是，上市公司外延并购重组已成大势，但部分公司激进地扩张、盲目地跟风转型，已经开始显露出后遗症。内生需求放缓或萎缩成为多家中小创公司业绩巨亏的直接诱因。更重要的是不仅部分传统生产制造业的发展承压，连新兴的计算机及电子设备等行业也开始显露严重的产能过剩现象。大众创业、万众创新，需要政府激发创业创新者的内生动力，不是被逼着创新、创业，也不能被激励到只为“借势”圈钱，去市场上“抢滩争地”。

三是互联网金融诈骗频发。伴随政府的商事制度改革、更开放的市场准入和简政放权，有些经营者试图利用政策“风口”圈钱，互联网金融成犯罪高危领域。2015年以来，“e租宝”“泛亚”“上海申彤大大”等社会危害性较大的案件频发，打着互联网金融、投资中介、股权投资、境外上市等旗号的新型案件增多。不少金融领域打着创新幌子进行的违法犯罪行为，导致大量投资者血本无归，甚至因此诱发社会秩序与稳定的风险。互联网金融产品接连出事，一些欺诈性案件的恶劣影响暴露出政府对市场监管的不足，迫使管理层反思如何对市场进行有效监管，防止信息不对称带来的欺诈案件再次发生，或者要采取监管措施抑制金融泡沫生成。

四是企业孵化器出现倒闭风潮。企业孵化器是指一个集中的空间，帮助企业度过创业初期的困顿，向入驻企业提供资金、管理等公共服务。孵化器主要是帮助高科技企业和创业企业进行孵化，帮助企业做大。在“双创”影响下，2015年内中国共涌现出了1.6万家孵化器，这些孵化器形态也越来越多：3W咖啡、车库咖啡、天使汇、创业家、36氪等。

这些创业服务交流平台通过圈子文化对入选的创业团队给予公办场地、种子资金及创业指导的服务，经过一段孵化期后如果证明是优秀项目则被推荐给风险投资机构。孵化器的确帮助了一些优秀的创业团队脱颖而出，但更多的孵化器还是以政府为主导，一些经营者打着“助力双创”“孵化器”的牌子从政府手里拿地，骗政府补贴。由于各地政府都在鼓励“双创”，在政策扶持下，雨后春笋般出现的孵化器动辄便可以拿到几百万元到一千万元不等的补贴。他们甚至不管运营，很多孵化器只有一块牌子，里面空空荡荡，从未有产出。实践证明，依靠廉价租金和工作场所为噱头是无法维持长期运营的。对于创业团队而言，工作场地的需求只是暂时和次要的，时间与市场机会才是真正的需求，也是孵化器更重要的服务内容。政策利好是创业企业生存的外部条件，企业的长期生存仍然需要自身的运营能力和市场机遇。

五是政策落实受阻现象时有发生。中小微企业，尤其是小微企业的政策红利最大。然而调查发现，某些地方的小微企业并没有享受本应获得的政策红利，如税收减免。一些地方政府采用“变戏法”手段将优惠政策消弭于无形。如本应以月销售额 2 万元为增值税和营业税起征点，但政府却采取将数月营业额合并平均之后合并收税方式收缴了本不该缴纳的税款。还有一些地方政府迫于当前经济形势下滑、财政收入增长放缓的压力而没有将优惠政策贯彻到企业，或以诸多理由将本应享受优惠的企业拒之门外。由于政策落实缺乏跟踪监督，优惠政策没有落实到位的情况也不鲜见。小微企业处于弱势地位，维权也非常困难。一些受访者反映，仍然存在一些政策落实不到位、简政放权不充分的情况，很多审批监管环节依然冗长拖沓，阻碍了创业创新的发展。2016 年第一季度，民间投资 53197 亿元，同比增速回落 7.9 个百分点，虽然与市场需求萎缩直接关联，但与企业投资时遭遇“弹簧门”“玻璃门”不无关系。行业准入、垄断仍是中小企业发展遭遇的一大障碍。

8.4　“双创”市场政策的优化建议

据不完全统计，2013 年初至 2015 年底，为促进“大众创业、万众创新”，国务院及相关部门在三年时间内密集颁布了 63 份政策性文件。综合评价，这些文件的共性特征是要求“双创”要注重实效，政策要有协调性和针对性，“双创”要与简政放权、放管结合、优化服务有机结合。“双创”本身就是政府管理思路的一项创新，是公共政策与政府管理的融和创新。

8.4.1 创新政府管理模式

调查发现，许多中小微企业主表示“政策虽好，关键在落实”。从中央到地方，对中小微企业的公共服务和减税“层层加码”，中小微企业及创业者面临前所未有的政策红利，极大地调动了经营者的“双创”积极性。但是也产生了两个问题：一是某些地方、某类政策的落实率不高；二是政策红利由于“层层加码”引发了“双创”泡沫和投机行为。

前文已述，公共政策是政府治理社会经济的重要手段。“双创”不仅仅是经济问题，而且是政治问题，还是社会问题，市场政策对创业创新作用毋庸置疑。传统体制下，政府集决策权、执行权、监督权三权于一体，政府部门既充当决策者，又当执行者，还要负有监督的职责。从中央到地方各级政府部门再分解决策权、执行权、监督权，形成不同层级政府、不同机构相对独立行使、不同性质的权利相互制约、相互把关，又分工负责、相互协调的权力结构。这样的权利结构容易产生管辖事物的“条块分割”，管理范围画地为牢，部门间缺乏协同和联动，产生政策阻滞现象。一项创新政策刚刚颁布，下级政府部门还未来得及消化、理解和施行，第二个、第三个、第四个接踵而至。条块分割下的管理格局很难及时分解任务，因为利益格局的调整需要一个适应过程。因此传统管理体制容易带来政策落实的“时滞”和“条块”效应，政策执行也容易产生碎片化和短期行为，令创业创新政策实施效果大打折扣。以大学生的创业扶持政策为例，创业扶持政策是由各级政府职能部门如国务院、财政部、科技部、各省教育部门、工商局、税务局、科技局分别制定，政策介绍、梳理和汇编都缺乏，彼此间缺乏政策的协调性，容易导致创业者无法享受到优惠政策，造成政策资源的浪费。

创新政府管理模式，可以从以下三个方面入手：一是创新管理方式。由传统的直接、微观干预管理方式向间接、宏观管理方式为主转变。政府要有所为有所不为，坚持宏观、适度干预，重心在法律规范、在行为引导。如对创业创新企业的直接补贴容易引发投机和泡沫，若采用间接干预办法，降低企业交易成本、降低进入门槛等政策手段则可以有效减除泡沫和投机行为。二是再造业务流程和行政程序。摈弃以任务分工和计划控制为中心的工作流程设计观念，由计划性、串联性、部门分散性、文件式工作方式向动态化、并联化、部门集成化的转变。在“双创“管理中，可以如下改进：取消无效流程、改造碎片化流程、厘清模糊流程，打破“死结”流程。三是创新工作方法和技术手段。推行电子政务，使用大数据技术帮助政府决策。共建信息共享系统，推进各类信息平台的无缝对接，打破机构间的职能壁垒和信息孤岛，增强政府对外界环境的反应和适应能力。

8.4.2 加强市场监管，防范诈骗犯罪

市场环境犹如鱼儿生存的水源，水质达标是关键。一个统一开放、竞争有序、诚信守法、监管有力的现代市场体系正是大众创业、万众创新所需要的必备条件。要尽快确立部门联动监管机制，建立统一的综合监管平台，避免多头监管、重复监管和监管真空。一要

大力推进社会信用体系建设，建立信息披露和诚信档案制度、失信联合惩戒机制和黑名单制度，让企业信用管理发挥基础性作用。为此，政府应进一步完善中小企业的征信体系，这不仅可以有效防范金融风险、促进社会信用环境改善，也可以大大改善中小企业融资环境。二要按照“谁主管、谁监管”“谁审批、谁监管”的原则，加快有关法律法规的“立、改、废”工作，避免监管职能交叉错位，杜绝监管真空。三要建立公平开放透明的市场规则，加大对市场中侵害科技型中小企业合法利益行为的打击力度。

8.4.3　培育“双创”文化，创新精神是核心

创新是民族进步之魂，创业是就业富民之源。政策环境只是促进经济主体创业创新的外在环境因素，其引导和激励功能发挥归根结底是由经济主体的主观态度所决定。经济主体的是否具有创新精神，是否愿意承担一定的经营风险，有多大的勇气参与竞争等人文价值取向是一国创新驱动战略的最核心决定因素。而我国在这些方面与创新型国家建设的要求尚有不小的差距。在很多发达国家，创业失败被认为只是运气不好所致，失败的创业者会很快找到资金开始新的项目，他们同样也会毫不犹豫地放弃低效率项目而开始新的项目。什么是企业家精神？不畏失败。对失败的坦然已经成为衡量“企业家精神”的重要内涵。而在很多发展中国家，创业失败被认为是一种耻辱，说明创业者无能，在我们的文化中就有“成者王侯败者寇”的固有观念。为避免失败受到世人嘲讽，一些有创业意愿的人或者选择风险小的项目投资，或者干脆为规避创业风险而放弃创业创新。

我们支持创业勇于创新的文化培育力度不够，鼓励创新、宽容失败、勇于冒险的创业创新型人才培育土壤还有待培育。政府在“双创”文化培养方面可以采取以下措施：一是以多种方式和渠道宣扬创新精神，颂扬中华民族崇尚创新、鼓励创新的优良传统。二是要营造宽容失败、鼓励争鸣的创新氛围。要允许和宽容人才创新失败，要以宽容之心，关心和爱护在探索中受挫的人才，给予更多的物质支持和精神鼓励，帮助他们在总结经验教训的基础上继续创新探索。三要鼓励支持人才敢于挑战权威，允许人才发表新见解新主张，最大限度激发人才的创新内驱动力。四是摈弃急功近利、急于求成的浮躁习性，倡导淡泊名利、坚持不懈、“十年磨一剑”的创新求索精神。五是培养开放意识，鼓励和加强人才之间的交流合作，为科研院所、高等院校及企业之间的研发团队搭建交流合作平台。

执笔人：赵三英（华夏幸福基业股份有限公司 副教授）

参考文献

[1] 王鹏程，于明奎．西方国家中小企业财政支持政策．国际劳动，2008（1）
[2] 王飞绒，池仁勇．发达国家与发展中国家创业环境比较研究．外国经济与管理，2005（11）
[3] 李平，崔喜君，刘建．绩效分析—兼论人力资本和知识产权保护的影响．中国社会科学，2007（2）
[4] 李薇薇．中国企业模仿创新中的专利权属制度研究．中国软科学，2011（1）

[5] 林洲钰，林汉川. 产业环境、自主创新与中小企业成长的政策工具. 产业经济，2012（9）

[6] 王惠. 政府创业扶持政策对大学生创业的影响评价及其优化. 企业经济，2014（3）

[7] 谭颖，陈晓红. 我国中小企业创业环境的实证研究. 中南财经政法大学学报，2009（4）

[8] 许欢，孟庆国. 政策和管理叠加创新研究：以“双创”为例. 中国行政管理，2016（6）

[9] Romer，P. M. Increasing Returns and Long Run Growth [J]. The Journal of Political Economy，1986，94（5）：1002～1037

[10] Tassey，G. Policy Issues for R&D Investment in a Knowledge Based Economy [J]. The Journal of Technology Transfer. 2004.（29）：153—185

[11] Gi11，I. S.，Kharas，H. J.，Bhattasali，D. An East Asian Renaissance：Ideas for Economic Growth. World Bank，2007

第 9 章

优化“双创”社会政策环境，促进中小企业发展

- 引言
- “双创”的社会政策需求
- 当前“双创”面临的主要社会政策问题
- 社会政策促进“双创”的国际经验
- 优化“双创”社会政策环境的对策建议

9.1 引言

中小企业不仅是国民经济、社会发展和就业创造的重要驱动力量，而且在创业创新方面发挥着重要作用。“大众创业、万众创新”的提法本身就体现了政府对中小企业在创业创新中的重要地位。国际经验显示，中小企业在创业创新中具有多样性、广泛性、灵活性和高效性等优势，但也面临着自身特点引致的劣势，对外部依赖性较大。因此，各国政府普遍对中小企业创业创新提供特殊的政策支持，包括起基础性作用的社会政策。

中小企业对“双创”的社会政策需求所要达到的根本目标可以概括为三个方面：一是解决由自身规模小引致的创新不足、创新成本高及对成本上升敏感等问题，在政策支持下充分发挥中小企业创业创新的多样性、广泛性、灵活性和高效性等优势；二是需要政府提供政策支持抵御外部宏观经济环境变化冲击，以克服自身抗风险能力弱的劣势。三是在市场失灵且具有较强溢出效应的创业创新企业家能力培养、员工培训、人员招聘测评等方面需要政府提供政策优惠或直接提供平台。

由于长期计划经济和“抓大放小”政策执行偏差的影响，中小企业优惠和扶持政策不到位，尤其是起基础性作用的劳动保护、社会保障、医疗保险、户籍制度、教育和培训等社会政策存在扶持力度不够，供求匹配度差等问题，尚不能满足中小企业创业创新和转型升级的需要。因此，需要深入调查中小企业对“双创”社会政策的需求，分析当前“双创”社会政策供给存在的问题，并结合国际经验提出具有针对性和可行性的对策建议。

9.2 “双创”的社会政策需求

我国中小企业对“双创”社会政策的需求，既包括成熟市场经济国家中小企业的普遍需求，也包括对教育、户籍制度、劳动力市场体制改革的需求，应对外部冲击和经济转型的社会政策需求。具体讲，当前我国中小企业社会政策主要集中在劳动用工、社会保障和创业创新培训等方面。

9.2.1 解决后顾之忧的社会保障需求

社会保障制度是大规模工业化大生产的产物，其制度设计最初源于大型企业的需求。在中小企业成为国民经济发展和吸收就业的主要力量后，社会保障制度向规模小、管理水平相对低和高度差异化的中小企业扩展时会遇到一些特殊困难，需要进一步改革使制度实现对中小企业和自主创业人员的人员基本全覆盖、风险广覆盖，从而解决创业创新企业家及其员工的后顾之忧，并促进人才、劳动力的自由流动。

从发达国家社会保障改革的历程看，我国中小微企业社会保障政策需求包括：一是提高养老、医疗保险的统筹层次，为人员跨地区流动提供便利；二是实现不同行业或部门社会保障制度的统一，或者设计身份或工作单位变动时社保关系在不同制度间转换的接口，为人才跨部门流动提供便利；三是简化参保程序，提供适合中小企业需求的一站式社会保障经办通道；四是实现社会保障经办业务再造，将养老、医疗、失业、工伤等社会保障前端和中端业务（参保登记、人员变更、缴费、稽核）整合，便利中小企业参保。从我国的实际情况看，还需要在教育、培训、户籍制度、公租房等社会政策领域进行改革。

总之，社会保障是社会的安全阀和自动稳定器，是解决社会成员面临的生、老、病、死、失、残、孕等系统风险的重要制度安排，也是支持和帮助企业从事高风险高收益的创业创新活动重要措施。

9.2.2 减轻人员社会保障及工资等用工成本负担的需求

近年来，随着我国人口红利的下降和民生优先发展政策的执行，我国工资水平不断增长。主要为私营企业的中小企业工资增长率以10%以上的速度连续提高，中小企业农民工员工比例较高，在“民工荒”的背景下，工资水平也开始快速提供。城镇私营单位的年平均工资从2010年的20759元增加到2015年的39589元，农民工的人均月收入从2012年的2290元增加到2015年的3072元。私营单位所有年份的平均工资增长率都高于GDP的增长率，GDP除2015年外都高于城镇非私营单位的平均工资增长率。

表9.1 **不同单位平均工资及其增长率** 单位：元，%

年份	城镇非私营单位		城镇私营单位		外出农民工人均月收入	
	平均年工资	增长率	平均年工资	增长率	平均月工资	增长率
2010年	37147	13.5	20759	14.1	–	–
2011年	42452	14.3	24556	18.3	–	–
2012年	46769	11.9	28752	17.1	2290	11.8
2013年	51474	10.1	32706	13.8	2609	13.9
2014年	56339	9.4	36390	11.3	2864	9.8
2015年	62029	10.1	39589	8.8	3072	7.2

资料来源：历年人力资源和社会保障事业发展统计公报。

我国“五险”的法定缴费率为工人工资的41%左右，2015年以来国务院先后下调失业、工伤、生育三类共计1.75个百分点的费率后，我国“五险”占工资的比重仍在39%左右①。社会保险缴费与OECD国家的社会保障税收楔子类似，2015年OECD国家的社会保障税收楔子平均为27.39%，比我国低近11个百分点，只有奥地利、法国、意大利等7个国家超过40%。从企业缴费角度看，我国企业承担的社会缴费约为工资的28%~29%，而OECD国家平均为17.62%，只有奥地利、比利时、匈牙利等10个国家超过28%②。

正常的工资增长和社会保障制度的完善是社会进步的表现，况且近年来的较快增长也是对较前年份低工资、低福利的补偿性增长。但是也应该看到，工资的快速增长和居高不下的社会保障负担对中小企业经营、技术创新带来了较大的成本负担。尤其是对处于积累期，尚未达到规模经济的中小企业、转型升级尚未完成和新建企业影响更大。在宏观经济环境依然严峻背景下，中小企业普遍有获得政府政策支持以降低企业用工成本的需求。

9.2.3 消除专业人才和劳动力优化配置瓶颈等人力资源方面的需求

创新型企业家、管理人员和专业技术人才是创新驱动经济的关键动力。然而，人才不足是我国企业创新发展的主要瓶颈。尤其是中小企业，在企业文化、人力资源管理制度、发展前景和技术创新软件和硬件上往往不如大型企业，薪酬和福利支付能力和意愿总体上也低于大型企业，在职称评定和获得国家创新支持上较大型企业处于不利地位，人才需求缺口更大。张亨明（2013）对淮北市的调查显示，该市85%以上的中小企业没有研发机构，企业研发活动以跟踪模仿为主，关键技术自给率低，对外技术依存度超过50%。2012年底，全市规模以上中小工业企业中级职称以上人员只占7%。研究表明，科技人员在员工中的比例达到15%以上，才能保持企业持续稳定发展③。国务院发展研究中心2014年对2446位企业经营者参与的问卷调研显示，企业家认为阻碍企业创新的最主要因素是创新人才短缺④。

国外经验显示，在合适的制度设计和政策扶持下，中小企业人才不足瓶颈可以得到有效缓解。例如，构建中小企业与大型企业、高等院校、职业院校、科研机构的人才平台⑤；企业（不考虑规模）给予创业创新高级人才更高福利待遇时，政府给予一定的政策优惠⑥。

---

① http：//news. xinhuanet. com/fortune/2016－04/21/c_ 128917387. htm。

② http：//localhost/OECDStat_ Metadata/ShowMetadata. ashx？ Dataset＝AWCOMP&ShowOnWeb＝true&Lang＝en。

③ 张亨明：“后发达地区中小企业技术创新的障碍及对策”，《经济纵横》，2013第12期。

④ 李兰：“创新人才缺乏是制约企业创新的最主要因素——我国企业创新面临的困难和问题”，《中国经济时报》，2015年10月21日。

⑤ 金晶：“韩国中小企业扶持政策与对策研究”，《亚太经济》，2013第1期。Lim，H.（2008），‘SMEs Development Policy Environment and Challenges in Singapore’，in Lim，H.（ed.），*SME in Asia and Globalization*，ERIA Research Project Report 2007－5，pp. 267－286.

⑥ http：//media. education. gouv. fr/file/CIR/83/8/cir2008_ 22838. pdf。

进一步创造良好的企业创新环境，尤其是创新人才培养是企业家对政府的长期期望。因此，在"双创"环境下，我国政府急需根据国情和企业的实际需求推出系统的帮助中小企业解决阻碍创业创新的人才瓶颈问题的社会政策体系。

劳动力在不同区域和用人单位间流动，不仅有利于人力资本优化配置，也有利于企业的创业和创新。然而，我国目前的户籍制度、人事管理制度和社会保障仍是制约劳动力自由流的障碍。首先，户籍制度及基于户籍的社会保障制度严重制约了农民工的城镇化，是引起"民工荒"的重要原因；第二，社会保障制度的碎片化和转移接续渠道不畅通，制约了劳动力在不同城市之间的自由流动和优化配置；第三，劳动人事管理制度不协调是影响专业人才在不同用人单位间流动的主要障碍。我国绝大多数专业技术人员在高校、研究机构和大型企业，人才管理政策与中下企业的需求不匹配，不利于人才向中小企业流动，也缺乏可行的人才租赁或短期借调交流措施。在"双创"环境下，急需政府推出适应中小企业需要的激励技术人才在不同机构自由流动的劳动和人事管理政策。

9.3 当前"双创"面临的主要社会政策问题

9.3.1 双创的社会保障机制尚未有效建立

我国社会保障制度体系建立较晚，主要存在的问题包括保障项目不健全、制度分割、区域分割和城乡分割，导致社会保障制度统筹层次过低，社保服务管理体制混乱。社会保障制度及其经办体系存在的问题不仅影响参保人的权益，而且制约劳动力流动，不利有构建创业创新友好的社会环境。

第一，保障项目不健全。经过20多年的努力，我国基本建立了覆盖大多数社会风险的社会保障体系，主要是社会救助制度、五险一金制度和就业促进制度，但比较OECD国家的制度体系，我国社会保障体系明显不健全。以劳动力市场政策为例，OECD国家已经建立了制度化的消极和积极劳动力市场政策体系，前者包括失业保险和提前退休，后者包括公共就业服务、职业培训、学徒制、雇佣激励、政府直接就业创造、创业津贴等6大类20项政策。积极劳动力市场政策对人力资本培育和创业创新具有显著的促进作用。2013年，有统计数据的24个国家积极劳动力市场政策支出占GDP的比重平均为0.56%，墨西哥最低，为0.01%，瑞典最高，为1.35%（见图9.1）。我国的就业促进尚未建立如此全面的政策支持体系。

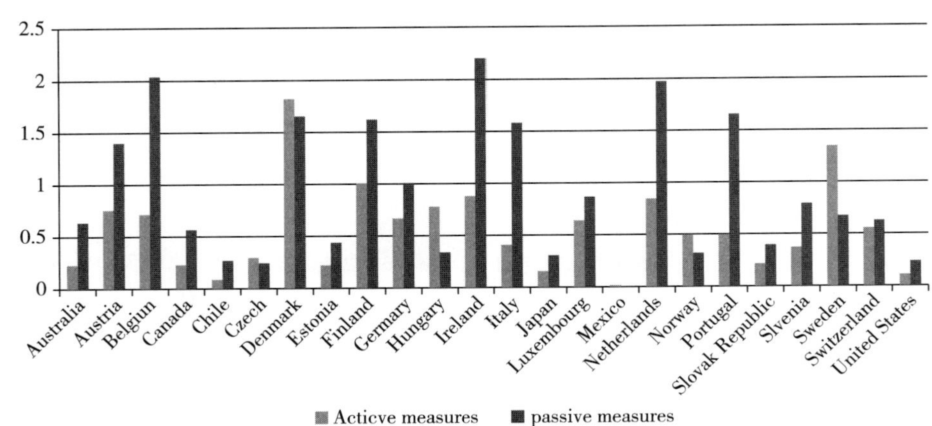

图9.1　OECD国家积极和消极劳动力市场政策支出占GDP的比重

资料来源：OECD. Stat. Dataset：Public expenditure and participant stocks on LMP（http：//stats. oecd. org）。

第二，社会保障制度分割。我国的社会保障制度建立的初衷是为国有企业改革配套，当时在制度设计时对中小企业、民营企业、自由职业者考虑较少，导致制度对这些群体覆盖的张力不足。为解决上述企业和群体的参保问题，我国采取分人群建立制度的方法解决。以养老保障为例，长期存在公务员、事业单位、城镇职工、城镇居民、新农保等多个制度。近年来，政府开始尝试前三个制度的并轨。社会保障制度分割是劳动者职业和在不同雇主之间转换的主要障碍，从人力资源层面对中小企业创业创新形成制约。

第三，区域分割和城乡分割。社会保障制度的区域分割和城乡分割导致社保关系转移接续困难，这必然会影响到劳动力的自由流动和人力资源优化配置。据人力资源和社会保障部统计，2013年全国办理城镇企业职工基本养老保险关系跨省转移接续156万人次，基本医疗保险关系转移接续120万人次，这与我国劳动力跨区流动的规模很不相称①。再加上基本不能转移接续的2亿以上的农民工的转移接续需求更大。

9.3.2　社会保障等相关费用引致用人成本过高问题

社会保障缴费负担过重的原因之一是费率过高。国务院副总理马凯也曾经表示："现在的缴费水平确实偏高，五险一金已占到工资总额的40%～50%，企业觉得负担重。②"社会保障缴费负担过重的另一个原因是社保缴费基数连年上涨。同时，根据《工会法》的规定，企业应将每月职工工资总额的2%，拨交作为工会经费，成为企业强制性的缴费义务。社会保障负担带来的直接影响主要体现在以下三个方面，首先，对遵纪守法的企业来讲，费率过高会削弱企业竞争力；其次，沉重的缴费压力会促使低收入人群被迫"弃保"或逃费；第三，对于职工个人而言，职工缴费比例过高，会降低和推迟当期消费，不利于中国

① 人力资源和社会保障部：《2013年全国社会保险情况》。

② 孙乾："马凯：五险一金占工资40%～50%缴费水平确实偏高"，《京华时报》，2014年12月29日。详见：人民网：http：//finance. people. com. cn/n/2014/1229/c1004－26291351. html。

经济的增长方式转变，即从投资和出口拉动转变为内需拉动[①]。课题组调查显示，中小企业的实际缴费负担更重。在调查的490家中小企业中，有37.4%的中小企业“五险一金”及其他福利支出占人工成本的比重超过50%，其中，27.6%的被调查中小企业的超过60%（见表9.2）。

表9.2　被调查中小企业“五险一金”及其他福利支出占人工成本的比例

比例区间	频率（家）	有效百分比（%）	累积百分比（%）
40%以下	188	38.4	38.4
41%～50%	119	24.3	62.7
51%～60%	48	9.8	72.4
61%及以上	135	27.6	100

资料来源：中国社会科学院民营经济研究中心“优化创业创新政策环境促进中小企业发展调研数据库（2016）”。

我国社会保障负担过重是制度设计缺陷和未富先老的人口因素造成的。目前缴费的一代，既要承担社会保障制度建立前参加工作一代的历史负担，又要应对少子化带来的缴费人数的减少。然而，国家社会保险缴费补贴或缓缴政策执行不到位也是中小企业缴费负担过重的原因。课题组调查显示，中小企业并没有普遍享受到相关政策优惠，高达83.3%的被调查企业表示没有享受过任何社保缴费政策扶持，11.2%的被调查企业享受过一次，只有5.5%的企业重复享受过。这与进入经济新常态下我国中小企业面临的经营环境和政策目标明显不符（见表9.3）。

表9.3　中小企业享受过国家缓缴社会保险缴费缓缴或缴费补贴情况

比例区间	频率（家）	百分比（%）	累积百分比（%）
没有	408	83.3	83.3
1次	55	11.2	94.5
2次及以上	27	5.5	100

资料来源：中国社会科学院民营经济研究中心“优化创业创新政策环境促进中小企业发展调研数据库（2016）”。

需要指出的是，被调查的中小企业享受社会保险缓缴或缴费补贴机会偏低的主要原因，是许多地方的优惠政策都是建立在规模基础上，而不是建立在对创业创新前景的评估上。2012年，《国务院关于进一步支持小型微型企业健康发展的意见》（国发〔2012〕14号）并没有对受支持企业上规模做出要求，但各地在执行国务院意见，制定地方实施方案时通常倾向以规模作为给予社保支持的标准。例如，2013年9月，浙江省发布《浙江省人民政府办公厅关于促进小微企业转型升级为规模以上企业的意见》（浙政办发〔2013〕118号），明确提出只有小微企业转型升级为规模以上企业才能社会保险费缴费比例临时性下浮的对象。2014年10月，广西发布《关于服务业小微企业缴纳社会保险费有关问题的通知》（桂人社发〔2014〕38号），规定2014年度首次上规模的服务业小微企业在一定期限

① 郑秉文：《环球时报对郑秉文教授的采访》，《环球时报》，2014年12月30日。

内缓缴社会保险费，并允许其阶段性降低四项社会保险费率。

9.3.3 专业人才不足问题

国内外经验表明，本身固有的特征决定了中小企业很难通过自身努力完全实现创业创新人才和技术的积累，外部人力资本和技术支持对中小企业创业创新至关重要。课题组调查结果显示，只有42.9%的中小企业享受过政府提供或资助的创业创新培训，而且接受培训的人次偏低，享受过两人次以上企业仅占四分之一左右（见图9.2）。近年来政府在推进校（院）企合作平台、信息和成果转化方面加强了制度建设和政策扶持，这也是解决中小企业人才不足的措施。对中小企业对校（院）企合作的满意度调查结果显示，高校和科研院所与中小企业在技术合作和研究成果转化上取得一定成效，但仍有待提高，例如，32%的被访谈企业认为帮助很大，但也有近四分之一的被访企业认为校（院）企合作对创新没有实质性帮助（见图9.3）。

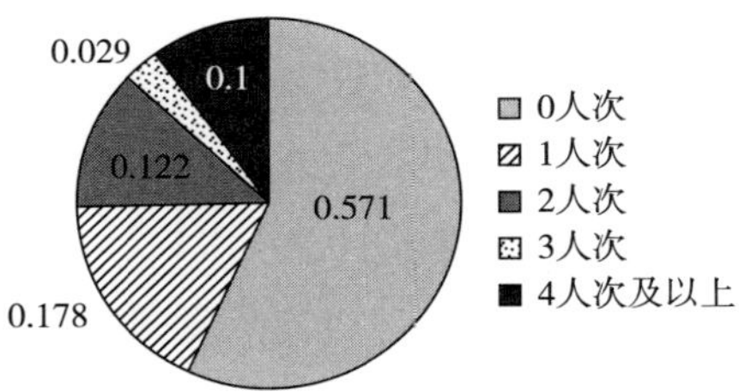

图9.2 政府提供或资助的创业创新培训

资料来源：中国社会科学院民营经济研究中心“优化创业创新政策环境促进中小企业发展调研数据库（2016）”。

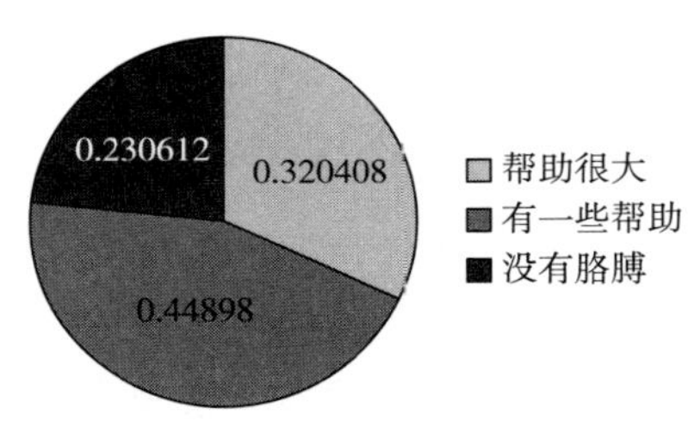

图9.3 高校科研院所对企业的创新的作用

资料来源：中国社会科学院民营经济研究中心“优化创业创新政策环境促进中小企业发展调研数据库（2016）”。

9.3.4 户籍转移和落户难问题

户籍对城乡之间、不同城市之间的人员流动树立了篱笆，是限制人才和劳动力流动的制度性障碍。户籍制度还与养老、医疗、失业、生育、教育、住房等基本公共服务联系在一起。目前，户籍制度的主要影响之一就是阻碍了专业技术人才在不同城市间的流动，特别是从中小城市向大城市的流动。北京的户口指标主要分配给政府、事业单位和大型企业，上海的积分制也对中小企业的人才需求关注不够。虽然国家的政策文件多次强调高校毕业生、技术人才到中小企业就业可以在专业技术职称评定、科研项目自主申报等方面与大型企业和事业单位同类人员享受同等待遇，但户籍无法解决就不能享受大型企业和事业单位同类人员拥有的子女教育、住房等政策。

户籍制度的另一个影响是阻碍农民工在工作地顺利落户。2014年，国务院批转《关于2015年深化经济体制改革重点工作意见》后，2014年7月，国务院又印发了《国务院关于进一步推进户籍制度改革的意见》，各地开始实施户籍制度改革，放宽户口迁移条件，有的省份（如贵州）全省取消农业户口和非农业户口性质划分，统一登记为居民户口，但依附在户口性质上的养老、医疗、就业、住房保障等方面的配套改革尚需进一步加大力度，实现城镇基本公共服务的全覆盖和均等化任重道远。中小企业对农民工的需求相对较高，"民工荒"对其经营的不利影响也较大。另外，许多农民工实际是技术熟练工人，如果不能解决城市户口及其附带的公共服务问题，就不能实现技术工人的市民化，就谈不上培养工匠精神，造就隐形冠军式的中小企业。

专栏9.1　推进户籍制度改革与社会保障

2014年7月30日，为深入贯彻落实党的十八大、十八届三中全会和中央城镇化工作会议关于进一步推进户籍制度改革的要求，国务院印发《国务院关于进一步推进户籍制度改革的意见》（以下简称《意见》）。《意见》将户籍制度改革、新型城镇化、社会保障和基本公共服务统筹解决。现摘编如下：

进一步调整户口迁移政策。1. 全面放开建制镇和小城市落户限制。在县级市市区、县人民政府驻地镇和其他建制镇有合法稳定住所（含租赁）的人员，本人及其共同居住生活的配偶、未成年子女、父母等，可以在当地申请登记常住户口。2. 有序放开中等城市落户限制。在城区人口50万至100万的城市合法稳定就业并有合法稳定住所（含租赁），同时按照国家规定参加城镇社会保险达到一定年限的人员，本人及其共同居住生活的配偶、未成年子女、父母等，可以在当地申请登记常住户 3. 合理确定大城市落户条件。在城区人口100万至300万的城市合法稳定就业达到一定年限并有合法稳定住所（含租赁），同时按照国家规定参加城镇社会保险达到一定年限的人员，本人及其共同居住生活的配偶、未成年子女、父母等，可以在当地申请登记常住户口。城区人口300万至500万的城市……。

建立居住证制度。……以居住证为载体，建立健全与居住年限等条件相挂钩的基本公共服务提供机制。居住证持有人享有与当地户籍人口同等的劳动就业、基本公共教育、基本医疗卫生服务、计划生育服务、公共文化服务、证照办理服务等权利；以连续居住年限和参加社会保险年限等为条件，逐步享有与当地户籍人口同等的中等职业教育资助、就业扶持、住房保障、养老服务、社会福利、社会救助等权利，同时结合随迁子女在当地连续就学年限等情况，逐步享有随迁子女在当地参加中考和高考的资格。

扩大基本公共服务覆盖面。……完善就业失业登记管理制度，面向农业转移人口全面提供政府补贴职业技能培训服务，加大创业扶持力度，促进农村转移劳动力就业。将农业转移人口及其他常住人口纳入社区卫生和计划生育服务体系，提供基本医疗卫生服务。把进城落户农民完全纳入城镇社会保障体系，在农村参加的养老保险和医疗保险规范接入城镇社会保障体系，完善并落实医疗保险关系转移接续办法和异地就医结算办法，整合城乡居民基本医疗保险制度，加快实施统一的城乡医疗救助制度。提高统筹层次，实现基础养老金全国统筹，加快实施统一的城乡居民基本养老保险制度，落实城镇职工基本养老保险关系转移接续政策。加快建立覆盖城乡的社会养老服务体系，促进基本养老服务均等化。

资料来源：《国务院关于进一步推进户籍制度改革的意见》。

9.4 社会政策促进“双创”的国际经验

给予中小企业政策支持是各国的普遍做法。总体看可以分为创业创新的宏观环境支持政策、具体社会支持政策和减负政策。

9.4.1 制定和出台有利于创业创新的宏观环境支持政策

劳动力和人才自由流动是企业创新的基础性条件之一。欧盟在人员跨国流动政策协调经验值得我国在协调人员跨省流动方面借鉴。欧盟及其前身欧共体长期致力于人员在成员国之间的自由流动，为此出台了大量的政策进行协调。通过了《申根协定》推动了成员国之间人员自由流动，尤其是协调贝弗里奇和俾斯麦福利模式下劳动与社会保障制度的不兼容，为人员流动提供了保障。欧盟在将社会福利政策融入竞争战略方面的经验也对我国具有启发。金融危机后，为破解当前经济、社会和环境发展困局，提升整体竞争力，从而彻底摆脱危机，实现经济稳定复苏和持续就业增长，欧盟推出了“欧盟2020发展战略”，力求依靠科教创新，加快经济社会转型，从而占据未来长远发展的战略制高点和主动权。在该战略中加强企业（尤其是制造业中小型企业）的竞争优势则列入了欧盟重点关注的领域，而就业、教育、职业培训、改善青年和老年人就业形势社会政策等被列入实现战略目标的重要配套措施①。Taha，Siegmann，Messkoub（2015）对欧盟集团内部统一政策和通过签订双边、多边社会保障协议，解决流动人口社会保障缴费和待遇的折算关系，促进人口流动相关政策进行了系统综述，总结目前取得的成就问题，尤其提到对中国和印度等地域广阔、区域经济发展水平差异大、存在城乡分割的国家优化社会保障制度便携性，促进劳动力跨区流动的启示，并指出了对社会保障改革的要求，如打破区域壁垒；推动农民工加入正规改革养老金制度；打破城乡壁垒，整合城乡社会保障制度等改革需求②。

9.4.2　制定和出台有利于创业创新的养老金政策、教育、培训及其他政策

研究显示，金融危机以来，德国经济在欧盟中的增长率领先，很大程度上是靠具有工匠精神和创新精神的中小企业支撑，而这些精神的培养又与2003年以来渐进延迟退休政策、优化职业教育政策、在职培训和学徒政策、简化解雇限制同时加强政府补偿补贴政策密切相关③。2008年后，法国政府则通过给予博士和其他技术人员一定工资和社会保障缴费补贴的方式，降低企业人工成本，促进技术创新④。韩国中小企业厅从2011年起预算投入850亿韩元，联手200多所高等职业技术学校和4000多家中小企业，推进产学合作实践活动。从而达到既提高学生技能与企业需求匹配，提高就业的目标，同时解决中小企业人才紧缺难题⑤。

9.4.3　制定和出台有利于创业创新的减负政策

2008年以来，许多国家将劳动与社会保障改革作为减轻企业负担、作为应对金融危机、提高企业竞争力的重要政策。例如，瑞典降低了工薪税边际税率和提高了起征点，这对工资水平相对较低的中小企业减负效果更大⑥。更典型的是德国在2003～2005年陆续推出的四个冠以“哈茨改革”的劳动力市场和养老金改革方案（Hartz Ⅰ－Ⅳ）。其中哈茨－Ⅱ的主要通过优惠政策，降低用工成本负担，鼓励个人创办小型企业和变成自雇者。在创业第一年政府为他们提供600欧元的补助，第三年降为240欧元，总额限定在14400欧元以内。对于从事月收入在400欧元以下的微型工作的人员，可以免除缴税和社会保险缴费

---

① European Commission. Europe 2020 strategy.

② *Nurulsyahirah Taha*，*Karin Astrid Siegmann andMahmood Messkoub*. How portable is social securityfor migrant workers? A reviewof the literature［J］，International Social Security Review，Vol. 68，1/2015.

③ 肖巍、钱箭星：“从德国《2010议程》看福利体制改革”，《复旦学报》（社会科学版），2014第4期；Abel－Koch etc. SME Investment and InnovationFrance，Germany，Italy and Spain，https：//www. kfw. de/PDF/Download－Center/Konzernthemen/Research/PDF－Dokumente－Studien－und－Materialien/SME－Investment－and－Innovation－October－2015. pdf。

④ http：//www. diplomatie. gouv. fr/en/IMG/pdf/ArguCIR_ nov08_ UK. pdf。

⑤ 金晶：“韩国中小企业扶持政策与对策研究”，《亚太经济》，2013年第1期。

⑥ Helge Bennmarker，Wage Formation and the Swedish，2011. “Labour Market Reforms 2007－2009.” *Rapport till Finanspolitiska rådet.*

义务[①]。2009年以来，德国政府制定实施了企业雇佣短工补贴政策，鼓励企业更多地创造临时工作岗位。当雇主选择短时工作而非解雇人员时，雇员工资的60%或67%由政府来支付，企业为雇员缴纳的社会保障费也由政府给予50%～100%的补贴[②]。

9.5 优化“双创”社会政策环境的对策建议

9.5.1 构建有利于“双创”的政策环境

目前，我国中小企业面临成本上升、市场萎缩多重挑战和结构优化升级的压力。这些挑战和压力既是国际国内经济环境的产物，更是多年来制度和体制问题中的不利于小企业发展社会政策环境引发矛盾的集中反映。基于调查研究和国外的借鉴，下面从制度建设和管理服务两个层面提出如下优化双创社会政策环境的建议。

第一，充分考虑中小企业（小微企业）的实际需求，整合社会保障制度。我国的社会保障制度建设起源于为国有企业改革提供配套，很多制度设计无法适应中小企业的实际需求。例如，国有企业和大型企业的员工以具有城镇户口的为主，可以比较方便地加入城镇职工五险，而中小企业大量雇佣农民工，农民工在家乡参加新农合和新农保后，参加工伤保险就遇到制度不协调带来的困难[③]。考虑到我国短期内无法做到制度的统一，可考虑在不同制度间预留可执行的转换接口。

第二，综合、系统考虑包括劳动、社保、养老、医疗、教育、住房等多个方面的广义社会福利制度安排的协调和完善。我国上述政策多数是在不同行政主管部门主导下制定的，造成政策之间冲突和矛盾，加大了企业的合规成本。实证研究显示，中小企业的合规成本高于大型企业。因此制度分离、管理不协调对中小企业的影响更大。调研中，一些企业反映，许多地方劳动与社会保障、养老与医疗主管部门不一，缴费基数的具体规定存在差异，每年应付检查稽核成本也不小，“你很难想象一个十几人的小厂每月迎接多次检查对工作的影响”，某企业主说。我国已经将许多政府管理管理服务工作通过建立政务大厅等方式进行了整合，但仍需要进一步整合稽核监管等业务，方便中小企业和群众。在完善广义社会福利制度方面，急需优化促进就业政策的补贴结构，适当加大“补资方（企业）”

---

① 杨伟国、格哈德·伊林、陈立坤：“德国‘哈茨改革’及其绩效评估”，《欧洲研究》，2007年第3期。

② 李国强、娄毅翔：《德国经济政策取向、特点及启示》，国务院发展研究中心调查研究报告，2012年第172号。

③ 社会保险经办部门要求五险合一参保，但农民已经参加了农村医疗和养老制度，多数地方不能单独参加工伤保险，因此实践中遇到由于工伤保险引发的重复参保和弃保现象。

的比重，这是推广学徒制，培育工匠精神的重要推动力。

第三，优化社会政策管理服务部门经办服务方式。制度和服务是公共政策的两大支柱。目前，我国在公共政策执行中存在严重的“重管理轻服务”现象，带来了中小企业办理相关业务的困难，增加了费用。以社会保障经办为例，调研中很多中小企业都没有专门与人力资源和社会保障对接的人员，经办网点布局也不尽合理，许多业务在基层无法办理，需要到县级以上经办机构办理。解决对策一是经办服务进一步向基层下沉，二是提供“一站式”服务，三是推进经办服务电子化、网络化。

9.5.2　完善户籍、教育、培训、养老、医疗等具体支持政策

构建有利于“双创”社会政策环境是一个长期系统的工程，但解决当下实际困难更需要具体社会政策的支持。

第一，要根据我国新型城镇化的战略规划，严格落实《国务院关于进一步推进户籍制度改革的意见》的要求，加快户籍制度改革。户籍制度长期是我国提供教育、养老、医疗、失业等公共服务的依据，解除户籍隔离是实现公共服务一体化和均等化的前提和牛鼻子，是在实现以“人的城镇化”为特征的新型城镇化的客观要求，也是进一步解放劳动力为企业尤其是中小企业提供创业创新人力资源的基础性条件。

第二，大力发展应用型职业教育，为中小企业提供急需的技能型人才。德国、奥地利等国中小企业成功的经验显示行业和企业深度参与职业教育在创业创新中的重要作用。2006～2015年，教育部、财政部联合实施了“国家示范性高等职业院校建设计划”，高等职业教育在资金、基础设施和人力投入上获得极大改善，但行业组织和企业，尤其是中小企业在职业技术人才培养中的指导作用尚未充分显现。“十三五”期间，要创造良好的政策环境，推动制定实施引导行业企业和社会参与办学的宏观政策、政府购买企业培训实训资源的政策。

第三，优化激励企业提供在职培训的支持政策。在促进就业政策中加大吸收新就业人员给予企业补贴的力度，使企业在职工培训和培养学徒中发挥主导作用。

第四，优化养老金制度安排，帮助中小企业吸引高级专门人才和特殊人才。我国的养老金制度是一个多支柱体系，基本养老金是普遍性的，向高级技术和管理人员提供企业年金（第二支柱）和商业养老保险是吸引人才的重要手段。通过年金形式提高人才的待遇，可以分散人工成本，延期部分工薪支付，降低企业引进人才的当期负担，非常适合中小企业。但是，我国在发展适合中小企业需求的集合年金上严重滞后。因此，一方面要借鉴智利等国家的经验发展集合年金制度，另一方面借鉴法国经验对中小企业为高级技术和管理人才提供一定期限的年金费用补贴。

第五，尽快进行制度创新，将长期在企业工作的农民工纳入城镇职工医疗保险和工伤保险制度。从发达国家经验看，医疗保险只有职工和居民两个体系，让实际上是城镇职工但户籍是农村的农民工参加水平相对较低的居民医保，并在实践中将部分农民工排除在工伤保险制度外，既不利于保障农民工的权益，也不符合新型城镇化的客观要求，还不利于

增加稳定的劳动力供给，满足中小企业需求。

9.5.3 切实解决中小企业负担过重问题

第一，在条件允许的范围内适当降低相关费率。在目前的国内外宏观经济背景下，考虑到中小企业转型升级的巨大压力，要在条件允许的范围内适当降低相关费率。2015年，国务院已分别对失业险、工伤险、生育险费率进行下调，失业保险费率由3%统一降至2%，工伤保险平均费率由1%降至0.75%，将生育保险费率从不超过1%降到不超过0.5%。2016年，企业职工基本养老保险单位缴费比例超过20%的省份，将缴费比例降至20%；单位缴费比例为20%且2015年底基金累计结余可支付月数超过9个月的省份，可以阶段性降低至19%①。2016年4月，国务院常务会又决定阶段性降低社保费。未来应严格落实这一要求，同时，在社会保障费率的降低空间评估的基础上，在允许的范围内，适度降低费率。另外，对于经营困难的企业，严格执行暂缓缴纳社保费用的规定。同时，可适当降低一些小微企业的工会会费标准，要注意加大遵缴核查力度，降低逃费和违规降低缴费基础发生率。

第二，中长期看，要优化养老金制度体系，从根本上降低企业缴费负担。我国目前的养老金缴费负担过重有以下三个原因。一是未富先老和少子化的国情。二是社保制度建立晚且转型历史债务未解决。三是对基本养老金（第一支柱）依赖程度高。可能的解决对策包括：鼓励生育；给出明确的解决方法分步骤渐进解决历史债务，建议采取名义账户与划拨国有资产双管齐下的解决方法；发展第二三支柱养老金，既为经济发展和创新提供长期稳定资金，又能降低负担第一基本养老金的负担。四是逐步提升养老保险和医疗统筹层次，解决局部地区财政负担过重的问题。

第三，规范劳务派遣制度，优化弹性雇佣政策。中小企业用工流动性大，短期用工比率高，优化上述两个制度有利于降低企业用工成本。例如大学生两年内换工作的比率很高，部分年老农民工短期工作可能性大，可以允许中小企业适当延长灵活雇佣的时间和增加劳务派遣工的比例，但要强化监管，防止部分企业钻法律空子。

第四，建立对高成长性中小企业成本负担跟踪制度，将阶段性、相机性缴费补贴和缓缴制度动态化、制度化。同时，在确定中小企业能否获得社会保险费缓缴和补贴时，应强化对企业技术、创新、专利、发展前景等方面指标的作用，弱化“规模”指标的作用，更不能将上规模作为门槛标准。具体执行中允许更多刚成立、处于创新关键时期和面临特殊困难的中小企业缓缴社保费，但要监督企业在经营情况转好后及时补缴应缴费用及利息，保证受支持中小企业长期缴费水平不低于国家规定。

执笔人：张亮（国务院发展研究中心社会发展研究部研究室主任）

---

① http：//news. ifeng. com/a/20160420/48523194_ 0. shtml.

第10章

优化“双创”法制环境，促进中小企业发展

- 引言
- 优化知识产权保护，促进中小企业发展
- 完善法律法规，优化法制环境，促进中小企业发展

10.1 引言

中小企业作为发展最快、最为活跃的重要力量，在提升科技创新能力、支撑经济可持续发展、扩大社会就业等方面发挥着重要作用。在中小企业发展过程中，一个日渐宽松、日益改善的法制环境是必要的保障。新中国成立以后，中央到地方政府颁布了大量有关企业的法律、法规，但大部分政策法规不是专门针对中小企业制定的。近几年来，国务院和地方制定出台有关改革措施，下放审批事项，推行政策跟踪评估，积聚社会力量为中小企业做好服务，既有效提升了行政服务质量，也在一定程度上遏制了执法不公。但是由于中小企业综合实力弱、管理水平低、法制观念薄弱，加之专门针对中小企业的法律体系不够完备，尤其突出的是法制环境不够健全，存在着立法保护不够系统、司法不公、对中小企业的市场准入和公平竞争存在歧视等问题，阻碍了中小企业创业创新。需要政府加强司法透明、保护知识产权、完善规则、为公平经营活动提供保障，将扶持政策纳入法制轨道，切实保护中小企业合法权益，为中小企业创业创新提供良好的发展环境。

10.2 优化知识产权保护，促进中小企业发展

中小企业在国民经济中的战略地位毋庸置疑，但其知识产权状况却令人担忧：中国绝大多数中小企业知识产权创造水平低下，缺乏拥有知识产权的核心技术和品牌；知识产权运营（运用和营销的简称）和保护水平不高；知识产权管理基本处于“真空地带”。这使得我国中小企业的生存发展能力和竞争力薄弱，其生命周期普遍低于创新型国家中小企业的平均水平。究其原因，一方面，我国诸多中小企业对知识产权建设还缺乏足够的认识、动力不足是主要内因；另一方面，理论研究的滞后和政府政策的缺少，则是重要外因。特别是“双创”过程中，知识产权保护对于中小企业更为重要，这就需要政府深入研究中小企业知识产权问题，在探索发展规律的基础上进一步提出中小企业知识产权建设的促进政

策体系框架，优化中小企业知识产权保护的环境。

10.2.1　知识产权与创业创新的关系

近年来，在中央和地方政府的引导、鼓励、支持和扶植下，创业创新成为社会共识。在微观层面，创业创新能改善人们的生活，改变人们的生活方式，减低社会贫富差异。在宏观层面，创业创新的重要意义在于转变经济发展方式，推动经济改革，保持中国经济的中高速增长态势，促进社会阶层流动，达到社会和谐目标。中国这一轮创业潮是创新性创业，是以技术、设计、商业模式等创新为主要特征的创业。而创新离不开知识产权。国务院总理李克强在不同场合多次表示，中国政府将尽最大力量保护知识产权，因为中国的大众创业、万众创新需要知识产权得到严格的保护。

10.2.2　知识产权保护、管理、交易与服务对“双创”支持的现状

我国已经成为专利申请第一大国，《专利合作条约》国际专利申请量增速位居世界首位。随着创新能力与国外差距的逐步缩小，如何促进我国技术创新的成果化、产业化和商品化，实现知识产权的经济价值和社会价值，已日益突出和重要。党的十八大提出“实施创新驱动发展战略”，“实施知识产权战略，加强知识产权保护”。中小企业是推动创新驱动发展的生力军，据有关统计资料显示，我国65%的专利、75%以上的技术创新、80%以上的新产品开发都是由中小企业完成的。增强我国中小企业知识产权管理与保护能力，对于切实发挥知识产权对经济社会发展的支撑保障作用、增强创新驱动发展新动力具有重要意义。

目前，我国知识产权保护的法律法规体系不断趋于完善，已形成了行政和司法保护并行运作，由包括国家知识产权局、国家工商行政管理总局、国家新闻出版广电总局、国家版权局等多个部门分别履行知识产权保护职能的知识产权保护模式。改革开放30多年来，我国成功探索出了一条中国特色知识产权事业发展之路，建立了比较健全的、遍及全国的知识产权管理体系和具有鲜明中国特色的知识产权执法保护体系，全社会的知识产权意识不断增强，知识产权创造能力显著提高，广泛运用了知识产权成果，知识产权与经济社会发展的联系愈加密切。上述这些法律法规中有很多涉及企业知识产权的规定，这为中小企业知识产权体系的构建奠定了坚实基础。

（1）中小企业知识产权保护制度不断完善

知识产权行政保护是指有关国家行政管理机关在遵循法定程序和运用法定行政手段的前提下，依法处理各种知识产权纠纷、维护知识产权秩序和提高知识产权社会保护意识，从而有利于知识产权制度扬长避短的一种保护方式。

一是知识产权保护制度形成。《中华人民共和国专利法》、《中华人民共和国商标法》、《中华人民共和国著作权法》作为保护知识产权的基本法律制度都经过多次修订。针对中小企业的知识产权的保护，最早体现在2005年“非公36条”中，规定了相关中小企业的

财税金融、社会服务和科技创新等方面的支持和扶持政策，而且支持发展非公有制高新技术企业，鼓励其加大科技创新和新产品开发力度，努力提高自主创新能力，形成自主知识产权。国家知识产权局于2007年印发了《关于加强知识产权保护和行政执法工作的指导意见》，先后出台了一系列措施，如印发了《关于开展知识产权维权援助工作的制度意见》，出台了《“雷雨”“天网”知识产权执法专项行动方案》。十七大报告也明确提出要提高知识产权战略，提高自主创新能力。

二是制定和实施知识产权战略。2008年6月5日，国务院印发《国家知识产权战略纲要》（国发【2008】18号），《国家知识产权战略纲要》是正式启动实施中国知识产权战略的标志。知识产权战略是我国运用知识产权制度促进经济社会全面发展的重要国家战略，《纲要》是今后较长一段时期内指导我国知识产权事业发展的纲领性文件。2009年9月19日，国务院颁布《国务院关于进一步促进中小企业发展的若干意见（国发【2009】36号）》，提出要加快中小企业技术进步和结构调整。支持中小企业提高技术创新能力和产品质量。加强知识产权保护，在重点行业推进品牌建设，引导和支持中小企业创建抓住品牌。支持传统优势中小企业（如中华老字号等）申请商标注册，保护商标专用权，鼓励挖掘、保护、改造民间特色传统工艺，提升特色产业。2009年12月31日，国家知识产权局、工业和信息化部发布《关于实施中小企业知识产权战略推进工程的通知》（国知发管字【2009】238号）指出，促进中小企业技术进步和结构调整的重要工作，全面提升中小企业知识产权能力和水平，加快培育我国拥有自主知识产权、知名品牌和核心竞争力的中小企业，国家知识产权局、工业和信息化部共同实施中小企业知识产权战略推进工程，并发布《中小企业知识产权战略推进工程实施方案》。

2011年10月，国家知识产权局、国家发展和改革委员会、科技部、工业和信息化部、农业部、商务部、国家工商行政管理总局、国家治理监督检验检疫总局、国家版权局和国家林业局等十部委共同编制并发表《国家知识产权事业发展“十二五”规划》，将健全知识产权政策体系和积极推进企业实施知识产权战略、加强面向中小企业知识产权政策引导和信息服务分别作为重点任务之一。2015年12月国务院发布了《关于新形势下加快知识产权强国建设的若干意见》（下称《意见》）。该文件提出，我国虽然从2008年就已经开始启动国家知识产权战略，但是对知识产权的保护不够严格、侵权易发多发，企业研发风险大。该《意见》提出要实行严格的产权保护，加大对知识产权侵权行为的惩治力度，加强知识产权行政执法与刑事司法衔接，加大涉嫌犯罪案件移交工作力度。《深入实施国家知识产权战略行动计划（2014－2020年）》的落实，将不断提升中国知识产权制度的发展。同时，发展知识产权制度也是我国知识产权继续发展的先导。

（2）中小企业知识产权管理水平不断提高

2010年5月7日国务院发布的《国务院关于鼓励和引导民间投资健康发展的若干意见》（国发【2010】13号）规定了要帮助民营企业建立工程技术研究中心、技术开发中心，增加技术储备，搞好技术人才培训。支持民营企业参与国家重大技术计划项目和数攻关，不断提高企业技术水平和研发能力。积极推动信息服务外包、知识产权、技术转移和成果转化等高技术服务领域的市场竞争，支持民营企业开展技术服务活动。

2010年11月11日，国家知识产权局向社会发布《全国专利事业发展战略（2011－2020年）》强调了“深入开展企事业单位试点示范工作、实施中小企业知识产权战略推进工程、实施知识产权优势企业培养工程，提高企业事业单位运用专利制度的能力。通过专利托管、引优扶强等措施，促进优秀专利服务机构为中小企业提供公益服务，为有市场企业提供个性服务。”

2011年5月23日，国家知识产权局印发《专利审查工作“十二五”规划（2011－2015年）》，强调“通过企事业单位试点示范工作、中小企业知识产权战略推进工程、知识产权优势企业培养工程，提高企事业单位运用专利制度和专利资源的能力。通过专利托管等形式，促进专利中介服务机构为中小企业提供服务”；并将“具有一定竞争力的科技型中小企业”作为知识产权优势企业培养工程的重点培育对象。

（3）中小企业知识产权交易开始起步

作为一种财产权，知识产权和有形资产存在较大差别，这种差别决定了知识产权在交易，尤其是融资方面存在很多独特的属性。知识产权一般具有无形性、法定性、专有性、时间性等等，这些特点决定了知识产权在交易方面具有自己的属性。知识产权质押融资，是指企业（主要是科技型企业）以自身合法拥有的知识产权（专利权、商标权、著作权等）作为质抵押物，向银行等金融机构申请融资。

自1995年《中华人民共和国担保法》第七十五条将专利权明确作为权利质押的客体开始，专利质押在中国开始有了法律依据。但直到21世纪初，专利质押贷款的发放仍然极少，并没有形成规模。随后，国家知识产权局作为行业主管部门发挥了积极作用。2008年，国家知识产权局公布了“第一批全国知识产权质押融资试点单位名单”，拉开了政府主导专利质押贷款工作的序幕；2010年，国家知识产权局又会同财政部、工业和信息化部等六部委出台了《关于加强知识产权质押融资与评估管理支持中小企业发展的通知》；2013年，国家知识产权局等四部门又联合发布《关于加强知识产权质押融资与评估管理支持中小企业发展的通知》，中小企业知识产权质押融资开始起步。

（4）中小企业知识产权服务日趋完善

构建国家基础知识产权信息公共服务平台，完善信息咨询服务。目前，国家和地方都已经或者正在构建国家基础知识产权信息公共服务平台，2014年12月，国家知识产权局的专利数据服务试验系统开通。国家工商总局的商标查询系统也已经上线。版权、集成电路布图设计、植物新品种、地理标志等知识产权基础信息库也都已经建成或者正在构建中。工业和信息化部搭建了CSIP国家产业公共服务平台——知识产权平台等等。

知识产权服务机构得到发展。经济、社会的发展进步和转型需要，以及国家政策的大力扶持，知识产权服务机构迎来发展机遇。近年来我国知识产权领域的创业创新一直日新月异。“互联网＋”的大背景下，更是涌现了大量新模式和新思维。2015年12月国务院发布了《关于新形势下加快知识产权强国建设的若干意见》（下称《意见》）提出，改善知识产权服务业及社会组织管理。放宽知识产权服务业准入，促进服务业优质高效发展，加快建设知识产权服务业集聚区。扩大专利代理领域开放，放宽对专利代理机构股东或合伙人的条件限制。探索开展知识产权服务行业协会组织“一业多会”试点。完善执业信息披露制度，及时公开知识产权代理机构和从业人员信用评价等相关信息。规范著作权集体管理机构收费标准，完善收益分配制度，让著作权人获得更多许可收益。

10.2.3 知识产权保护、管理、交易与服务对“双创”支持的效果

知识产权有助于中小企业提升竞争力，促进创业创新。

一是知识产权提高了中小企业竞争力。知识产权作为企业技术创新的活力源泉，作为开拓市场、获取自身竞争优势、提高核心竞争力的制胜法宝。拥有持久竞争优势、竞争力最强的企业，往往是那些有效发明专利拥有量最多和知识产权建设最完善的企业。中小企业是创新的主力军。知识产权制度保护了中小企业的创新能力，提升了企业的竞争力。

二是知识产权促进创新。知识产权及相应法律法规切实保护了创新者的利益，鼓励创新者大胆创新，大胆投入时间、精力、资源以及创意技术来开发创新产品、科技。在这种制度安排下，现有创新者的成功必将成为极大的示范效应，从而带动更多的人进行创新，最终整个社会形成创新的风气，促进经济社会发展目标的实现。

知识产权为创新者提供了更好的“退出”或“参与”市场的机会。技术人员在形成知识产权之后，就可以进行市场交易了，从而可以让更专业的市场人才用知识产权生产和销售产品。知识产权的拥有者可以通过许可费等多种知识产权制度安排获得收益，从而可以为技术人员更好地提供“退出”，扬长避短，干自己擅长的事情。同时，也为一些具备经营能力的技术人员参与市场提供更好的机会和选择。

知识产权是一种新型有效的融资途径。知识产权可以成为融资的标的。当初创企业发展渐入佳境时，一些较大的风险投资机构或大型公司会对其进一步进行投资，在这些投资中，估值比重很大甚至最大的就是知识产权。

三是知识产权促进创业。知识产权是小微企业创业的保护伞，进而是整个社会创业氛围的保障机制。在这样的制度和保护实施下，小微企业倾向于获得相应知识产权，大企业有足够的动因不断地高价收购创新型的小微企业，进而获得其知识产权，从而形成全社会科技创新的良性循环。

10.2.4 知识产权保护、管理、交易与服务对“双创”支持存在的问题

（1）知识产权意识薄弱，保护不利

一是知识产权意识薄弱，一方面不尊重他人知识产权，如假冒、盗版等侵权现象时有发生；另一方面，人们维护自身合法权益的意识也普遍缺乏。许多中小企业不知道用知识产权法律法规保护自己，部分中小企业过分重视有形资产的投入而忽略对专利和商标等无

形资产的投入；有的是唯恐自己的技术秘密会被公开而不去申请。一些企业没有专门配备人员管理商标，无人专门看商标公告，导致相同或接近的商标被人抢注册；商标到期不展期，导致商标失效；企业合并变更时不进行知识产权资产评估，导致无形资产流失等。有的企业不重视知识产权在国外的保护，不去国外和港澳台注册商标、申请专利。

二是知识产权拥有量少。中小企业研发投入不足，既阻碍企业进行技术改进和创新，又导致企业技术创新动力不足、企业知识产权的拥有量持续偏低，削弱了企业持续竞争能力，制约健康成长和进一步壮大。

三是缺乏灵活多样的知识产权纠纷解决机制。目前，解决知识产权纠纷的主要方式是司法审判或行政救济，案件处理时间过长、费用支出过高，中小企业难以承担此巨额成本。维权成本过高，也导致不少中小企业不重视知识产权保护。

(2) 知识产权管理薄弱，缺乏人才

一是知识产权管理相对比较薄弱。绝大多数企业没有设立专门的知识产权管理机构和配备专人，即使设置了相关机构的企业，知识产权管理工作也是由其他部门人员兼管，兼管人员流动频繁。企业知识产权管理与企业生产经营中的各个环节脱节现象严重。新产品立项、研发、命名及技术贸易、商标注册都不经过知识产权论证，造成研发出来的东西或者侵犯了别人的知识产权，或者已经被淘汰。知识产权战略研究和运用不够。多数企业都没有将知识产权管理纳入企业战略管理规划体系之中。

二是多数中小企业知识产权信息意识缺乏，不善于利用已有的知识产权信息检索资源。我国绝大部分中小企业不知道如何利用知识产权信息检索资源，缺乏充分利用知识产权信息的意识。在研发工作中，由于没有充分利用知识产权信息，低水平的重复研究现象非常严重，浪费了企业原本有限的科技资源，也造成了人力、物力、财力的严重浪费，专利侵权严重，维权意识淡薄。目前，知识产权信息利用率低，已经成为影响我国中小企业知识产权开发的另一个关键性限制因素。

三是缺乏知识产权复合型人才。当前科技管理和科技人员的知识产权意识及制度运用能力普遍不高，高层次复合型知识产权管理人才较少，知识产权保护与运用的经验相对匮乏，知识产权人才队伍建设亟待加强。

(3) 知识产权交易市场没有形成

一是由于专利技术成果长期得不到有效转化利用，企业在知识产权上的技术研发投入就得不到价值补偿，技术创新遂逐渐失去了经济动力。对于我国大部分企业，企业知识产权成果通过交易获得的收入在企业总体收益中的比例很少，甚至为零。据国资委问卷调查，我国80%以上的企业从未在专利方面或版权方面有过交易活动，90%的企业从未在商标方面从事过交易活动。

二是我国技术市场机制不健全，加之知识产权技术本身具有复杂性、应用前景的不可预期性，没有明确统一、易于执行的计算方法和依据，具有很大的不确定性。企业经营管理者很难驾驭对知识产权动态的价值评价，往往把精力专注于专利和商标的申请和注册上，而很少对其转让或许可贸易的价格、确定企业知识产权资本化价值、侵权赔偿诉讼等做出专业和合理的估价，再加上知识产权市场运行的规范性不足等，没有将知识产权视为企业谋求生存和发展的极其宝贵的经营资源，没有形成体系化、制度化的知识产权经营战略，使企业的知识产权经营很难有效展开。

三是知识产权质押融资目前还存在许多问题，其核心源于知识产权本身的特点。知识产权只有进入商业化阶段之后，才能产生稳定的现金流，因此，在商业化之前，准确评估知识产权的价值存在一定的难度。由此导致知识产权在质押融资方面存在一定困难，知识产权质押融资的规模、质量、期限、金额偏低。

（4）知识产权服务机构设置不合理，服务体系没有形成

一是缺乏中小企业知识产权管理与保护的社会服务体系。中小企业规模小，对外部环境和服务体系的依赖性较大。缺乏完善的信息、硬件等服务支持系统，不利于我国中小企业的技术创新及其价值的实现和提升。

二是知识产权中介服务机构不能满足企业对知识产权服务的需求。专门从事知识产权咨询、代理、检索、评估、诉讼等各种知识产权业务的中介机构不发达，满足不了市场需求。

（5）政府功能缺位

一是我国知识产权行政机构设置过于分散，职能部门太多，行政管理成本过高。由于知识产权行政管理机关达十数家，每家又下设地方机构，结果人员、机构臃肿，造成大量的设备与资金的浪费，行政管理硬性成本过高。而且各机构之间职能虽有交叉，信息却不能互通和共享，容易出现审查标准不统一、重复授权、无效授权等结果，无形中又增加了软性的行政成本。比如商标权和商号权分别由商标局和地方工商局两个部门管理，当权利主体不同时，极易导致权利冲突，难以协调。

二是缺乏健全的知识产权法律体系。由于现有法律制度不完备、不配套，缺少健全的管理网络和有力的管理措施应对大量存在的违法侵权行为，导致盗版侵权者轻易获取非法收益，不利于保护知识产权，建立和维护公平有序竞争的市场环境。没有形成鼓励和支持知识产权利用与产业化工作的长效机制，不能形成良好的创新循环体系，导致知识产权成果转化率低，没有体现知识产权的实际价值。

10.2.5 知识产权保护、管理、交易与服务对“双创”支持的对策

（1）加大知识产权保护力度

积极完善法制环境，宣传培养社会的知识产权意识，塑造尊重知识产权的文化氛围。政府进一步完善知识产权法制环境，在知识产权创造、流通、保护等方面出台相关的法律法规，做到有法可依。积极组织相关活动，向本地社会机构、商业机构和工作宣传知识产权体系的潜在益处，培养社会的知识产权意识，塑造尊重知识产权的文化氛围，为创新者、生产者、创业者在如何使用知识产权来保护自己的商业优势方面提供足够的帮助。

（2）加强知识产权管理

一是政府应积极引导企业培养知识产权管理意识，出台相关政策来扶持企业进行知识产权与管理方面的投入，组织企业参加知识产权培训，探索多种形式的企业知识产权咨询和服务。出台产业刺激政策，鼓励知识产权服务业的发展。同时，坚决推进简政放权，为企业“松绑”，创造宽松的环境，只有充分激发企业的活力，我国知识产权的发展才能是“有源之水”、“有本之木”，知识产权的发展和管理才能事半功倍，实现可持续发展。

二是搭建信息平台，为中小企业提供专利文献信息检索服务。政府密切跟踪外部技术发展动态，搭建和不断完善知识产权信息平台，为企业提供准确及时的国内外各种知识产权信息，使企业降低成本、减少风险，促进中小企业知识产权风险防范和预警机制的构建。

三是鼓励高校、培训机构开展知识产权教育，打造人力资源基础。我国知识产权的发展急需复合型人才。政府应该鼓励高校开展知识产权交易，打造人力资源基础。加快国家知识产权培训基地建设，鼓励各地通过开展校企合作等方式建设知识产权远程教育平台。培育一批专业化和知识产权培训机构，大力引导国内外优质师资力量，形成结构合理、层次衔接的知识产权专业人才培养体系。制定优惠政策，引进一批适应国际竞争需要、懂技术、会管理的知识产权高端复合人才。制定知识产权人才评价体系。在高校设立专利信息人才培养基地，开展专利信息检索、分析、利用等培训。

（3）健全知识产权交易制度

一是健全知识产权市场交易制度。中国已经有一定的知识产权交易方面的制度，但仍有较大的改进和完善空间，尤其在互联网时代。互联网变革给知识产权交易带来了全新的挑战和机会。应加快研究新形势下知识产权市场交易制度体系，促进新时代知识产权交易的发展。

二是加大政策支持力度，应出台相应的知识产权交易政策来引导产业发展，尝试通过贴息、担保、补助等多种财政政策和相应的税收政策以及其他行政方面的产业政策扶持产业发展。

三是扶持知识产权交易机构发展。目前中国市场化的无形资产评估机构非常缺乏，全国拥有无形资产评估能力的机构为数不多，远远落后于现实需要，在一定程度上影响了知识产权市场交易的发展。应探索设立知识产权专业机构，鼓励有资质的机构积极参与知识产权评估、知识产权担保、知识产权交易等业务，共同繁荣知识产权交易市场。

（4）提高知识产权服务水平

一是建立和完善中小企业知识产权社会服务体系。主要是加快知识产权信息公共服务体系建设和知识产权代理行业发展，设立信息服务机构，设立管理、咨询、培训机构。建议知识产权管理部门加大与商会（协会）合作，将商会（协会）打造成为协调知识产权相关资讯和促进技术转让的重要平台。

二是充分发挥商会（协会）解纷自律作用。知识产权管理部门与商会（协会）合作，建立区域性、行业性知识产权保护自律机制，支持商会（协会）开展知识产权维权服务和纠纷调解工作。

10.3 完善法律法规，优化法制环境，促进中小企业发展

为切实解决企业在创业创新过程中遇到的立法保护不够、司法不公、市场准入和公平竞争等方面存在的问题，加快形成市场主体活力竞相释放、创业创新蓬勃开展的良好局面，需要政策的鼓励、保护和鞭策，也需要相应的法规制度的约束和惩戒。以公正的法律法规、精准的服务作保障，构建有效的法制环境，把优化企业法制环境作为一项长期战略任务，摆在突出的位置，从细微处入手，常抓不懈。

10.3.1 促进“双创”的中小企业法律法规综述

中小企业成为发展最快、最为活跃的重要力量，在其发展过程中有一个日渐宽松、日益改善的法制环境作为必要的保障。这个法制环境有四项重要体现：首先是经济制度的确立。我国社会主义初级阶段的一项基本经济制度是以公有制为主体、多种所有制经济共同发展的基本经济制度，这是非公有制经济存在和发展的最基本法律依据。第二是确定了非公有制经济法律地位和权益保护。自1982年我国第四部宪法赋予私营企业合法地位以来，宪法四次修改，最终明确了国家保护个体经济、私营经济等非公有制经济的合法权利和利益，国家鼓励、支持和引导非公有制经济的发展，并对非公有制经济依法实行监督和管理。第三是以宪法原则为依据，陆续制定了一批适应市场经济要求、促进多元市场主体构建的法律制度如《中小企业促进法》，标志着我国促进中小企业发展的政策开始走上规范化和法制化轨道。第四是逐步形成了一批传导宪法原则和法律规范的具体制度、运作体制、管理方式，直接激发和保护了非公有制经济发展的积极性。经过多年的发展，中小企业的法制环境逐步改善，对于中小企业的健康发展发挥了重要的保障作用。

（1）中小企业法律体系初步建立

由第九届全国人大常委会第二十八次会议于2002年6月29日通过，自2003年1月1日起实施的《中小企业促进法》，是我国中小企业发展史上的一个里程碑——标志着我国对中小企业加强扶持、指导和服务步入了法制化轨道。此后，我国陆续在财政税收、资金支持、技术创新、市场开拓、服务体系等方面出台了一系列政策法规，促进中小企业的发展。

（2）中小企业的合法权益得到更有力的保障

市场经济的两大支柱就是财产权和契约自由。财产权乃是市场经济的逻辑起点。为

此，资源配置的市场化必然要求权利配置的法治化，完善私有财产权保障制度是民营经济发展的内在要求。2004 年宪法修正案确立了相对完整的私有财产权条款结构，即不可侵犯条款、制约条款和收用补偿条款，这是我国宪法在私有财产权问题上的首次突破。同时，加快了企业的产权结构调整、企业信用缺失的补位及金融体系的改革，依法保障非公企业的合法权益。

（3）促进中小企业创业创新的政策法规体系开始发挥作用

为提高自主创新能力，建设创新型同家，我国实行了一系列的法律政策。在税收扶持方面，我国现有税收激励政策综合运用投资抵免、加速折旧、亏损弥补、费用扣除等多种间接优惠方式，加快了投入到创新的资金周转和回收并且降低了创新的成本。在促进企业公平竞争的基础上，更为有效地激励了中小企业创新发展。对企业自主创新投入的所得税前抵扣，《企业所得税法》第 30 条，企业开发新技术、新产品、新工艺发生的研究开发费用可以在计算应纳税所得额时加计扣除。促进高新技术企业发展，《企业所得税法》第 28 条，符合条件的小型微利企业，减按 20% 的税率征收企业所得税。国家需要重点扶持的高新技术企业，减按 15% 的税率征收企业所得税。支持创业投资企业的发展，《企业所得税法》第 31 条，创业投资企业从事国家需要重点扶持和鼓励的创业投资，可以按投资额的一定比例抵扣应纳税所得额。通过税收优惠鼓励和引导担保机构对中小企业技术创新提供资金支持，2000 年的《关于鼓励和促进中小企业发展的若干政策意见》第 9 条，纳入全国试点范围的非营利性中小企业信用担保、再担保机构，可由地方政府确定，对其从事担保业务收入，3 年内免征营业税。允许企业加速研究开发仪器设备折旧，实施《国家中长期科学和技术发展规划纲要（2006～2020）》的若干配套政策（国发［2006］6 号）第 8 条，企业用于研究开发的仪器和设备，单位价值在 30 万以下的，可一次或分次摊入管理费，其中达到固定资产标准的应单独管理，但不提取折旧，单位价值存 30 万元以上的，可采取适当缩短固定资产折旧年限或加速折旧的政策。鼓励社会资金捐赠创新活动方面，国发［2006］6 号第 14 条，企事业单位、社会团体和个人，通过公益性的社会团体和国家机关向科技型中小企业技术创新基金和经国务院批准设立的其他激励企业自主创新基金的捐赠。可按同家有关规定在缴纳企业所得税和个人所得税时予以扣除。

在投融资支持方面，国家政策鼓励金融机构积极支持中小企业创新发展，重点解决中小企业融资难的问题。2007 年的《关于支持中小企业技术创新的若干政策》中有所规定。对有效益、有还贷能力的中小企业自主创新产品出口所需流动资金贷款积极提供信贷支持；对纳入技术创新计划和高新技术产业化示范工程计划的中小企业技术创新项目，按照国家产业政策和信贷原则，积极提供信贷支持；引导和激励建立中小企业信用担保机构，建立多层次风险分担机制，为中小企业创新贷款提供担保服务。发展多渠道融资，为落实自主创新国家战略和多渠道融资，建立支持自主创新的多层次资本市场体系。2009 年《首次公开发行股票并在创业板上市管理暂行办法》，对创业板上市企业的发行条件、发行程序、信息披露、监督管理和法律责任等方面进行规定。2009 年的《国务院关于进一步促进中小企业发展的若干意见》规定要加快创业板市场建设，完善中小企业上市育成机制，扩大上市规模，增加直接融资；发挥融资租赁、典当、信托等融资方式在中小企业融资中的作用；发展产权交易市场，为中小企业产权和股权交易提供服务。建立研发机构方面，2007年的《关于支持中小企业技术创新的若干政策》第2条，支持建立研发机构，鼓励有条件的中小企业建立企业技术中心，或与大学、科研机构联合建立研发机构，提高自主创新能力。具备条件的企业可申报国家、省市认定企业技术中心。鼓励国家、省市认定企业技术中心向中小企业开放，提供技术支持服务。反垄断的保护方面，《反垄断法》规定禁止三大垄断行为，包括经营者达成垄断协议、经营者滥用市场配地位、具有或者可能具有排除和限制竞争效果的经营者集中。确保了中小企业良好的发展空间。

（4）政府执法水平和服务水平有所提升

第一，深化简政放权、放管结合、优化服务改革成为推动经济社会持续健康发展的战略举措。国务院部门取消下放行政审批事项三分之一以上，提前超额完成承诺的目标任务。工商登记前置审批精简85%。资质资格认定事项压减44%。多数省份行政审批事项减少50%～70%。同时创新和完善事中事后监管，针对群众期盼优化公共服务。这些既为企业“松了绑”、为群众“解了绊”、为市场“腾了位”，也为廉政“强了身”，极大激发了市场活力。

第二，按照“法定职责必须为、法无授权不可为”的要求，本着“职权法定、转变职能、简政放权”的原则，建立了权力清单、责任清单和负面清单制度。

第三，法制和政策信息的公开化逐渐走向常态化。凡是涉及公民、法人或其他组织权利和义务的制度和规范性文件，按照要求和程序都需要予以公布，并同步公开执法依据、流程、进展、结果等相关信息，未来借助互联网政务信息数据服务平台和便民服务平台建设，将会实现公共资源配置、重大建设项目批准和实施、社会公益事业建设等领域的进一步公开化和透明化。

第四，行政“问责制”常态化趋势得到进一步加强。很多地区都推行了行政“问责制”常态化，进一步增强了对责任人的惩戒力度，强化了对为官“庸政”、“懒政”行为的责任追究，在杜绝公务人员不作为等方面产生了积极作用。

10.3.2 构建促进“双创”的中小企业法制环境存在的问题

由于法律体系不完备、一些行业的市场准入标准不利于中小企业开展公平竞争，政府对中小企业发展的重视程度尚未提到战略高度，政府观念和职能未转变到位，政策程序不透明，自由裁量权太大，公权力滥用，行政执法不规范影响了中小企业的创业创新。

（1）法律体系不完备

我国现有的针对中小企业制定的法律——《中小企业促进法》是基础法律，其较多地依赖政策和行政法规，可操作性差，没有提出保护中小企业的实质性措施。加之配套的鼓励法律也不健全，在一定程度上削弱了基础性法律发挥作用。同时，我们还看到我国有关中小企业创新发展的法律法规分散杂乱，没有形成一整套法律体系，缺乏可操作性、针对性和规划性。促进中小企业创新发展的宏观调控政策、法律环境建设还不够完备。没有形成涵盖创新研究开发、合作创新、产学研合作、技术转移等环节的知识产权归属与保护的法律制度。

（2）一些行业的市场准入标准不利于中小企业开展公平竞争

虽然国家、省、市先后出台了一系列政策措施，放宽自然垄断、公用事业、军工及基础设施等领域的市场准入，一些行业和领域在政策的大方向上已无进入限制。但是由于部门利益的惯性，行政审批仍然大量存在，甚至有的部门还巧妙地自创审批环节，尤其在某些领域中，对中小企业具体的进入资格设限很高，形成“名义开放、实际限制”的“玻璃门”。例如，铁路行业虽然鼓励民企参与铁路投资建设，但铁路行业存在非常复杂的审批，对想进入铁路领域的中小企业来讲极其困难。

而有些领域中小企业虽已进入，但在重重审批和严格设限的情况下，最终会被“弹”出来。例如，当前在推进医药卫生体制改革进程中，一些省份要求只有规模在本省排名前几位的企业才能竞标，这种做法使得原先经营药品流通的中小企业难以持续，或只能被大型药品流通企业整合。

（3）政府对中小企业发展的重视程度尚未提到战略高度

一方面，政府管理部门观念转变滞后。受重视GDP思想的影响，地方政府倾向于追求大项目、搞大工程、抓国有、求大型，在资源配置上向大企业倾斜，无形中压缩了中小企业的生存空间。另一方面，政府服务中小企业的职能尚未到位。财税、金融、土地、科技和社会管理等方面服务中小企业的职能远未完善，某些方面甚至还存在着严重的歧视现象。

（4）行政执法不规范影响了中小企业的创业创新

第一，行政审批事项仍然过多、过细，特别是涉及中小企业设立、市场准入的审批事项过多，未能充分发挥市场机制的作用。审批层级设定过高、审批部门过多，造成审批环节多、审批时限长，削弱了中小企业在市场竞争中的快速反应能力。同时，审批标准、条件、时限及操作规程不够明确，审批部门和审批人员的自由裁量权过大，也对中小企业的创业创新活动起了阻碍作用。

第二，针对中小企业的执法检查项目过多、过滥，检验抽取的样品数量过多，明显超过合理需要，这些都对中小企业正常生产经营造成了严重影响。

第三，行政事业性收费管理不规范，增加了中小企业的创业创新成本。有的地方违反国家收费管理权限擅自设立收费项目，擅自提高或变相提高收费标准；有的就同一事项，在没有合法依据的情况下甚至违反规定重复收取费用；有些部门把行政职能转移到中介组织或者企业，通过它们变相强制收费；利用行政职权以押金、保证金、集资等形式变相收费等。此外，中小企业在生产经营过程中，在接受一些来自行政机关、事业单位或者指定机构服务时，部分服务甚至还带有强制性，如计量、监测、土地房产评估、办理权属证明等。中小企业普遍反映，这些服务性收费的标准偏高，程序不规范、随意性很大。应禁止任何部门、单位和个人干预企业正常经营，严格制止乱摊派、乱收费、乱罚款、乱检查、乱培训和乱评比，减轻企业负担。

10.3.3 完善相关法律法规，发挥政府作用，促进中小企业“双创”的建议

大众创业、万众创新本质上是草根活动，应该依靠民间力量，依靠市场机制。但是，政府的作用非常重要。如何更好地发挥政府作用，并实现政府职能转化，形成服务型政府，至关重要。一方面，政府要避免过去在推动创新时的习惯性做法，避免再犯以往的错误。另一方面，政府要有所作为，要为创造法治环境，改善监管环境，搭建竞争平台，扫除政策性障碍等方面，要自身革命并且自身创新。具体建议如下：

（1）在创业创新上，政府要给市场和民间主体留出足够空间

一方面，要完善市场准入制度，为中小企业提供更多市场空间。要通过深化改革，放宽市场准入，破除“玻璃门”和“弹簧门”。按照“自由进入、充分竞争、公平公正”的市场经济建设目标，深化自然垄断、公用事业和军工领域改革，对能够放开的行业，尽早放开。消除部门利益、地方利益和垄断势力利益的影响，进一步改革前置性审批制度，清理市场准入操作层面实际存在的或明或暗，或直接或间接的障碍。加快制定和完善各行各业准入的配套政策，加紧制定和优化市场统一准入标准，鼓励有条件、具备资质的中小企业进入基础设施建设领域，给予其足够的市场机会。推进行业准入政策与管理的公开化、公平化、程序化、规范化。此外，还要加快清理完善涉及民间投资的法规政策，抓紧建立市场准入负面清单制度，进一步放开民用机场、基础电信运营、油气勘探开发等领域，在基础设施和公用事业等重点领域去除各类显性或隐性门槛，在医疗、养老、教育等民生领域出台有效举措，切实解决民企与国企公平竞争问题。

另一方面，要强化反垄断和反限制竞争的立法和执法，为中小企业的发展构建公平公正的市场竞争法制环境。尽快研究制定反垄断配套规则，完善法律责任制度及司法救济途径，将《反垄断法》的规定落到实处，启动更多反垄断调查，为中小企业营造公平公正的市场竞争环境，保障中小企业作为平等的市场参与者和竞争者的地位，确保中小企业在任何情况下都能获得平等竞争、自由竞争的机会，促进中小企业可持续发展。

（2）要创造有利于创业创新的法治环境和友好的监管环境，用互联网思维修订以往的法律和条例并根据需要建立新的法规

一方面，要进一步完善有关扶持和保护中小企业发展的法律制度。首先，要进一步修改完善《中小企业促进法》，由国家层面明确牵头单位，统筹协调相关部门，开展有关法规规章的“废、改、立”，清理相关政策文件，依据修订后的《中小企业促进法》，编制相互配套协调的“1 + N”政策措施，以形成政策支撑体系和合力。其次，要加大中小企业促进法的执法检查力度，确保中小企业促进法的规定得到落实。最后，要建立、健全有关中小企业的统计制度和统计网络，开展中小企业运行监测和分析，及时发现新情况、新问

题，提出相应的对策和措施。

另一方面，要强化责任追究，建立严格的对政府违约和政策不落实的问责机制，提高政府公信力。督促有关地方和部门在规定时间内解决拖欠企业工程款、物资采购款、保证金等问题。尽快清理涉企收费，坚决砍掉不合理的收费和中介服务环节，有规定的收费也要减少，降低企业成本。坚持依法行政，完善事中事后监管，推行“两随机、一公开”，形成公平公正的市场环境。健全行政执法监督机制，加大对侵害企业合法权益的惩治力度，加强执法人员培训，履行公共服务职能，为创业者提供良好法制环境。

（3）要创造有利于创业创新的生态环境

创业风险大，政府不应直接或间接介入企业运营。但是政府应该帮助建立生态环境，提供公共服务“软件”。政府在这方面的作用包括：加强对中小企业合法权益的保护；降低创业企业的准入成本；促进或至少不阻碍创业和就业人员的流动；保护专利；疏通企业上市、并购等各种产权定价和转移方式的退出机制。

（4）加强对中小企业合法权益的保护

一是构建社会信用体系。构建以社会信用管理地方法规为核心，涵盖政府信用信息资源管理、企业和个人信用信息征集应用、信用服务监管的制度法规；整合公安、金融、税务、环境保护、工商、食药安全、物价、安全生产、质量监督等部门信息数据库，建立统一的信用信息数据库和共享、公示平台，加强社会信用信息的建设与管理。二是对各级政府及其部门拟出台的相关规范性文件，应更广泛征求中小企业的意见，完善相关听证程序，给予中小企业平等的机会。三是提高行政执法和司法水平，减少对中小企业正常生产经营活动的干扰。

执笔人：董涛（中国中小企业协会政策研究部主任）

参考文献

[1] 中国知识产权研究会．中国知识产权发展报告2015. 北京：中国财政经济出版社，2015

[2] 赵亚静．中小企业知识产权建设及政策体系构建．北京：中国社会科学出版，2015

[3] 钱颖一．在双创中政府的作用至关重要．中国经贸导刊，2016年3月上

[4] 张前荣．加快推进“大众创业、万众创新”．宏观经济管理，2015（6）

2015年中小企业大事记

1月

6日　中国中小企业协会召开全体员工大会，金德本秘书长、张竞强常务副会长讲评2014年年终总结及绩效考核工作，宣布本年度优秀部门主任和员工名单，李子彬会长宣布人事任免决定，强调2015年协会重点工作任务及签订工作目标责任书事宜。

9～13日　中国中小企业协会李子彬会长受印度大使馆邀请，赴印度参加“2015活力古吉拉特投资者峰会”。

9日　中国中小企业协会张竞强常务副会长出席由我协会副会长单位中科智创业金融集团主办的“2015中国民营经济新年论坛暨中国成长企业金融创新论坛”并做了“中小企业转型升级的路径与机遇”的主题演讲。全国人大财经委副主任、民建中央副主席辜胜阻，中国民（私）营经济研究会会长、国务院参事室特约研究员保育钧，国务院发展研究中心宏观经济研究部研究员、发展研究中心学术委员会副秘书长张立群等出席论坛并作演讲。

13日　中国中小企业协会发布2014年四季度中国中小企业发展指数（SMEDI）。2014年四季度SMEDI为92.8，比三季度下降0.3点，降幅收窄。分行业指数下降的面有所缩小，为4升4降，分项指数为3升5降。预计2015年一季度SMEDI转降为升的难度仍然不小。

14日　中国中小企业协会金德本秘书长会见澳门中小企业协进会理事长区宗杰先生及该会理监事成员代表16人。会上，金德本秘书长对澳门中小企业协进会的来访表示欢迎，而后就目前内地中小企业的现状，内地市场环境等问题以及我会的整体情况和主要业务做了介绍。

15日下午　工业和信息化部中小企业司副巡视员韦向群一行，在市经信局邓建华副局长、骆秀春处长陪同下，到港澳中心5楼考察了厦门市中小企业公共服务平台，并专题听取了厦门市中小企业融资服务工作情况汇报。在融资服务专题座谈会上，韦向群充分肯定了厦门市设立中小企业信贷风险补偿金、应急周转金、开展政银担合作、发行中小企业集合信托等创新服务举措。

20日　中国中小企业协会金德本秘书长出席贵州省中小企业发展促进会成立大会，工业和信息化部中小企业司副司长许科敏，贵州省人大常委会副主任傅传耀、省政协副主席班程农，贵州省中小企业发展促进会名誉会长龙超亚等有关单位领导也出席了活动。

21日　工业和信息化部中小企业司副司长许科敏在贵州省中小企业发展促进会名誉会长龙超亚、省民营经济发展局副局长周航的陪同下，率陈滨、李毅副处长到贵州省中小企业服务中心分别听取中小企业公共服务平台网络建设及小微企业政策需求。

22日　中国中小企业协会张竞强常务副会长出席“中国中小企业协会纳税人公众服务平台签约授牌

仪式暨感恩纳税人嘉年华”活动并致辞。

25日　工业和信息化部中小企业司司长郑昕一行4人来到四川开展中小微企业政策落实情况调研活动，调研组在成都市政府第四办公区召开中小微企业座谈会，与15家企业负责人面对面进行沟通，了解企业的实际需求。会议由工业和信息化部中小企业司综合处处长周健主持，四川省经信委总经济师赵辉、省经信委与成都市经信委相关同志参加了座谈会。

2014~2015年度中小企业经营管理领军人才四川班在四川大学商学院报告厅顺利开班。开班典礼由工业和信息化部人才交流中心副书记张晓峰主持，工业和信息化部中小企业司司长郑昕，四川省经济和信息化委员会总经济师赵辉，四川大学商学院院长徐玖平等领导出席开班典礼，并分别做致辞和讲话。

29日　中国中小企业协会与韩国河东郡政府在北京民族饭店举行“韩国河东郡政府招商引资说明会暨中国中小企业协会高端会员新春联谊会”。中国中小企业协会会长李子彬、常务副会长张竞强、副秘书长王远枝、副秘书长郭治鑫，中国太平洋经济合作全国委员会对外经济合作委员会中国（PECC）外经委执行理事长吴巍、韩国河东郡郡守尹相基以及协会部分副会长、常务理事单位代表出席了此次会议。

31日　中国中小企业协会张竞强常务副会长出席由中国中小企业协会、哈尔滨市中小企业协会共同主办，哈尔滨中小企业服务中心承办的“第二届哈尔滨中小企业服务与发展年会”并致辞。全国政协原副秘书长、全国工商联原副主席保育钧，工业和信息化部中小企业司副司长许科敏，哈尔滨市政协原副主席、哈尔滨市中小企业协会会长肖鸿麟等领导；黑龙江省工信委、哈尔滨市工信委、发改委、科技局、金融机构等有关单位负责人，哈尔滨市中小企业协会的会员企业代表共400多人出席了本次会议。本次服务年会特邀请全国政协原副秘书长、全国工商联原副主席保育钧做《新常态下中小企业发展机遇与挑战》的主题演讲，工业和信息化部中小企业司许科敏副司长对《党的十八届三、四中全会对中小企业发展的相关政策》进行了解读。

2月

6日　工业和信息化部总工程师朱宏任、中小企业司司长郑昕一行赴天津调研天津市中小企业创新转型试点工作情况。天津市副市长王宏江陪同调研。调研期间，朱宏任同志听取了天津市中小企业创新转型试点工作情况汇报，实地考察了万企转型升级信息化服务平台、天津市卓朗科技发展有限公司和天津宜药印务有限公司。

3月

6日上午　工业和信息化部党组成员、副部长毛伟明到北京市中小企业公共服务平台和中关村创业大街调研中小企业创新创业服务工作情况。中小企业司郑昕司长、北京市经信委任世强委员等陪同调研。

7日　工业和信息化部中小企业司郑昕司长，人事教育司刘素文副巡视员，河南省工信厅党组成员、中小企业服务局沈超局长，北京理工大学副校长杨蜀康等领导出席由河南省工信厅联合北京理工大学举办的“工业和信息化部中小企业经营管理领军人才北京理工大学（河南）班”三期在北京理工大学隆重举行的开班仪式，并致辞河南省50余名中小企业经营管理领军人才学员参加了开班仪式。

12日　中国中小企业协会金德本秘书长在协会会议室会见了中国对外承包工程商会王禾副会长率领的综合部、信息部、培训部、办公室一行六人。

15日　“3·15”我国自主知识产权的国家标准鼎九矩阵图码应用于农产品保真溯源体系座谈会在协

会会议室成功举办。中国中小企业协会常务副会长张竞强、副秘书长马彬，中央党校经济学部主任赵振华、经济学部党总支书记鲍永升，农业部优质农产品开发服务中心副主任陈金发，北京市房山区政协主席唐淑荣，黑龙江省望奎县县委书记顾百文、相关企业负责人，中国中小企业协会诚信建设工作委员会常务副主任王勇，中国检验认证集团有关部门和经济日报、农民日报等媒体出席了座谈会。

16日下午　工业和信息化部副部长毛伟明一行在河南郑州调研中小企业创业创新服务平台。调研期间，毛伟明副部长考察了郑州中小企业科技创业综合服务平台，并与平台服务机构进行了座谈，对平台依托互联网信息技术，整合各类服务资源，为企业提供低成本、便利化、全要素、开放式众创空间，打造大众创业、万众创新的创业生态圈等工作给予充分肯定。

24日　工业和信息化部副部长毛伟明与欧盟中小企业副特使德瑞克女士在北京共同主持召开了第6次中欧中小企业政策对话会议，双方就支持中小企业发展最新政策、融资担保和国际化、产业集群及中小企业发展机遇等议题进行了交流和研讨。

24日　全国人大财经委经济室副主任戚东祥、工业和信息化部中小企业司副司长许科敏等一行6人赴四川征求地方和企业对《中华人民共和国中小企业促进法修改草案（初稿）》的意见建议，同时考察大学生创业促进工作开展情况。上午，在省经信委总经济师赵辉、省经信委巡视员张国斌的陪同下，调研组一行参观了成都电子科大西区科技园的部分中小企业，并与大学生创业者座谈。下午，省经信委组织了部分中小企业代表，在省人大会议室，就企业目前经营现状，以及对草案的修改建议等，与调研组进行了沟通。

25日　由前海管理局主办，中国中小企业协会承办的“前海在‘一带一路’战略背景下的机遇研讨会”和“前海蛇口片区自贸区建设研讨会”在我协会成功举办。中国中小企业协会常务副会长张竞强出席并致辞，出席本次研讨会的还有国家发展改革委西部司巡视员欧晓理，国家发展改革委学术委员会秘书长张燕生，国务院发展研究中心发展战略和区域经济研究部部长侯永志，国务院发展研究中心宏观经济研究部巡视员魏加宁，外交学院江瑞平副院长，商务部研究院李光辉副院长、李钢所长，国家质检总局康玉燕副巡视员，前海合作区管理局何子军副局长等领导。

26日　全国中小企业工作暨扶助小微企业专项行动电视电话会议在京召开，会议全面总结2014年工作，对2015年中小企业工作和扶助小微企业专项行动作出安排部署。工业和信息化部部长苗圩出席主会场会议并作重要讲话，总工程师王黎明主持会议。

27日　中国中小企业协会副会长单位上海泛远皇普信息技术股份有限公司在上海股权托管交易中心E板成功上市，中国中小企业协会马彬副秘书长应邀出席了上市挂牌仪式。

29日　由中国中小企业协会、德和精品律师事务所联盟（ECLA）共同主办的第一届“全国中小企业法律风险管理高峰论坛”在天津举办。来自全国31个省区市律师代表、150余家中小企业代表参加了本次论坛。

30日　中国中小企业协会主办的第三届中国中小企业投融资交易会（简称投融会）新闻发布会在京召开。第三届投融会以“多样化普惠金融＋创新、创业”为主题，宣传、展示创新金融产品，拓宽金融服务的层次，在规范的前提下，推动互联网与金融的深度融合，为处于不同生命周期的企业和不同风险偏好的投资者，提供灵活、多元的投融资服务。

4月

1日　中国中小企业协会“专精特新”产业联盟授牌成立大会在京成功举办。中国中小企业协会李子彬会长，张竞强常务副会长，马彬副秘书长，人力总监聂贤祝，办公室副主任诸葛亚玲，工业和信息化部中小企业司郑昕司长，国家工商总局个体司兼非公党建办副主任韩旭司长，和君集团董事长王明夫等出席了大会，会议由和君集团总裁刘纪恒主持。

6~11日　国务院办公厅督查室委托中国中小企业协会对小微企业有关扶持政策措施落实情况开展跟踪监测工作，中国中小企业协会李子彬会长、张竞强常务副会长、金德本秘书长率队分4个调查组赴8省10个城市包括深圳市、东莞市、佛山市、南通市、上海市奉贤区、杭州市、洛阳市、长沙市、西安市、重庆市实地调查了解小微企业生产经营状况及国家有关政策落实情况。各调查组分别召开了中小微企业座谈会，地方行业协会负责人座谈会，地方经信局、国税局、地税局、金融办、商务局、工商局、人力和社会保障局等政府主管部门座谈会，共233家小微企业，58家行业协会，41家政府主管部门进行了座谈，同时对221家中小微企业进行了问卷调查。

8日　中国中小企业协会发布2015年一季度中国中小企业发展指数。一季度SMEDI为92.3，比2014年四季度下降0.5点，延续下降趋势。分行业指数下降的面有所扩大，为2升6降，分项指数为5升3降。预计2015年二季度中小企业发展指数由降转升的难度仍然不小。

14日　由中国中小企业协会与印度驻华大使馆共同举办的“印度安得拉邦商业机遇”圆桌会议于2015年4月14日下午在北京饭店举行。中国中小企业协会会长李子彬，常务副会长张竞强，副秘书长马彬，中微小企业投资股份有限公司董事长郭治鑫，安得拉邦首席部长N.钱德拉巴布·奈杜，印度驻华大使康特以及协会副会长、常务理事代表出席了此次会议。

16日　中博会组委会执行副主任、工业和信息化部总工程师王黎明出席第十二届中国国际中小企业博览会全国动员会并讲话。

16日　中博会组委会副主任、工业和信息化部毛伟明副部长出席第十二届中国国际中小企业博览会组委会第一次全体会议并讲话。

28日　中国中小企业协会金德本秘书长会见由甘肃省社会组织促进会权平秘书长。

5月

5日　工业和信息化部在北京举办“2015中小企业信息化服务信息发布会”，来自地方政府部门、信息化服务商和服务机构、行业协会，以及在京部分新闻媒体的代表参加发布会。

6日　中国中小企业协会公共服务工作委员会授牌仪式暨上海e办事服务平台推荐会在上海成功举办。张竞强常务副会长，马彬副秘书长，培训部张伟副主任，黄浦区委常委、区政协副主席、区委统战部部长张浩亮，黄浦区委常委、副区长吴成，上海泛远集团董事长叶劲超等出席了会议。张会长作了致辞并为委员会揭牌。

11日　中国中小企业协会李子彬会长应邀到新华网调研，并接受新华网专访。新华网股份有限公司常务副总裁魏紫川对李子彬会长的到访表示热烈欢迎，魏总向李会长详细介绍了新华网当前的运营情况，并希望新华网与中国中小企业协会能建立起长期紧密的合作关系，共同为中小企业服务。期间，新华网北京分公司副总经理孙柏平和协会会展部吴广主任分别代表新华网与中国中小企业协会签署了第三届中国中小企业投融资交易会战略合作协议。

14日上午　工业和信息化部党组成员、副部长毛伟明考察了北京市中小企业公共服务平台网络建设情况，出席了平台网络开通仪式。

15日　第九届全国中小企业协会联席会议在太原市召开。中国中小企业协会会长李子彬、工业和信息化部中小企业司副巡视员韦向群出席会议并发表重要讲话，山西省人民政府副省长付建华出席会议并致辞。山西省人民政府副秘书长白秀平、山西省经济和信息化委员会主任张华龙、山西省中小企业局副局长王怀荣等领导出席会议。来自全国27个省、自治区、直辖市的中小企业主管部门、中小企业协会（促进会、联合会）的负责同志共150余人参加会议。会议由协会常务副会长张竞强主持。

29日　中国中小企业协会张竞强常务副会长参加“中国中小企业山东‘专精特新’产业联盟成立大会暨创业创新发展论坛”并致辞。

6月

2日　工业和信息化部党组成员、副部长毛伟明出席了在天津市召开的全国中小企业创新转型经验交流暨电视电话会议并作重要讲话。会议总结交流了天津市和各地推动中小企业创新发展的做法和经验，并对进一步营造“大众创业、万众创新”良好环境，促进中小企业创新转型工作进行部署。天津市人民政府副市长王宏江出席会议，工业和信息化部总工程师王黎明主持会议。

16日　中国中小企业协会李子彬会长带队赴长春市，与长春市政府对接，研究举办第九届中国中小企业节的筹备工作。协会金德本秘书长、马彬副秘书长、办公室郎晖主任、会员部周晟安副主任陪同。在长春期间，李会长调研走访协会副会长单位吉林省差旅天下网络技术股份有限公司。

18日　由中国互联网协会、中国移动通信联合会指导，世界O2O组织、光合资本主办的夏季世界O2O博览会（O2OEXPO）在北京国家会议中心盛大召开。本届夏季世界O2O博览会的主题为“创新，联接，民生”，秉承“共赢、开放、促进”的理念，共吸引了来自全球20+国家2500+企业的超过15000+业界精英出席。夏季世界O2O博览会将助推O2O企业良性健康快速发展，为中国乃至全球的创业者提供一个全新的创业舞台和绿色生态链。

24~26日　中国中小企业协会李子彬会长、张竞强常务副会长、马彬副秘书长、地方合作部王翔副主任一行赴深圳调研走访深圳市中小微企业投资管理集团、深圳市家具协会。

7月

1~3日　中国中小企业协会主办的2015第三届中小企业投融资交易会（以下简称投融会）在北京国家会议中心启幕。著名经济学家厉以宁、国务院发展研究中心副主任刘世锦、中国中小企业协会会长李子彬、中国入世首席谈判专家龙永图等嘉宾出席同期“小企业大梦想”论坛并发表主旨演讲。

2日　中国中小企业协会第二届常务理事会第四次会议在京成功召开，协会李子彬会长，张竞强常务副会长、金德本秘书长以及协会副会长、常务理事单位代表120余人出席了此次会议，会议由金德本秘书长主持。

6~11日　中国中小企业协会李子彬会长应邀出席第二十一届兰洽会，张竞强常务副会长、马彬副秘书长、地方合作部王翔副主任陪同。在甘肃期间，李会长一行走访调研兰州、林夏、甘南三地中小企业发展情况，并与当地政府及中小企业主管部门进行深入沟通交流。

8日　中国中小企业协会发布2015年二季度中国中小企业发展指数。二季度SMEDI为91.9，比上季度下降0.4点，持续小幅下行。分行业指数为3升5降，分项指数为2升6降，预计近期中小企业发展指数难有明显转变。

28日　第1次两岸中小企业合作工作小组会议在北京召开，会议由陆方召集人工业和信息化部中小企业局田川副局长、台方召集人中小企业处林美雪副处长共同主持。会议研究确立了小组定位、任务、程序、参与成员等架构，探讨了近期合作建议和重点任务，形成《会议纪要》。期间，召开了两岸中小企业交流探讨会，参会代表赴阿里巴巴、中关村创业大街和相关服务机构参观考察。两岸中小企业合作工作小组是在年初举办两岸经济合作委员会第七次例会时对外宣布成立的，得到两岸各方积极响应。

28 日　中国中小企业协会张竞强常务副会长出席在江苏省泰兴市举行的“中国（泰兴）中小企业集聚区”授牌仪式。泰兴市委孙耀灿书记、泰兴市城区工业园区管委会张金堂书记、王建武主任等出席了此次活动。

29 日　中国中小企业协会李子彬会长在深圳会见深圳市陈彪副市长，商讨第十届中国中小企业节筹备事宜。深圳市经济贸易和信息化委员会、深圳市中小企业署、深圳市中小企业发展促进会、深圳市家具协会等部门负责人出席会议。

29 日　中国中小企业协会金德本秘书长会见了台湾经济部中小企业处副处长林美雪。

8 月

3 日　中国中小企业协会李子彬会长主持召开第九届中国中小企业节筹备工作协调会，研究协会内部分工方案及第九届中小企业节整体工作方案，明确各时间节点任务，确保第九届中小企业节成功举办。

23 日　中国中小企业协会李子彬会长出席“中小企业互联网思维大讲堂”走进新疆公益活动暨“一带一路”背景下新疆中小企业转型交流会，来自新疆地区中小企业、各金融机构、新闻媒体代表 200 余人参加了本次交流会。工业和信息化部中小企业局副局长许科敏，新疆自治区经信委党组成员牛立新、办公室主任兼中小企业局副局长张勇参加本次会议。

26 日　中国中小企业协会李子彬会长出席“中国中小企业协会茶文化工作委员会揭牌仪式”。

27 日　第九届中国中小企业节新闻发布会在长春举行。中国中小企业协会会长李子彬、秘书长金德本、副秘书长马彬，长春市人民政府副市长白绪贵、长春市工信局局长郝晶祥出席新闻发布会，会议由长春市人民政府副秘书长逄吉春主持。发布会上相关领导就本届中小企业节的组织安排等总体情况向到场的众家媒体进行了详细介绍，并回答了记者的提问。

下旬　为进一步推进小微企业政策落实，加强政策宣传，切实提高小微企业政策知晓度，提振企业发展信心，工业和信息化部会同国家发展改革委、财政部等国务院促进中小企业发展工作领导小组成员单位于 8 月下旬起，在全国范围开展小微企业政策宣传月活动。

9 月

9 月 1 日到 10 月 20 日　受国务院办公厅委托，中国企业联合会、中国中小企业协会、国家发展改革委、银监会等单位组成工作小组，联合开展银行涉企收费情况第三方评估工作。工作小组于 9 月 20 ~ 30 日对辽宁省、天津市、山东省、安徽省、陕西省、四川省、广东省、河南省、江苏省、浙江省等 11 省 20 市进行调研，完成《银行涉企收费情况第三方评估报告》，提交国务院办公厅督查室。

10 日上午　工业和信息化部纪检组长、党组成员金书波一行莅临陕西省中小企业服务平台检查指导工作。陕西省中小企业促进局党红忠局长、刘绍滨副局长、省中小企业服务中心负责人等陪同。陕西省中小企业服务中心李峰主任向金书波一行汇报了陕西省中小企业服务平台建设、运营及服务工作情况。

19 日　中国中小企业协会李子彬会长应邀出席中国（汉中）电子商务产业峰会。

24～25日　以“改革·服务·促发展，创新·创业·创未来”为主题的第九届中国中小企业节在有着“中国近代第一城”之称的长春隆重举行。第十届全国人大常委会副委员长顾秀莲，第九届、十届、十一届全国政协副主席白立忱，中国中小企业协会会长李子彬，中共吉林省委常委、长春市委书记高广滨，长春市人民政府市长姜治莹，原深圳市政协主席、深圳市中小企业发展促进会会长王顺生，深圳市人民政府副市长陈彪，国家发展和改革委员会人事司副司长范波，工业和信息化部中小企业局副局长许科敏，长春市人民政府副市长白绪贵等领导和嘉宾出席开幕式。李子彬会长作“经济新常态下宏观政策走势与企业创新转型”主旨演讲。

29日　中国中小企业协会李子彬会长应邀出席“芜湖市网商虚拟产业园”成立仪式，并会见芜湖市潘朝辉市长。在芜期间，李会长走访调研芜湖市中小企业发展情况，对芜湖市的产业结构升级提出建设性意见。

10月

10日上午　中共广东省委书记胡春华、工业和信息化部部长苗圩、广东省省长朱小丹在广州出席第十二届中国国际中小企业博览会，会见马来西亚对外贸易发展局主席拿督诺莱妮率领的马来西亚政府代表团，并参观博览会展馆。

11日下午　为期一天半的中国中小企业高峰论坛在广州花园酒店降下了帷幕，圆满结束。本届高峰论坛以“创新驱动，智造未来”为主题，设1场主论坛和2场分论坛，响应“中国制造2025”战略部署，结合当前中小企业发展的新形势，聚焦中国制造业的创新与转型。来自国内和联合主办国马来西亚等有关国家和地区的代表、专家学者、企业家济济一堂，交流支持中小企业发展的政策措施及实践成果。来自全国各省（区、市）、广东省各地市中小企业主管部门和企业界、商协会的代表参加了论坛，总计超过1500人次。

11日下午，第十二届中博会中小企业发展国际研讨会暨2015驻穗总领事圆桌会议在广州花园酒店举行。中博会组委会秘书长、广东省政府副秘书长卢炳辉，中博会组委会秘书处副主任、工业和信息化部中小企业局副局长田川，中博会组委会秘书处副主任、广东省中小企业局局长姚德洪，广东省外事办公室副主任罗军等出席会议。

12日　作为第十二届中国国际中小企业博览会重要活动之一的“中小企业信息化应用推广活动暨信息化论坛”在广州隆重举行。论坛由第十二届中博会组委会秘书处指导，中国中小企业信息网主办。工业和信息化部中小企业局副巡视员陈滨、广东省中小企业局副局长陈慧君以及各省市中小企业管理部门、行业协会、信息化服务厂商、中小企业代表等400余人参加论坛。

14日　中国中小企业协会发布2015年三季度中国中小企业发展指数。2015年三季度SMEDI为91.9，与上季度持平，自2014年二季度以来首次没有下滑。当前经济运行总体处于合理区间，从中小企业发展指数看，分行业和分项指数均为5升3降。预计中小企业发展指数缓中趋稳的态势将持续。

15～17日　第三届全国民企贸易投资洽谈会在天津滨海新区成功举办。洽谈会由中华全国工商业联合会、中国中小企业协会、中国个体劳动者协会共同主办，天津市人民政府联合主办。李子彬会长，马彬副秘书长，全国工商联副主席黄荣，中国个体劳动者协会副会长兼秘书长杨文彬，中国社会科学院研究生院院长、民营经济研究中心主任刘迎秋，天津市委常委、市政协副主席、市委统战部部长刘长喜，天津市委常委、滨海新区区委书记宗国英，天津市副市长王宏江，天津市政协副主席、市工商联主席黎昌晋及民营企业家代表参加了会议。会上，李子彬会长做了主旨演讲。

19日上午　全国大众创业万众创新活动周启动仪式在北京举办，中共中央政治局常委、国务院总理李克强出席启动仪式并作重要讲话，之后参观了大众创业万众创新主题展示。工业和信息化部党组成员、副部长冯飞出席了启动仪式并参观了主题展示。

19日下午　2015年大众创业万众创新高峰论坛在北京举办，中共中央政治局常委、国务院副总理张高丽出席论坛并作重要讲话，工业和信息化部党组成员、副部长怀进鹏出席论坛并陪同参观了大众创业万众创新主题展示。

26~30日　中国中小企业协会李子彬会长率队赴大连考察调研。在大连期间，会见了大连市政府刘岩副市长，大连市经信委张乙明主任、韩广副主任，中小企业处刘向阳处长、邹春发副处长，大连市中小企业联合会余杰副会长、张言涛副秘书长，听取了大连市经信委关于大连市中小企业发展状况的汇报。

11月

1日　由工业和信息化部、国家工商行政管理总局、广东省人民政府联合主办，广东省服饰文化促进会联合广东省纺织协会承办的第十二届中国国际中小企业博览会智造纺织与服装展在广州国际采购中心展馆开幕。工业和信息化部中小企业局局长、中博会组委会副秘书长郑昕出席开幕式并致辞。

5日　中国中小企业协会张竞强常务副会长出席中国中小企业（宁夏）“专精特新”产业联盟成立大会并致辞。

11日　中国中小企业协会李子彬会长、金德本秘书长会见了到访的原成都市副市长、成都市中小企业综合服务平台决策委员会主席何绍华，成都市中小企业协会执行会长兼秘书长苏非，冠力集团董事长陈建伟一行。

17日　中国中小企业协会金德本秘书长出席在重庆举办的第四届中国·重庆中小企业发展高峰论坛，并在论坛上发表演讲。国务院发展研究中心原副主任卢中原，工业和信息化部中小企业局融资担保处处长王海林，全国人大中小企业法修法专家顾问张国斌，中央国债登记结算公司副总经理梅世云，重庆市政府副秘书长[illegible]部展，重庆市中小企业局局长尹华川等专家领导，重庆市中小企业局、金融办相关处室、各区县经信委、科委、金融机构的负责人及300位企业家参加了会议。

19日　中国中小企业协会李子彬会长应邀出席天津动产融资国际研讨会，并在研讨会上发表演讲。在津期间，李会长会见阎庆民副市长、人民银行杨子强副行长、征信中心曹凝蓉主任等，就加快动产融资，缓解小微企业融资困境问题，交换了意见。

23~26日　中国中小企业协会李子彬会长应邀出席中国中小企业全球发展论坛，并发表主旨演讲。论坛举办期间，李会长会见前联合国秘书长安南先生、前法国总理拉法兰先生、全球中小企业联盟主席卡洛斯先生，就中国中小企业发展状况与大家进行了深入探讨。

12月

3日下午　国家中小企业发展基金工作会议在北京召开。工业和信息化部部长苗圩、财政部部长楼继伟出席会议并作重要讲话，会议由财政部副部长刘昆主持。工业和信息化部副部长冯飞、科技部副部长侯建国、工商总局副局长刘俊臣，国务院办公厅、国家发展改革委，各省市人民政府及财政部门、工业和信息化主管部门、科技主管部门等相关领导，以及中央金融机构、基金管理机构代表约300人参会。

4日　中国中小企业协会李子彬会长，张竞强常务副会长应邀赴北京天星资本股份有限公司参观考察。

3～4日，国家中小企业创业创新基地建设座谈会在浙江杭州顺利召开，会议由工业和信息化部中小企业局陈滨副巡视员主持，许科敏副局长到会作了题为“促进小型微型企业创业创新基地建设 推动大众创业万众创新”的讲话。40余名来自各省、自治区、直辖市、计划单列市、新疆建设兵团等单位的代表参加了座谈会，浙江、湖南省和重庆市中小企业主管部门的代表作了经验交流发言。

6～11日　中国中小企业协会张竞强常务副会长带领人力资源部、地方合作部、会员工作部赴苏州、上海、深圳分别考察了协会金融人才培训基地、公共服务工作委员会、金融工作委员会等3家分支机构。

10日　中国中小企业协会李子彬会长应邀出席深圳市第六届诚信榜揭榜仪式，并考察调研了协会副会长单位深圳市中小企业信用融资担保集团。

10日　中国中小企业协会金德本秘书长出席由清远市中小企业协会、清远市清城区中小企业协会联合主办的“2015年中小微金融服务日暨第八届清远中小企业服务周”活动，清远市委常委、副市长、广州对口帮扶清远市指挥部总指挥李新全，清远市人大常委会副主任林文钊等有关单位领导也出席了本次活动。

10～11日，全国促进产业集群发展工作座谈会暨培训班在青岛召开。工业和信息化部中小企业局郑昕局长出席会议并讲话，许科敏副局长主持座谈会。来自各省、自治区、直辖市、计划单列市、新疆建设兵团等单位的120名代表参加了座谈会暨培训班。

12日　中国中小企业协会李子彬会长应邀出席“众创众包众筹众扶论坛”，并在论坛上发表演讲。在昆明期间，李会长听取云南省中小企业协会工作情况汇报，并走访当地中小企业，为云南省中小企业的转型升级出谋划策。

15日　中国中小企业协会李子彬会长、张竞强常务副会长会见了到访的原宁夏回族自治区政协副主席、宁夏中小企业协会会长解孟林，宁夏中小企业协会秘书长乔亮，大连铭源集团董事长纪宏帅及中阿万方投资管理有限公司沙彦聚总经理一行五人，双方进行了亲切会谈。

16～18日，工业和信息化部中小企业局郑昕局长、田川副局长一行到安徽省合肥市、芜湖市调研中德中小企业合作情况。

18日　中国中小企业协会李子彬会长、张竞强常务副会长受邀参加“情聚天星共赢天下”2015年新三板投资策略报告会暨天星资本答谢会。

20日　中国中小企业协会李子彬会长应邯郸市企业联合会邀请，赴邯郸市为中小企业分析当前宏观经济形势，就中小企业如何转型升级发表主旨演讲。

23～24日　中国中小企业协会李子彬会长赴厦门调研中小企业发展情况，并走访协会理事单位厦门二五八集团。

后　　记

党的十八届五中全会明确做出创新是引领发展第一动力的战略部署后，国务院发布了《关于大力推进大众创业万众创新若干政策措施的意见》，从操作层面进一步提出了大力推进“大众创业、万众创新”的30条措施。大力推进“双创”，是塑造和形成“双引擎”、推动我国经济中高速增长、迈向中高端发展的重要选择。积极营造有助于中小企业持续健康发展的政策环境，是更好打造“双引擎”、大力推进“双创”的重要保证。

为深入研究和探讨营造和优化“双创”政策环境，进一步推进和提升“双创”，促进中小企业持续健康发展，中国中小企业协会商请中国社会科学院民营经济研究中心承担了“2016年中国中小企业蓝皮书”的调查研究与蓝皮书写作任务。《中国中小企业2016年蓝皮书》以“优化创业创新政策环境促进中小企业发展”为主题，以统计实证分析为基础，以规范分析和实证分析相结合、逻辑与历史相统一的方法，在调研问卷和实地考察基础上，分别就优化“双创”政策环境对促进中小企业发展的重要性、当前“双创”政策环境存在的主要问题以及“双创”与金融、财政、环保、市场、社会、法制等方面的关系进行了较为深入的研究与探讨，并据此提出了相应的政策建议。

本书由中国中小企业协会会长李子彬和我共同担任主编。在李子彬会长指导下，首先确定了调查与研究的组织框架，课题组由我担任组长，吉林大学经济学院教授毛健、中国社会科学院财经战略研究院吕风勇博士和中国中小企业协会政策研究部主任董涛担任副组长。课题组组建后，我先提出了一个供讨论的研究思路、研究主线和展开分析与阐述的基本框架，围绕这个框架，课题组多次召开专题会议进行研究讨论，集思广益，在形成各自研究大纲基础上，确定了各章主要内容，经汇总并报李子彬会长同意后开始执行。

根据本项研究的指导思想和研究主线，课题组成员按分工要求分别提出需要调查了解的主要问题，课题组副组长吕风勇牵头进行归纳并设计制定了“优化创业创新政策环境促进中小企业发展调查问卷（2016）”。调查卷由中小企业协会副秘书长李鲁阳和协会政策研究部董涛牵头，会员工作部、地方合作部、网商分会、培训部协助开展问卷发放与回收工作。中国中小企业协会会长李子彬对调查问卷的发放与回收工作给予了大力支持和指导。问卷调查采取非正态分布随机抽样方式分别在北京、天津、河北、山西、内蒙古、辽宁、吉林、黑龙江、上海、江苏、浙江、安徽、福建、江西、山东、河南、湖北、湖南、广东、广西、海南、重庆、四川、贵州、云南、西藏、陕西、甘肃、宁夏和新疆等30个省市进行。经过近两个多月的精心组织，在各省市中小企业协会配合下，最终回收调查问卷521份，其中基本有效问卷498份。经组织录入问卷数据，最后形成了“优化创业创新政策环境促进中小企业发展问卷调查数据库（2016）”。这个数据库连同课题组成员实地考察与调研取得的调研资料共同构成本报告的主要实证基础。

《中国中小企业2016年蓝皮书》由李子彬会长和我担任主编，李鲁阳、吕风勇、毛健、董涛担任副主编。本书导论由吕风勇起草初稿、毛健提出修改意见、我做最后全面修改并定稿，第1章、第10章由董涛撰写，第2章由张少苹撰写，第3章由吕风勇撰写，第5章和第8章由赵三英撰写，第4章和第6章由薛白撰写，第7章和第9章由张亮撰写。本书附录收录了由董涛收集整理的“2015年度中国中小企业发展大事记”。本项调查研究的学术秘书由中国社会科学院研究生院政府政策与公共管理系博士生王新玲担任，主要负责课题组日常行政组织与管理、会议记录及纪要编纂、书稿技术处理和文字核校、问卷调研数据录入等工作。中国社会科学院研究生院研究生胡莹莹及卢文华参加了调研问卷数据整理和录入工作。全书由吕风勇总纂，毛健和我审核，李子彬最后确认定稿。

在本书即将付梓出版之际，我谨代表调研组全体成员向为开展本次问卷调研和研究工作给予热情支持和帮助的中央和各省市有关部门与机构、有关领导和人士表示衷心感谢，向理解和支持开展这次问卷调研和实地考察的广大中小企业表示诚挚谢意，向中国发展出版社表示衷心感谢！

尽管我们做了很大努力，但终因理论水平和能力以及时间所限，书中仍难免存在各种缺点甚至错误，欢迎海内外各界朋友和同仁批评指正。

刘迎秋

2016年9月10日于北京小倦游斋

综合性中小企业金融服务集团的定位与实施

深圳市中小企业信用融资担保集团有限公司成立于 1999 年 12 月 28 日，经过十七年创新发展，实现了从政策性地方中小企业信用担保平台向国内一流的综合性中小企业金融服务集团发展转型。

在具体实施上，深圳担保集团通过搭建融资担保公司、小额贷款公司、典当行、创投公司、互联网金融公司的综合金融服务架构，一站式提供贷款担保、发债担保、政府专项资金担保、投资、保函、典当、小额贷款、委托贷款、P2P、上市融资担保、委托评审、融资顾问咨询等全方位金融服务，实现直接融资与间接融资的结合、融资性担保与非融资性担保的结合，可以满足不同中小企业在各个发展阶段的金融服务需求。

在合作创新方面，深圳担保集团与 33 家银行建立了风险分担的良性合作关系，并携手国内互联网金融巨头蚂蚁金服等平台，致力拓宽中小企业融资渠道。在产品创新上，担保集团首推“中小企业集合债”，积极推动中小企业债市融资创新，可增信发行所有中小企业债市产品；创新搭建互联网金融平台“C 金所”；与各级政府中小企业扶持资金合作，设计推广“知识产权质押”模式；支持大众创业、万众创新，推出创业通、科技通、普税贷以及新生代创业支持计划；开展“中小企业诚信榜”活动等。在管理创新方面，构建“四全”风险管理体系，导入卓越绩效模式，以人才战略促进持续发展。通过一系列创新举措，将自身打造成国内一流的综合性中小企业服务集团。

地　　址：深圳市南山区软件产业基地 2 栋 C 座 17 楼

联系电话：0755-86971918（前台）

0755-86971807（办公室）

0755-86971853、86971856（担保业务部）

AiKF 爱客服智能机器人

北京中科汇联科技股份有限公司成立于1999年，是一家一直致力于3C（内容管理Content、协同管理Collaboration、电子商务Commerce）信息化管理软件自主研发的高新技术企业。经过17年不懈努力，现已成为中国云门户、云服务信息化管理软件领先企业。在互联网行业发展方兴未艾之际，公司决策层高瞻远瞩，率先布局人工智能领域，联合北京大学，清华大学，哈尔滨工业大学三大高校，开展人工智能的研究与应用。2016年1月18日，中科汇联成功挂牌新三板上市(股票代码:835529)，成为新三板智能客服机器人第一股，中国人工智能领军企业。

企业旗下深脑科技人工智能研究院拥有包括语音识别、语音合成，语义理解等人工智能领域的数十项自主知识产权和关键技术。2015年8月，中科汇联拥有独立自主知识产权的人工智能产品——AiKF 爱客服智能机器人正式亮相，标致着中科汇联的发展进入了一个新篇章。

2014年中国呼叫中心行业总座数超过121万，从业人员超过300万，类似淘宝、京东等各种平台的大量小商家在线客服互动团队，云座席及小型座席团队，总座席超过250万，从业人口超过600万人。随着电子商务和互联网+的发展，预计未来从业人数将超过3000万。然而一方面我国人口老龄化的加剧，加之客服工作特有的属性导致离职率居高不下，呼叫中心面临着无人可用的局面，另一方面移动互联网时代的来袭，信息服务商需要面对全渠道的信息服务内容，及时快速地回应客户需求，这显然是传统的呼叫中心、客户中心无法解决的。

面对上述背景，致力于用智能机器人解决脑力劳动者，中科汇联联合北京大学、哈尔滨工业大学、清华大学建立联合实验室，通过产学研模式，研发出AiKF 爱客服智能机器人，三位一体的客服体系（智能机器人+人工客服+工单），解决来源于全渠道的客服问题。爱客服核心技术是基于自然语言处理、语音识别和语音合成、深度神经网络等人工智能技术和基于本体论的知识工程方法，特定领域的中文交互式对话和知识快速构建方法，填补国内空白，项目技术水平达到国际领先水平。

目前AiKF 爱客服智能机器人已经成为中国SASS版智能客服市场的代表品牌，全球智能客服的开创者。基于中科汇联在政府、企业、金融等行业多年行业经验积累，AiKF 爱客服提供上述行业和中小企业的解决方案，已经服务于1万家企业。

糠醇塔式反应的工艺改造

山东一诺生物质材料有限公司始建于2009年4月，位于山东莘县古云镇经济技术开发区，是一家股份制民营企业，注册资金4500万元，总资产1.5亿元。2015年实现销售收入3.8亿元，实现利税2000万元。现已拥有年产80000吨糠醇、年产5000吨四氢糠醇、年产5000吨2-甲基呋喃三条生产线。产品涉及铸造、电子、医药中间体、农药中间体等五大领域，远销日本、韩国、东南亚、欧盟、俄罗斯等多个国家和地区，产品生产采用了世界上最先进的DCS、自动化控制技术和气相色谱等设备，节能降耗、环保、安全、质量控制等各方面均处于国际领先水平。2011年5月，通过中国质量认证中心ISO9001质量管理体系认证和ISO14001环境管理体系认证，在社会各界拥有了良好的口碑和很高的信誉度，公司已发展成为国内最大的"呋喃"系列产品生产基地。

公司拥有独立的研发团队，与上海华东理工大学、北京理工大学等多家科研单位及院校建立了长期稳定的战略合作关系，为公司的新产品研发提供技术支撑，目前已取得了2项发明专利和9项实用新型专利技术。

在糠醇传统的工艺生产过程中，由于管式反应器内物料较少，需要的反应热较高，并且大部分集中在反应器底部进行，部分糠醛反应过度，生产出高沸点物质；催化剂不能实现在系统内有效分离，造成反应过度，糠醇的转化率较低。

本项目从稳定和降低反应温度、增加有效反应比例为切入点，将管式反应器变反应塔，变并联为串联，增加反应系统内一次性投料量，拉长反应链条，增加反应容器内的物料量，这样在反应过程中，反应塔内的总热量相比管式反应器大幅度增加，改变夹套水降温的换热面积，有利于把反应器内的温度控制在合理的区间内，并且通过加搅拌器，让糠醛、催化剂、氢气充分接触融合，延长物料在反应器内的停留时间，变集中反应为分散反应，去除了副产物生产的主要条件，增加了有效反应的时间，降低反应温度，控制了物料在高温下过度反应产生高沸点物质的比例，提高有效物质的转化效率，使产品转化率提高到98%以上；同时在反应塔内实现了催化剂和粗醇的有效分离，完成反应的粗醇排出反应塔进入沉淀池，催化剂停留在反应塔内继续发挥催化作用，既提高了催化剂的使用效率，又阻止了混合物料排出反应系统后过度反应，大幅度降低了副产物的产生比例，为精馏提纯工序减轻了负担。

危化品物流信息创新成果

腾智联合互联网科技有限公司隶属山东华驰集团。华驰集团以清洁能源开发为龙头，主打石油化工与盐化工两大产业，是一家集研发生产、仓储物流、油品贸易、金融服务于一体的现代化企业集团。2015 年集团实现销售收入 110 亿元，总资产达到 15 亿元。

腾智联合是一家致力于加速不同行业在“互联网 +”时代转型进程的创新型企业。目前，公司已推出危化品物流行业数据分析与信息服务平台。平台对危化品行业信息流、物流、资金流进行基于互联网思考的全面整合，实现人与人、人与货、人与资金、线上与线下的畅通连接。

公司一直把高效团队作为市场制胜的保障；始终坚持人力资源是第一生产力，吸纳优秀人才、扩充企业团队。公司在济南设有研发中心，拥有一支高质量、高素质的研发团队，可独立完成大型平台软硬件的设计、推广、维护工作。

腾智联合危化品互联网平台是由我公司自主研发、以“互联网 +”及人工智能分析技术为基础、集政府监管与商业功能于一体的云端智能危化品综合服务平台。其主旨是打造一个互利共赢的平台，便于政府相关部门对危化品的监管。通过该平台为危化品所涉及的各企业（原料供应商、危化品生产企业、危化品消费企业）提供物流调控、贸易洽谈等服务，形成一个三者之间的液态生态圈；通过从各个端口（物流整合端口、政府监管端口、危化品生产企业端口等）提取的动态物流信息，按一定标准处理后得出底层大数据从而分析获取路线信息，形成全国危化品行业的电子地图；通过该平台给客户提供信息服务、撮合交易和提供金融服务等方式为客户带来便利，最终实现平台的资金积累和生态圈的标准建设。

E100 冲击波治疗仪

深圳市慧康精密仪器有限公司，成立于 2006 年 3 月，是一家专业从事体外冲击波技术、医学影像、超声波诊断及治疗技术等医疗器械的研发、生产、销售与服务的高科技企业，其全资子公司是中国最早进入泌尿外科医疗器械领域的企业。自创建以来，持续专注于医学冲击波与超声波诊疗器械的研发与制造，拥有包括体外冲击波碎石机（ ESWL ）、体外冲击波骨科治疗仪（ ESWO ）、泌尿外科诊疗床（ UROT ）、医用影像存档与传输系统（ PACS ）、高强度聚焦超声肿瘤治疗系统（ HIFU ）等五大系列、40 多个型号的产品，涵盖泌尿、理疗康复、骨科、疼痛治疗、医学影像与肿瘤治疗等医疗领域，成为了全系列产品供应能力的专业医疗器械设备提供商，具备了信息化医疗系统整体解决方案的设计与提供能力。

公司产品销量和市场占有率已连续多年稳居国内医疗碎石机行业第一，产品用户 4000 家以上，遍布国际和国内各地，产品已批量进入国内大型三甲医院，销往全国三十多个地区，全球二十多个国家与地区。体外冲击波碎石机全球累计装机量超过 4500 台，是中国乃至全球装机量最大的体外冲击波碎石机制造商之一，更进一步打造了公司国际领先的品牌形象。

1. 主要工作原理

E100 型冲击波治疗仪利用电磁波效应产生一种能透入人体组织的机械冲击波。脉冲电流经过线圈时产生脉冲电磁场，磁场对金属膜产生感应磁涡流，线圈磁场对金属膜感应磁场的排斥作用使金属膜高速振动，从而推动水分子运动产生冲击波。

低能量冲击波作用于人体产生刺激，促进血管生长的作用主要表现为物理效应和生物学效应。物理效应：低能量冲击波对组织细胞的压力和张力作用，使细胞的弹性变形、组织松解、减轻组织的粘连，从而加速病灶组织毛细血管微循环，促进毛细血管的再生。生物学效应：冲击波能够诱导应力集中在细胞膜上，并且通过改变切应力影响内皮细胞。

2. 性能结构及组成

产品为水囊型电磁式冲击波治疗仪。产品由主机，冲击波源系统（包括：水囊、电容箱、电磁盘组成），水处理系统，附属组件（定位架）组成。波源平面冲击波声压最大峰值 1MPa ～ 15MPa；压力脉冲上升时间（上升沿）≤ 3us；最大冲击波能量密度 0.15mJ/mm2；冲击波能量的最大穿透深度为 75mm。

3. 预期用途

临床用于治疗男性血管性勃起功能障碍。

4. 注册检验

E100 型冲击波治疗仪已于 2013 年 12 月通过广东省医疗器械监督检验中心检验，检测报告编号 ZC13030256。

杭州集控科技有限公司案例介绍

大规模个性化定制智能工厂建设项目

XX 集团主要生产实木复合门，是国内市场的行业领导者。经营模式从原先的生产木门为主逐步转向给客户提供个性化装修的整体解决方案，以木门为核心，墙体、吊顶等衍生品的装饰为辅助。

为适应企业从大批量少品种转向小批量多品种定制化生产模式以及环保要求的提升、市场环境的变化等，企业最新业务战略是：1、对内逐步建立木门柔性生产模式；2、对外提高服务客户个性化的要求；3、保持品牌价值，建立行业优势。

XX 集团的智能工厂经历了咨询规划、需求研究及方案设计等几个阶段，集中了非标设备设计、精益咨询、IT 应用、自控设计等四大团队，结合企业目前的业务现状及战略目标，以精益理念作为灵魂，结合 IT 软件以及自动化改造，应用了杭州集控智能制造系统平台、视觉识别、机器人、虚拟设计、结构型 BOM、均衡排产生产计划等关键技术。最终打造的智能制造系统将打通从用户数据获取到设备生产的通道，所有定制化的用户木门数据将无须人工干预，实现自动透传；虚拟设计将设计师、用户和生产企业集中在一个平台上，利用互联网手段突破了以往传统木门定制制造贴身服务的瓶颈；自动化设备的引入以及看板等精益管理手段使得车间生产节拍一致、齐套生产，大大缩短了生产前置期，提高了产品一次合格率；供应链管理系统将部件供应商、用户以及生产企业统一在一起，实现供应链价值流的优化改善；利用 RFID 技术实现木门标识的唯一性，实现从配送和安装再到售后服务的智能产品化管理。

XX 集团无论从全面性还是深度性方面都践行着工业 4.0 和智能制造的本质，并和自身业务和生产特点充分融合。是全国智能制造领域的一个样板工程，也是实现工业 4.0 在国内传统行业应用的一个里程碑。

智能制造解决方案供应商：杭州集控科技有限公司
地　　址：杭州市余杭区南苑街道玩月街 101 号产业互联网小镇 1 号楼 9-10 层
电　　话：400-8080-727
网　　址：www.jikon.cn

激光雷达、激光灭蚊炮及激光灭蚊机器人

镭神智能作为中国领先的激光雷达企业创立于2015年，是国内首家研发出激光灭蚊炮以及全球首家研发出激光灭蚊机器人的黑科技企业，公司致力于向全球提供先进的激光雷达、激光灭蚊炮及激光灭蚊机器人、位移传感器、特种光纤激光器、光纤器件等产品及解决方案。

镭神智能团队已获得专利12项，软件著作权8项，外观专利1项，已提交专利56项，其中发明专利25项。公司已取得ISO质量管理体系认证，2015年科技成果转化4项以上，2016年自主研发项目“环形激光多CMOS图像拼接激光雷达”获得深圳市技术创新计划的政策扶持，多项核心技术处于国际领先水平，公司资金实力雄厚，2015年成立至今，融资总额高达1亿元。

镭神智能团队已经研发了一系列不同性能、不同用途的激光雷达，基于三角测距原理的高品质、抗强光、超长寿命、消费级产品领域的激光雷达已经投入量产。新一代独创性技术的高可靠性、非旋转扫描测距激光雷达，非常适用于无人机定高、安防等领域；基于时间飞行法测距原理的单线激光雷达系列产品，测量距离可从十米到两百米，目前已研发成功；同时，镭神智能自主研发的多线激光雷达（4线、8线、16线）、高端三维地测绘激光雷达、高精度三维激光扫描仪等目前已取得突破性进展。这些高性价比的激光雷达系列产品是汽车防撞、无人机自主导航避障、无人驾驶汽车、无人船、工业自动搬运机器人（AGV）更好的选择，是取代德国、日本等目前市场上广泛使用的激光雷达产品的不二之选。

除此之外，镭神智能的两款激光灭蚊炮及激光灭蚊机器人产品原理样机已经研发成功，其中，激光灭蚊机器人采用自主研发的高精度激光雷达及SLAM算法进行定位导航，用于室内的激光灭蚊机器人采用基于三角测距原理开发的激光雷达进行导航定位，而在室外的则采用基于远距离探测的TOF（时间飞行法）激光雷达。激光灭蚊炮和激光灭蚊机器人可以从复杂的环境背景下对微小的多种目标（蚊子、苍蝇、蝗虫、蟑螂等）进行探测、识别、动态跟踪、锁定然后进行持续打击直至目标被彻底消灭。激光灭蚊炮和激光灭蚊机器人是微型版的国家激光导弹防御系统，且具有全球独创性，是颠覆性的黑科技产品，将从根本上终结人类与蚊子千万年来的战争，遏制因蚊虫叮咬引起的疾病，造福人类。

镭神智能依托千亿级的激光雷达和万亿级的激光灭蚊炮、激光灭蚊机器人市场前景，始终秉持用激光雷达高新科技造福人类，让生活更美好的信念，踏踏实实，长期投入，厚积薄发，以奋斗者为本，创造社会价值。

总部地址：深圳市光明新区玉律根玉路汉海达科技创新园

电　　话(TEL):+86-0755-23242821

传　　真(FAX):+86-0755-23244316

Email:sales@lslidar.com

以煤治煤，解政府、企业燃“煤”之急

广东精旺能源科技发展有限公司、清远市精旺环保设备有限公司创立于2011年，于2014年10月入孵广东省清远国家高新区孵化器，是集研发、生产、销售、售后服务为一体的技术创新型企业。公司的攻关方向是涉及醇基燃料工业应用全产业链，掌握业内领先的以醇基燃料和燃烧器为核心的燃烧技术和节能技术（拥有十余项专利），尤其核心关键部件燃烧喷嘴、醇基燃料都已获得国家发明专利，处于国内领先地位。

公司主营业务是提供以醇基燃料工业应用整体解决方案（商品名“氢水燃料”）为核心的系列产品及服务，服务对象是拥有工业锅炉、窑炉及热动力设备的工业企业，可涵盖70%以上工业行业。公司在国内首创的醇基燃料工业应用整体解决方案，是工业企业进行清洁能源替代、节能系统改造首选方案，能够帮助广大中小企业系统化解决能耗黑洞、用能技术落后、运行成本高等应用难题，有效降低企业成本，再现大家一片蓝天白云！

精旺创始人王爱武女士，作为广东省100名双创之星之一，秉承“以科研服务创新为本，以改善雾霾污染、清洁大气为己任”的经营理念，怀着再现蓝天的梦想，带领着精旺团队不忘初心，砥励前行。在“第四届中国创新创业大赛暨珠江天使杯广东节能环保和新能源行业总决赛“、”首届汇桔杯南粤知识产权科技创新创业大赛“、”广东省创青春创新创业大赛“上累获殊荣，得到当地政府的大力支持以及社会各界的认可。目前，公司在河北省、广东省有近百家用户，经受了中国雾霾污染最严重的京津冀地区市场考验。2014年为河北省辛集市教育局229所中小学提供供暖系统改造。通过“订燃料，送锅炉”的创新商业模式，正在快速拓展广东清远加广佛肇的样板市场，预计在2018年可实现产能氢水燃料100万吨，销售收入35亿的经营目标，这意味着，每年将为我国减少相当于145万标煤的煤炭直接燃烧，减少180万吨二氧化碳排放，减少1820吨二氧化硫排放，减少300吨颗粒物排放，降低150吨氮氧化物排放，社会效益巨大！

因此，精旺人信心百倍，在未来的岁月里，以诚信理性的经营行为树立优秀新兴企业的形象，致力成为清洁能源行业最知名、最受人信赖的企业。

为了美丽中国，为了再现一片蓝天，精旺人将不断锐意进取，创新不已！

知识产权管家服务

至诚君合是为客户提供高端法律服务的机构，目前是国家知识产权报理事单位、全国中小企业协会理事单位、世界法商公司联盟创始成员。至诚君合希望真正通过知识产权服务融入到客户内部，站在客户角度，急客户所急、想客户所想，努力帮助客户实现知识产权服务于企业战略的目标。至诚君合严格遵循“诚实信用”的服务理念，坚持在合法范畴内以客户利益为服务的第一标准。

由于现代知识产权制度是一项复杂、庞大、且不断变革的制度，集经济、科技、文化、法律等多领域为一体，涵盖专利、商标、版权、商业秘密等多种类，因此，知识产权的运营工作，需要综合能力强的高端人才。但是，从国内实际情况看来，这一方面的人才稀缺，难以招聘，企业要自己培育也需要很长时间和大量财力物力，非一般企业可以做到。因此，将知识产权交由知识产权管家进行托管，是企业、特别是中小企业的省时省力的有效手段。

使用知识产权管家服务，企业可将本应设立的知识产权职能部门的工作全部交由“知识产权管家”完成，在节约人力、物力成本的前提下，使自身的知识产权整体管理更加专业化，让企业更全面管理使用好自己的无形资产，切实帮助企业在知识产权领域省钱、省心、省力。我们会根据客户在知识产权管理方面存在的问题进行研究，为企业进行知识产权整体性的战略规划，量身定制专业方案；协助实施知识产权战略，逐步实现知识产权资本运营；协助企业开发自主知识产权，培训企业人员；对知识产权注册的各项事宜提供建议及注册；监测及侵权预警，调整创新方向和内容，有效保护企业知识产权；帮助企业实施品牌战略，培育，协助企业实现名牌的经济价值等。

知识产权托管服务包括：

◇协助企业制定企业知识产权管理制度；

◇制定企业知识产权战略；

◇企业创新技术管理；

◇品牌战略管理；

◇国外新技术检索与应用；

◇国内竞争对手技术分析；

◇与企业的相互培训；

◇贵司现有知识产权的监控、归纳、整理、授权、许可等；

◇知识产权情报收集与分析；

◇监测及侵权预警；

◇商标、专利、著作权、域名的发掘和申请；

◇商业秘密、技术秘密的管理。

互联网金融风险管理模式创新——“鑫盾”风险管理系统

杭州鑫合汇互联网金融服务有限公司（以下简称鑫合汇公司）成立于2013年，依托于隶属集团中新力合10年的企业金融服务经验，拥有行业领先的短期金融产品研发能力，强大的全场景操作监督风控能力以及精准的互联网营销能力，已成为国内专业短期金融服务一线品牌。

2015年鑫合汇公司成立了旗下专业短期融资服务平台——七桥。在产品开发上，专注于优质短期资产的规模化生产，利用大数据及互联网创新技术，开发出多款运作成熟、便捷高效的标准化过桥金融产品。研发了专业健全的风险管理系统——“鑫盾”，“鑫盾”以“绘制一幅企业地图、搭建一个工作平台、构织一张信用网络”为核心思想，由企业表达、企业评价、金融产品设计及贷后操作管理（以下简称“天网”）四大体系构成。其中企业表达体系为用户提供一个可供参考的共同表达和评价语境，由9要素、10板块、111项指标、195项数据、300多个信息点构成；企业评价体系分析指引建立评估模型和风险控制模型，由6要素、17板块、55项指标、88项数据构成；金融产品设计体系建立在企业表达、评价体系之上，利用大数据分析，设计、研发符合市场需求的金融产品，为资产与资金的快速匹配奠定基础；“天网”系统设置项目关键操作指标，建立全场景资金实时监控查询系统，保障资金安全。所有数据的采集、分析与判断均由“鑫盾”系统线上完成，为最终实现信贷工厂模式提供保障。鑫合汇公司目前已开发多款融资产品类型，包括银政系列、保证金系列、证券价值系列、强增信系列、个贷系列、区域系列（上海）等，解决众多企业及个人短期资金需求，极大地推动了各地区的经济建设。

在战略布局方面，鑫合汇公司奉行“资产推动资金”的发展模式，短期融资服务的合作范围已覆盖浙江、江苏、山东、北京、上海、南昌、长沙、厦门、深圳、重庆等31个省市地区，资产布局将从长三角延伸到华北、华南、西南等地区的主要城市，并与当地政府、银行等金融机构展开积极的合作。截止目前，鑫合汇公司短期融资服务累计总交易额已突破1400亿元，服务过桥转贷融资客户超过20000位，为企业节省财务成本超过8亿元。

互联网思维下的建筑综合服务平台化模式大创新

成果概要

建筑设计在整个建筑产业链处于枢纽环节。虽然建筑行业体量大，但是原始的生产方式及技术本位思想导致信息流通不畅、工作效率低下、协同困难、建筑造价浪费等已成行业普遍现象。国家针对质量隐患采取了严格的资质管控导致大量的设计挂靠团队出现，加重了国家的质量监管难度。随着“互联网 +”行动计划的提出，各行业呈现出新的变化和态势，传统企业开始寻求新的转型升级机会。

宝信立足于建筑设计行业 15 年，拥有行业甲级资质及深厚的实践经验积累。同时，宝信拥有 IT 基因，一直从事于软件开发以用于工程项目的运营，技术和架构成熟。在社会环境的影响和时代趋势造就的情况下，宝信利用自主研发的开放平台网罗全产业链资源，结合自身多年的行业经验积累，致力于打造以设计为枢纽，以平台为支撑的建筑工程服务商。“平台 + 自营”经营模式体现了宝信在行业领域的聚焦，“三位一体”经营战略又表现出宝信对于行业发展的深刻理解。

自 2015 年企业转型上市，公司自主研发的“宝信云建 V4.0”在线用户团队已达一千多家，在房地产即将进入寒冬市场的情况下营业收入同比增长 3.24%。“互联网 +” 的模式让宝信成功地转变了公司运营模式，让不景气房地产行业不仅没有影响到公司的营业收入，反而为公司拓宽了新的市场渠道，为新兴市场的开拓创造了有利条件。

北安宜品努卡乳业有限公司

北安宜品努卡乳业有限公司羊乳清脱盐项目

脱盐乳清粉是婴幼儿配方乳粉的主要原料，长期以来国内婴幼儿配方乳粉企业所使用的脱盐乳清粉完全依赖进口，尤其是全羊婴幼儿配方奶粉生产中，即使国外也没有稳定的脱盐羊乳清原料的供应，为解决这一课题，北安宜品努卡乳业有限公司开展了为期三年的脱盐羊乳清项目的研发，于 2014 年完成技术设计、工艺布局和设备安装，并于 2014 年 10 月份投入使用。

本项目羊乳清脱盐工艺由宜品乳业研发中心自主研发，设备选型全部采用国产元件，相比国外同类型设备，具有操作简单，易维护维修等特点。该项目生产所用原料主要为甜羊乳清粉，主要生产工艺为利用离子交换、电渗析等分离技术，实现连续制备脱盐乳清系列产品，建立了高效、节能、清洁的生产工艺流程，产品脱盐率达到国外同类产品水平。共开发脱盐羊乳清粉和脱盐羊乳清液两个产品，并制订了相应的企业标准。产品经第三方检验，脱盐羊乳清粉技术指标符合企业标准和国家标准 GB11674 的相关要求，脱盐羊乳清液的指标符合企业标准。本项目的实施不仅是满足企业自身发展的需要，为开发新产品提供支持，同时还填补了国内空白，促进乳品行业以及食品行业的发展进步，增强国内乳制品生产企业与国外乳制品竞争的核心实力。

生物质能源热电联产工程

闫华，女，经济师，高级审计师，高级能源管理工程师，现任黑龙江清河泉生物质热电集团公司董事长。她依托生物质资源，科技创新，走发展循环经济之路，历经数载市场风浪的洗礼，如今已把企业发展壮大成为下辖发电、供热、粮食加工等六家分公司的低碳环保、资源综合利用、节能减排的现代科技型企业。

在她的领导下，企业投入巨资研发改进生物质发电综合利用技术，先后建设改造生物质热电厂 5 座，总装机容量达 7.65 万千瓦，年发电能力 4.3 亿千瓦时，供热能力达 500 万平方米，目前虎林城区已全部实现清洁能源供热。公司组建了黑龙江省科技厅批准的“黑龙江省稻壳生物质发电工程技术研究中心”，自主研发的稻壳发电技术居国内领先，技术成熟、运行稳定，被国家环保部列为生物质发电技术依托单位，荣获“中国中小企业创新 100 强 / 优秀创新成果”、“黑龙江省科学技术进步奖三等奖”和“黑龙江中小企业创新 20 强”等。

公司拥有国内最大的以稻壳为燃料的热电厂，年消耗农业废弃物稻壳 50 万吨，相当于节约标煤 25 万吨，减少二氧化硫排放 1070 吨、烟尘排放 328 吨、二氧化碳排放 58 万吨，安置下岗工人和农民工 800 多人，仅稻壳一项每年可为虎林市及周边 150 多家大米加工企业增加收入 1 亿多元，充分发挥了龙头企业的带动作用。

一种高导耐热铝合金材料及可应用于风能发电用的铝合金电缆

风能作为一种可再生资源，受到世界各国的青睐，风力发电正在成为世界上增长最快的能源项目。中国风能储量丰富，分布广阔，风力发电有着广阔的市场前景。

由于风能发电特殊的使用环境，要求所用电缆必须具备抗扭转、耐老化、耐气候、防寒、抗紫外线以及环保等特性。

山东菲达电力电缆股份有限公司所研发的一种高导耐热铝合金材料及可应用于风能发电的铝合金电缆，旨在解决铝合金材料存在的缺陷，适应风能发电的特殊环境，使其更受市场青睐。所研发的铝合金材料是由锡、镧、铈、硅等元素配比铝组成。电缆为耐热铝合金导体、云母带、陶瓷纤维层、防火层等组成。其先进的技术性能主要表现在以下方面：

抗蠕变性能方面：铝合金材料经过退火等特殊工艺的处理，相对于纯铝，抗蠕变性能提高 300%。

抗拉强度和延伸率方面：由于加入了特殊的成分并采用了特殊的加工工艺，延伸率提高到 30%。

自重承载力强方面：铝合金电缆可支撑 4000 米长度的自重，这种优势在大跨度的建筑（如电网建设、风能发电）配线时体现得尤为突出。

柔韧性方面：铝合金比铜柔韧性高 30%，反弹性比铜低 40%，弯曲半径仅为 7 倍外径，更容易进行端子连接。

本项目所研发的高导铝合金材料具备较高的市场应用价值，符合国家新能源发展及经济的可持续发展的方向，产品市场空间非常广阔。

公司名称：山东菲达电力电缆股份有限公司

联 系 人：贾聚好

联系电话：0536-2788527

地　　址：山东省潍坊市高密市夏庄工业园 A 区 87 号

助力产业精准扶贫 实现企业长效发展

中国薯网 在路上

在全国832个国贫县中，适合并发展马铃薯产业的就有811个。

2016年，中国薯网接受中国科协和民革中央委托开展山西吕梁、河北涞源贫困地区马铃薯产业产销一体化示范基地建设工作，探索科技精准扶贫工作的有效管控模式；接受财政部和新疆生产建设兵团委托开展山东禹城、兵团88团马铃薯产业产销一体化绿色示范种植基地建设，摸索农业集体经济示范发展模式；接受中国扶贫协会委托开展四川凉山州喜德县马铃薯种薯产业调研工作、与内蒙古五一牧场合作开展供应链金融支持马铃薯种薯扩繁等项目，研究中国马铃薯产业发展方向，探索马铃薯科技种植实现精准扶贫的项目管理模式。

中国薯网 www.tudoudc.com，以马铃薯产业为核心，为马铃薯主产区和主销区提供一个介于采购方和供应方之间的电子商务交易和专业配套服务平台。

有集合专业农技人才的中国科协农技协薯网技术交流中心；有起草化肥农药行业规范标准的中国石化联合会农化经济技术研究院；是中国移动商务应用联盟特色农产品专业委员会的主任单位；是国家工信部中国电子商务创新联盟成员；荣获中国社会工作联合会“中国优秀企业公民”称号；荣获中国中小企业协会“创新100强企业”称号。

中国薯网首创的“马铃薯产业产销一体化示范基地建设”扶贫模式受到民革中央、中国科协、中国扶贫协会及地方政府的认可和赞扬，已在西藏、内蒙古、新疆、甘肃、山西、山东、河北等地区推进示范基地建设工作，计划三年内完成100万亩基地建设。

示范基地建设创新了金融服务模式

联合保险公司、银行，形成“公司 + 银行 + 保险”三方共同担责的融资模式，从根本上解决农户规模化经营面临的资金短缺问题。

示范基地建设创新了生产资料供应链服务模式

基于薯网供应链金融服务，率先推广普及新品种、新机具、新肥料、新农药，提高种植产品的质量和数量，增加种植效益。

示范基地建设创新了产中服务模式

采用物联网技术，对农户进行技术培训，解决生产管理中所出现的问题。

示范基地建设创新销售模式

解决市场需求方与生产方不对接的问题。

示范基地建设创新了科技精准扶贫模式

由政府 + 中国薯网 + 薯农主体，施行农业生产六统一原则。

梅花香自苦寒来！

中国薯网集合全部精力投入到马铃薯产业中，全力推动马铃薯产业规范、产业升级，在马铃薯产业蓝海中寻求企业的生存与发展的未来！

地　　址：呼和浩特市赛罕区金桥电子商务产业园316室

邮　　编：010010

薯网微信号：tudouec

电　　话：0471-3371777

传　　真：0471-3371777

网　　址：http://www.tudouec.com

“互联网＋财税”创新服务平台

公司简介：

山东智华财税股份有限公司（以下简称智华股份），是山东省内首家自营加外包的“互联网＋财税”创新平台，也是一家专业从事财税相关咨询的机构。公司以财税为入口为企业提供财税托管服务，培育企业上市服务，帮助企业进行投融资等咨询服务。

随着公司业务范围和规模快速上升，汇集了丰富的财税服务经验。公司服务内容现已覆盖财税服务、上市服务、股权投资、商标专利和扶持政策咨询研究等有利于中小微企业深层次发展需要的服务项目。

2015 年 10 月，公司与全国 45 家创业基地签订战略合作协议，以淄博为起点，面向山东，业务辐射北京、上海、深圳、重庆、南京、天津、石家庄及山东省各地市。

主营业务：

一、财税服务

（1）财税咨询；（2）财务规范；（3）财务顾问；（4）财税托管。

二、上市服务（多层次资本市场体系）

服务对象：

（1）新三板 挂牌企业；（2）初创期中小型高新技术企业，创新性、成长性企业；（3）区域性股权市场 ；（4）地方性中小微企业。

服务内容：

（1）策划辅导（2）方案设计（3）上市协调 （4）财务规范

（5）选聘机构（6）董秘培训（7）投资管理 （8）融资咨询

三、股权投资

区域股权交易（齐鲁股权交易中心）

（1）创业风险投资；（2）成长股权投资；（3）并购资本投资；（4）PIPE 投资。

四、董秘培训

公司为中国中小企业协会“新三板培训中心”运营单位。

（1）新三板人才培训；（2）挂牌新三板企业的董秘、管理层素质培训以及人才交流；（3）举办相关主题会议与研讨会。

五、科技服务

帮助中小微企业进行高新技术企业、专利、政策的申报及辅导，科技项目转移孵化对接，打造科技与金融相结合的孵化平台。

六、财共享平台

公司联合泛微、浪潮等软件服务商打造“财共享”平台，帮助企业实现管理标准化、财务标准化及 BI 商务智能分析。

七、注册加盟

公司为中国中小企业协会“互联网 + 财税”创新联盟执行单位。主要服务企业注册及加盟，打造线上线下相结合的“互联网 + 财税”平台，平台联合全国财税机构、财务人员，及商标专利、法务、人事等其他行业，为中小企业提供财税、融资、法律、培训等多方位、多形式服务。

腾智联合
PRANSMART

GWISDOM
硕智咨询

LeiShen Intelligent System Co.,LTD.

深圳市镭神智能系统有限公司

让生活更美好！

便捷, 高效 & 安全

在未来，各类移动机器人提供便捷生活，无人驾驶汽车使交通事故成为过去，激光灭蚊为人类造福，工业自动化又高效又安全。在这里，机器能看见，生活更安全，未来正在一步步被创造

欢迎来到镭神的激光雷达世界！

镭神激光雷达传感器，给机器人一个清晰的世界

激光灭蚊机器人&激光灭蚊炮

史上最具创造性的发明
微型版的国家激光导弹防御系统
全球独创性
颠覆性的黑科技产品

镭神多线激光雷达

让无人驾驶汽车“看见”世界

 三维

360°

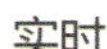 实时

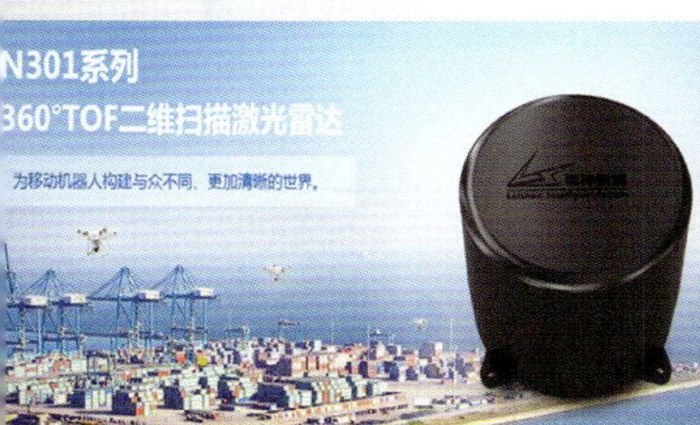

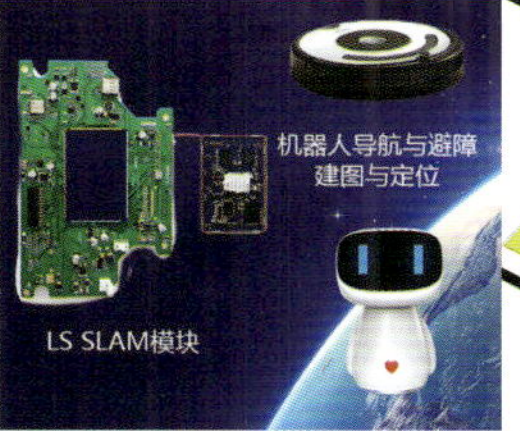

二维扫描激光雷达系列产品

满足不同场合移动机器人的自主导航与避障的多种需求
为移动机器人构建更加清晰的世界。

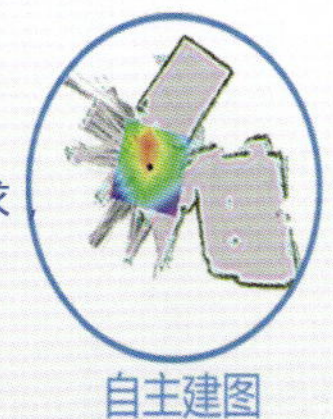
自主建图

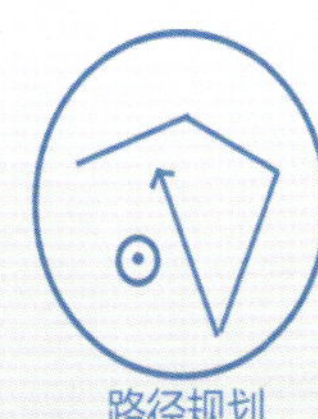
路径规划

自主避障

定位导航

0755-23242821（深圳研发总部）
0755-27190511（镭神工厂）

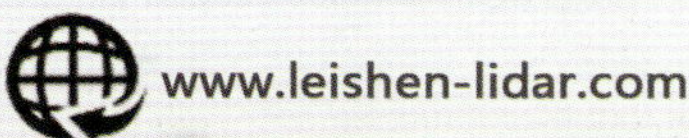
www.leishen-lidar.com

Email: sales@lslidar.com

宜品乳业简介

YEEPER BRIEF INTRODUCTION

北安宜品努卡乳业有限公司前身是北安市乳品厂，建厂于1955年，是一家专业从事乳制品研发、生产和销售一条龙服务的乳制品企业，生产基地位于北纬47°，黑龙江松嫩平原，小兴安岭南麓，国家级生态示范市黑龙江省北安市境内，是国际公认的黄金奶牛饲养带，同时拥有全国屈指可数的有机牧场。

宜品乳业有着六十年的专业奶粉生产经验，“60年安全生产零事故”，国内脱盐乳清粉技术拥有者，连续6年有机奶粉生产基地，是目前国内为数不多的以牛乳为基料的有机婴儿奶粉制造企业。一直以品质稳定，讲求信誉闻名于业内。率先在中国境内采用欧盟卫生标准，严格实施GMP生产规范（药品生产质量管理规范），通过并严格执行ISO9001质量管理体系、危害分析与关键控制点HACCP体系认证、良好生产规范《GMP》体系认证，有机农产品种植认证、有机畜产品养殖认证以及有机乳制品生产加工认证，通过有机奶粉认证的乳制品企业，2015年宜品实验室升级为CNAS实验室，2015年宜品乳业通过BRC“食品安全全球标准”A^+级认证；宜品乳业荣获“2015中国创新型中小企业100强”荣誉称号。爱尼可荣获2015年中国孕婴童行业年度评选“优秀母婴品牌”；宜品乳业“益生菌金装婴儿配方奶粉”荣获2016年世界食品品质评鉴超金奖。

公司专业生产婴幼儿配方系列奶粉、成人系列配方奶粉，常年为国内主要的婴幼儿奶粉品牌商供应优质的婴幼儿奶粉原料，并为多家乳品跨国企业提供原材料。目前公司的主要自有产品品牌有“宜品”牌婴幼儿配方奶粉、“爱尼可”牌有机婴幼儿配方奶粉和“蓓康僖”牌益生菌婴幼儿配方羊奶粉。其中“宜品”商标被评为“黑龙江省著名商标”，宜品产品被评为“黑龙江名牌产品”。

公司名称：北安宜品努卡乳业有限公司
公司地址：黑龙江省黑河市北安市铁西区工业园区
公司地址：www.yeeperdairy.com.cn

烟台大地牧业股份有限公司

立足大地，倡导生态养殖，
为不断提高中国人民的生活质量而奋斗！

公司简介 Brief Introduction

烟台大地牧业股份有限公司2016年7月1日由烟台大地禽畜良种有限责任公司整体变更而来，公司于2011年通过了山东省畜牧兽医局颁发的无公害农产品产地认定认证，认证号（WNCR-SD11-20087）；2011年度被烟台市人民政府评为农业产业化市级龙头企业；2012年通过了北京航协认证中心质量管理体系认证（ISO9001：2008）；2012年度被省政府评为农业产业化省级龙头企业；2013年下半年被烟台市评为“守合同重信用”企业；2013年公司被中国经济发展论坛组委会授予“2013中国经济最具发展潜力企业”荣誉称号。2013年下半年被中国生产力学会创新推进委员会评为“创新推进委员会常务理事单位”；2014年12月23日，山东省科学技术厅发布认定了山东省肉种鸡孵化工程技术研究中心；2015年6月，被烟台市科技局评定为中小型科技型企业。

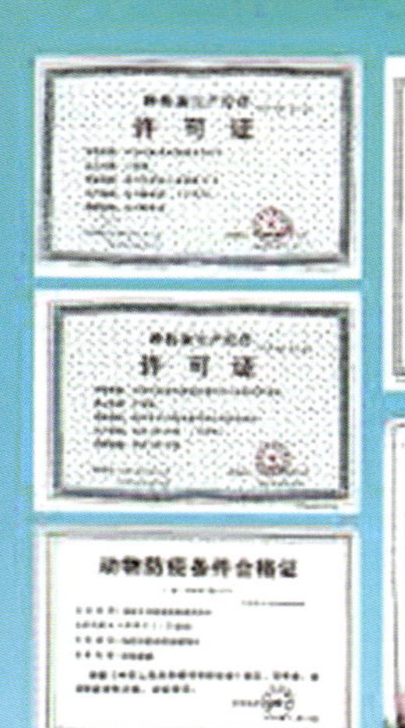

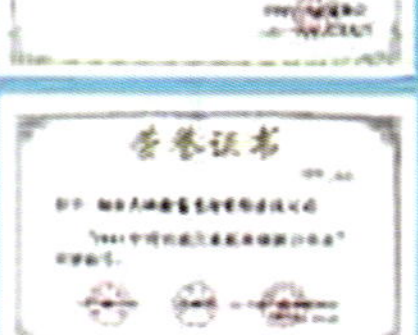

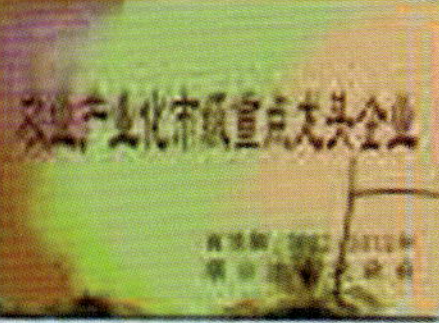

址：山东省海阳市碧城工业园区48号　联系电话：马总　18905457239　办公室：0535-3636076　0535-3636212